新时代中青年学者文库

U0835294

Industrial Agglomeration, Dynamic Externalities and Innovation

产业集聚、动态外部性与技术创新

蔡 杨◎著

中国财经出版传媒集团
中国财政经济出版社
·北京·

图书在版编目（CIP）数据

产业集聚、动态外部性与技术创新 / 蔡杨著. 北京 ：中国财政经济出版社，2025. 3. -- ISBN 978-7-5223-3249-9

Ⅰ. F269.23

中国国家版本馆CIP数据核字第2024BN4771号

责任编辑：董小烨　　责任校对：胡永立

封面设计：孙俪铭　　责任印制：张　健

产业集聚、动态外部性与技术创新

CHANYE JIJU、DONGTAI WAIBUXING YU JISHU CHUANGXIN

中国财政经济出版社 出版

URL：http：//www. cfeph. cn

E - mail：cfeph@ cfeph. cn

社址：北京市海淀区阜成路甲 28 号　邮政编码：100142

营销中心电话：010 - 88191522

天猫网店：中国财政经济出版社旗舰店

网址：https：//zgczjjcbs. tmall. com

涿州汇美亿浓印刷有限公司印刷　各地新华书店经销

成品尺寸：170mm × 240mm　16 开　16. 5 印张　270 000 字

2025 年 3 月第 1 版　2025 年 3 月河北第 1 次印刷

定价：75. 00 元

ISBN 978 - 7 - 5223 - 3249 - 9

（图书出现印装问题，本社负责调换，电话：010 - 88190548）

本社质量投诉电话：010 - 88190744

打击盗版举报热线：010 - 88191661　QQ：2242791300

前　言

随着改革开放进程的不断推进，中国经济已经从高速发展阶段逐步转向高质量发展阶段。当今中国不仅处于三期叠加的既有状态，还面临供给侧结构性改革、国际政治经济冲击的内外双重挑战。因此，如何转换原有发展方式、优化经济结构、激发新增长动力、逐步构建新发展格局，推动高质量发展、实现中国式现代化，不仅是现阶段中国需要重点思考的问题，也是未来发展的核心议题。作为社会进步与经济发展的根本动力，创新的角色越发重要，“十四五”规划也进一步强调了坚持创新驱动发展战略的重要性。与此同时，作为经济发展过程中要素空间分布的规律性特征，产业集聚如何影响技术创新也是学术界关注的重点。在此背景下，本书以“产业集聚、动态外部性与技术创新”作为核心研究主题，逐步探讨产业集聚对技术创新的影响效应，并基于动态外部性及一系列相关理论，构建系统性机制分析框架，充分剖析产业集聚对创新的作用机制，以期得到一些具有现实意义与实践价值的政策启示。

第 1 章，绪论。本章重点阐述了本书的研究背景与研究意义，解释了本书涉及的产业集聚、技术创新以及产业集聚动态外部性这三个核心概念，并简要介绍了本书的研究内容、方法以及可能的创新点。

第 2 章，理论脉络与文献综述。本章主要从理论脉络与产业集聚的相关研究、技术创新的相关研究以及产业集聚与技术创新的关联性研究这三个方面展开，梳理与回顾了国内外的重点研究成果，并在此基础上总结与评述了现有文献的主要贡献以及有待拓展之处，最终引出本书的研究切入点。

第 3 章，中国产业与区域创新的发展格局及时空演化。本章重点分析了中国整体产业以及技术创新的发展情况，并在此基础上，基于省域层面数据，整合中国统计年鉴、中国知网专利数据库、中国工业企业数据库等各类数据源，运用行业集中度、区位熵、空间基尼系数、EG 指数以及 DO 指数等集聚测度指标，从多个维度剖析了产业要素与创新要素的整体发展以及时空演化情况，并进一步梳理和总结了两者的演化特征，探索并挖掘了产业集聚与技术创新之间存在的潜在关联，为理论与实证研究提供充分的现实支撑。研究发现，产业要素与创新要素集聚的协同性主要体现在两个方面：一是在地理纬度上两者存在较为一致性的空间布局，二是在时间纬度上两者存在较为相似的发展趋势，同时技术创新水平的提升也总是伴随着产业集聚度的提高。

第4章，区域视角下的产业集聚与技术创新：理论与实证。本章首先基于熊彼特理论框架构建了包含集聚经济与技术创新的内生增长模型，通过模型推导形成了相应的研究命题与推论，在理论层面讨论了产业集聚对技术创新的影响效应。进一步地，基于我国285个城市数据以及手工抓取的地级市专利数据，本书在构建对应计量模型与指标的基础上，实证分析了产业集聚如何影响技术创新，同时解决了模型中存在的内生性问题，且进行了一系列稳健性检验。同时，依据区域特征及要素特征，本书进行了异质性分析以及调节效应分析。通过构建空间权重矩阵，本书还分析了产业集聚对技术创新的空间效应，并着手讨论了产业集聚与技术创新之间可能存在的非线性关联。研究发现：整体上产业集聚对创新具有显著的正向促进作用，且这一结果在考虑了内生性问题与其他相关问题后依然稳健。异质性分析发现，产业集聚对创新的促进效应在非东部地区、大型城市以及高铁城市中更强，而良好的制度环境与要素结构能够更有效地发挥产业集聚的正向效应。空间计量结果表明，产业集聚能够正向推动技术创新，且产业集聚在空间上同时存在正向的空间溢出效应以及反馈效应。同时，产业集聚与技术创新存在较为明显的倒U型关联，且这一关联在创新的规模性指标下更为显著。

第5章，企业视角下的进一步探讨：兼论创新的模式与质量。本章在第4章实证框架的基础上作出了以下拓展与创新：在技术创新指标上，首先基于创新的生命周期理论构建了从R&D投入、专利到新产品产值的创新指标体系。同时，本章进一步构建了企业的创新模式指标，探讨了产业集聚如何影响企业对创新模式的偏向性。此外，本章还创新性地利用企业发明专利信息，在谷歌专利数据库中爬取企业专利对应的被引用数、引用数等数据，并进一步纳入专利的知识宽度指标，最终构建了多维企业创新质量指标体系。在产业集聚的测度上，本章使用了以往文献中被广泛使用的产业集聚指标，其中包括区位熵、空间基尼系数、EG指数等。同时，本章将进一步通过百度地图开发者API，利用xGeocoding软件以及Python编程，综合解析了各企业的精确经纬度坐标，并由此测算出三位数行业历年的DO指数。最终，本章不仅在企业层面分析了产业集聚对企业创新的影响效应，还进一步探讨了产业集聚如何影响创新模式与创新质量，并由此引出对创新低端锁定问题的思考。研究发现：整体上产业集聚对企业创新同样存在显著的正向推动作用，且这一作用在考虑了内生性等一系列问题后依然稳健。异质性分析表明，产业集聚对成熟企业、非国有企业以及处于资本与技术密集型行业企业技术创新的推动作用更为明显。同时，企业层面数据依然支持了产业集聚与创新间存在的倒U型关联。在创新模式与创新质量问题的讨论上，本章进一步发现产业集聚反向抑制了企业对高端创新模式的偏好，同时产业集聚也反向抑制了企业创新质量，且这一抑制效应存在较强的持续性。但是，较大规模企业、非国有企业以及技术密集型行业企业在一定程度上可以缓解这一负向影响。与此同时，基于DO指数的行业层面再分析与前文的研究结果保持了一致。

第6章，产业集聚的影响机制分析：基于双向外部性框架。本章遵循产业集聚存在的正负双向外部性逻辑，构建了相应的机制分析框架，并利用中介效应模型与调节效应模型，对产业集聚影响技术创新的作用机制进行了讨论。为了与前文研究保持统一，本章在正向效应与负向效应的机制分析中均引入了区域层面数据与企业层面数据。在正外部性的讨论上：本章首先构建了Marshall、Jacobs以及Porter三类外部性指标，分析了三类动态外部性对创新的影响效应，同时将Marshall外部性解构为劳动力蓄水池、中间品投入共享与知识技术溢出这三条路径。通过构建对应指标，本章对三类动态外部性指标以及Marshall外部性的三条路径进行了比较分析与空间效应分析。进一步地，本章从企业视角出发，探讨了融资约束与企业间沟通两条微观层面的影响路径。研究发现：三类动态外部性均可正向促进技术创新，但就综合效应而言，Marshall外部性的作用更强。同时，Marshall外部性解构后三条路径机制也是重要的中介变量，而知识技术溢出在其中发挥主导作用。此外，产业集聚还通过缓解企业的融资约束、强化企业间的沟通效应以提升企业创新水平。在负外部性的讨论上：本章构建了地租指标以及基础设施指标来刻画产业集聚的拥挤效应；同时，通过引入企业的战略选择与企业的进入动态两个指标，本章还在微观层面进行产业集聚的负向机制分析。研究发现：产业集聚提高了区位地租水平，同时强化了公共基础设施的挤出效应，进而抑制企业对高端创新模式以及高质量创新的偏向性。同时，产业集聚还通过强化企业低成本战略偏好、加剧低端创新企业的进入倾向（企业动态）抑制企业对高端创新模式与高质量创新的偏向性。

第7章，主要结论、政策讨论与展望。本章首先阐明了本书的主要结论，针对主要的研究结果进行了政策讨论，并对本书的不足及未来可能的研究方向进行了讨论。本书认为，政府需要加强以高新技术产业为代表的目标性产业集聚，并进一步扩大现有的创新规模，引导和强化现有集聚中心的辐射效应，统筹形成区域间联动与产业的协同发展。同时，努力构建良好的营商环境，强化创新这个充满活力的“集聚引擎”，扬长避短，从多渠道提升集聚正外部性，最终实现“产业集聚→创新发展→产业集聚→创新发展”的良性循环。

目　　录

第1章 绪　论

1.1 研究背景与意义

1.1.1 研究背景

1.1.1.1 创新是中国发展的战略性支撑

随着改革开放进程的不断演进，中国经济已经从高速发展阶段转向高质量发展阶段，当今中国不仅处于“增长速度换挡期、结构调整阵痛期、前期刺激政策消化期”三期叠加的发展状态，还面临发展转型、中美摩擦等内外双重挑战。因此，如何转换原有发展方式、优化现有经济结构、激发新增长动力是现阶段中国面临的主要难题，同时也是未来发展的核心任务。

纵观人类发展的历史，创新是社会进步与经济发展的根本动力（Schumpeter，1911）。考察近年中国创新发展的制度背景：党的十八大报告明确提出实施创新驱动发展战略；党的十九大报告同样阐明，创新是引领发展的第一动力，是建设现代化经济体系的战略支撑；党的十九届五中全会进一步强调要“坚持创新在中国现代化建设全局中的核心地位，把科技自立自强作为国家发展的战略支撑”。可见，中国政府对于科技创新的谋划部署既一以贯之、一脉相承，又革故鼎新、与时俱进。

中国在现代化发展过程中，需要强化国家的创新体系建设，建立以企业为主体、市场为导向、产学研深度融合的技术创新体系，同时加强对中小企业创新的支持。对于一个国家而言，创新能力彰显了其国际地位、国际竞争力与综合国力；对企业而言，自主创新能力决定了企业的市场竞争力、比较优势与自身价值（Porter，1992）。因此，无论在宏观层面还是微观层面，作为经济发展与产业革命最为重要的核心动力源，创新的作用与意义不言而喻。

总体来看，与制造业发展整体呈现出类似的特点，中国创新发展的现状也可以用“大而不优”四个字进行概括①。从创新规模来看，中国可以称为“创新大国”：首先，从R&D投入、论文产出、专利申请等各项反映国家创新水平的指标来看，中国创新规模与创新能力的提升明显（图1－1）；截至2017年，中国在专利、商标、外观设计等类别的知识产权申请量已位居世界第一位。同时，根据《2017年全球创新指数报告》测算，中国创新指数排名世界第17位，于当年首次跻身最具创新力经济体20强②。《2020全球创新指数报告》中，中国在全球参与排名的131个经济体中位列第十四，与2019年位次持平。随着第四次产业革命的到来，中国不仅赶上了世界信息化产业的浪潮，在国际竞争中的角色也逐渐从“追逐者”向“引领者”转变，其中以人工智能、大数据、云计算平台等技术为代表，具体可参考图1－2。

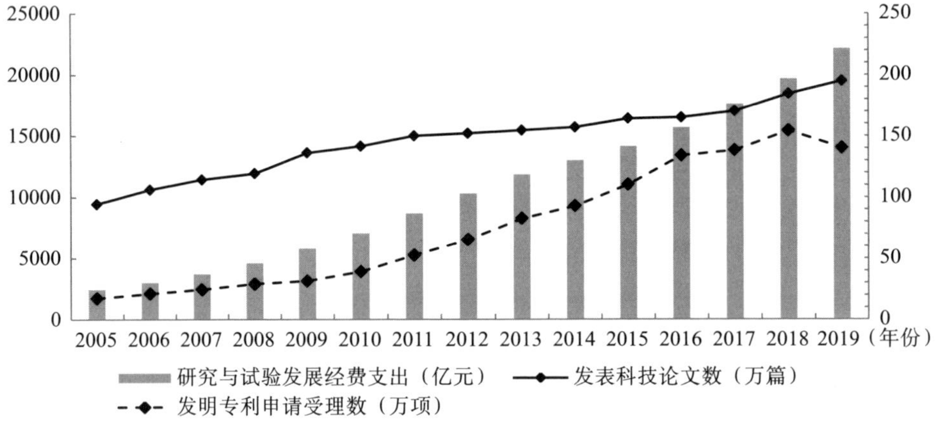

图1－1　中国科技发展基本情况

资料来源：国家统计局。

不可否认的是，中国的创新效率与创新质量依然较低，粗放式发展的既有格局并没被有效打破。首先，从能源使用效率来看，2017年，中国的标准单位油创造的GDP为3911美元，相比而言，美国为8675美元，美国的总体能源利用效率至少是中国的2倍③。其次，从创新质量来看，2018年中国的

① 习近平在中国科学院第十九次院士大会、中国工程院第十四次院士大会上提出：“中国经济发展的不少领域大而不强、大而不优”。

② 世界知识产权组织（WIPO）：《世界知识产权指标（2018）》《2018全球创新指数报告》。

③ 数据来源：王能全，《中国全面超越美国了吗？从能源数据看中美真实差距》，《财经》杂志。

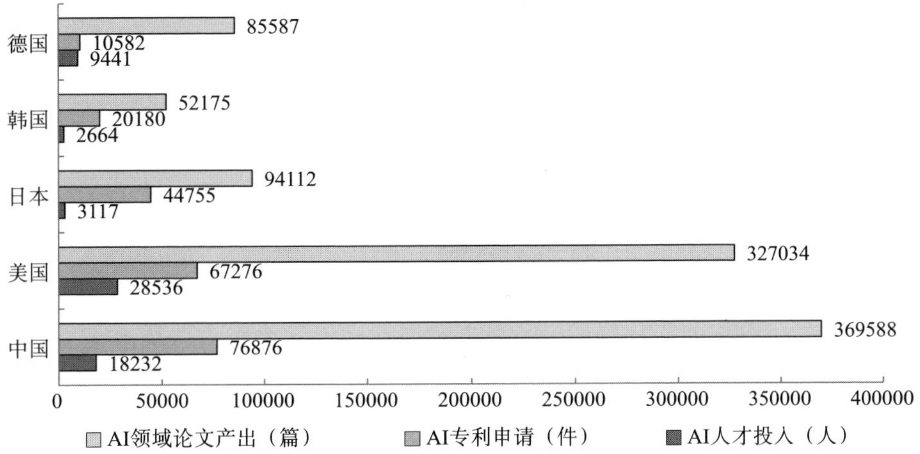

图1-2 世界主要国家AI领域发展情况

资料来源：清华大学中国科技政策中心《中国人工智能发展报告2018》。

三方同族专利（Triadic Patent Families）持有量仅为美国的47.14%[①]，在以芯片为代表的高精尖核心技术行业里，中国依然存在严重的"卡脖子"问题，近期的中兴、华为事件为此提供了典型的案例，也为中国留下了深刻的经验教训。由此，如何进一步推动高质量创新发展，并以此为基础推进经济长期稳健发展，是现阶段中国需要解决的重大问题。

1.1.1.2 产业集聚是创新要素空间分布的重要特征

经典的内生增长理论认为，技术创新部门的知识生产与积累取决于投入技术研发的资本（K）、劳动力数量（L）与当前阶段的技术存量（A）（Solow，1956；Romer，1990）；其中，技术水平A的影响因素较为广泛。在此基础上，不断有研究将区位因素引入技术创新的分析框架中。传统的区位理论发展拥有悠久的历史，但长期以来，由于运输成本与消费、生产的规模报酬递增在标准的一般均衡模型中无法得到体现，空间因素无法真正融入主流经济学框架。Krugman（1979）创造性地借助DS模型（Dixit & Stiglitz，1977）发展了新国际贸易理论，并进一步构建了新经济地理学的主体框架（Krugman，1991），真正地将空间经济学引入主流经济学框架中，令这一领域的研究突破至新高度。其中，产业集聚是一个重要的研究主题。

① 资料来源：OECD；三方同族专利指来自欧洲专利局、日本专利局、美国专利与商标局保护同一发明的一组专利；文中结果由作者测算。

产业集聚（Industrial Agglomeration）的系统性概念最早由 Michael Porter（1990）在《国家竞争优势》中提出，其认为产业集聚是指在经济发展过程中，不同的产业要素在区位间流动最终形成的产业在空间上的非均衡性分布。通过总结十余个国家的工业化历史进程与发展经验，Porter 发现产业集聚这一现象在各国经济发展过程中普遍存在。由此可见，产业集聚对于一国的发展应当具有极为重要的作用与意义①。

大量既有事实与研究说明，创新要素于空间上同样存在明显的区位集聚特征。首先，从国际范围来看，以东京、伦敦、洛杉矶、圣何塞（旧金山）、纽约②为代表的全球科技创新中心相较于其他地区具有更强的创新能力与更高密度的高技术产业集群，创新的集聚特征明显。而在中国国内，不同地区的创新水平与创新能力同样呈现出明显差异，且表现出显著正向的空间关联性③。进一步从时间维度进行定性观察，可以发现 2015 年技术创新在地区层面上的集聚水平明显高于 2005 年、2010 年，这进一步体现了创新要素的集聚化发展趋势。

同时，从企业角度来看，企业的选址通常是非随机的，且选址决策包含了企业自身对劳动力成本、创新活动、生产效率以及未来发展等各项目标的考量。大量企业选择在集聚水平较高的区域内进行生产与经营，说明了产业集聚对企业发展、技术创新等应当存在一般性、普适性的积极效应。根据传统的集聚理论，产业集聚可以通过 Marshall 构建的正外部性机制（Marshall，1890）推动创新发展。机制主要包含三类路径：劳动力蓄水池（Labor Pool）、中间品要素投入共享（Input Share）与知识技术溢出（Knowledge Spillover）。部分学者则将这三类路径进一步概括为人（Labor）、物（Goods）、知识（Idea）（Ellison 等，2010）。具体而言，同一行业企业的集聚能够在企业间形成专业劳动力的共享，最终形成行业整体的劳动力蓄水池。这无疑会加快劳动力供给与企业需求的匹配速率，进而提升企业的创新绩效。同时，产业集聚加强了企业间的上下游联动，使共享市场中创新的投入要素在不同企业间能够更

---

① 实际上，各地区争相建立经济技术开发区的行为，有利于各地区形成集聚性产业，即政府通过外生性政策手段促进地区的产业集聚形成，结合官员晋升锦标赛这一视角，从侧面说明了产业集聚对经济发展的重要意义。

② 根据澳洲智库 2thinknow 的 2019 年创新城市排名，纽约、伦敦、东京、洛杉矶、新加坡分别排名 1—5 名，圣何塞（旧金山）在 2018 年排名第 2，2019 年则跌至第 9；数据来源：https：//www. innovation - cities. com/index - 2019 - global - city - rankings/18842/。

③ 本书后面的实证部分通过城市样本中的 Moran'I 指数佐证了这一结论。

为有效地配置，进而提高了创新效率。同样的，产业集聚使企业间交流更为便利，这将进一步加速知识与想法的传播和扩散，推动企业集群整体的创新发展。值得注意的是，产业集聚所产生的具体效应因地区、行业、制度环境等因素的不同而存在差异。对于特定地区而言，其所具有的产业集聚状态与产业集聚结构一般可以反映出该地区的创新发展水平与潜力。

1.1.1.3 产业集聚对技术创新具有重要影响

一般来说，企业的技术创新需要良好的政策支持与外部环境，而创新的集聚化特征作为企业的外部环境与企业自主选择的多重体现，其对创新的影响效应与作用机制究竟如何？从产业集聚的概念来看，集群内的企业与其他关联机构都位于某一特定的地理范围内，由地理条件所引致的便利性使各个行为主体间的创新活动并不会相互孤立，更可能以创新网络、创新系统，最终形成创新生态的方式推动创新发展。因此，从现实意义上说，产业集聚与技术创新间应当存在相当的关联性。

从产业集聚的影响效应来看，由于行政边界的存在，不同地区创新具有其自身特点，多样化的创新集群所构成的创新体系一般以行政区划为基础。同时，一定区域内形成的创新集群会随着地区的不断发展进行重构和整合，从而创造出更具有效率的创新集群体系。此外，某一行业的集聚通常伴随着其他相关行业的集聚，这一过程令区域产业结构发生改变，使不同产业集群间具有更强的功能性关联，形成新型创新合作战略体系，并推动创新要素在不同集群间的自由流动，最终形成更为高效的资源配置体系。产业集聚区内企业间的良性竞争将进一步推动企业创新水平的提升。

但是，产业的过度集聚也存在弊端。产业集聚伴有"拥挤效应"，可能导致以土地成本为代表的区域内企业生产成本上升；集聚地区"政策租"的存在（如经济开发区、高新技术开发区等）也可能减弱集群内企业创新的动力，强化企业的低端创新偏好，使企业产生"创新惰性"（胡彬和万道侠，2019）。此外，大量企业对"政策租"的追求可能产生虚假集聚，这类集聚的本质是低创新水平企业扎堆，必然会扩大整体拥挤效应，造成资源错配，抬高创新要素价格，抑制企业的创新意愿与创新能力；而伴生于过度集聚的恶性竞争将可能进一步强化这一负向效应。

因此，在中国经济转型的重要时间窗口，产业集聚与技术创新作为发展过程中重要的分布特征与核心动力，两者的关联性究竟如何？产业集聚对技术创新究竟有何影响？产业集聚通过何种路径影响技术创新？其内在机理如何？这一影响是否因集聚类型、创新种类异质性而存在差异？而这样的差异性对于产业集聚提高区域、企业技术创新水平有何现实意义？这一系列问题有待进一步探究。

1.1.2　研究意义

1.1.2.1　理论意义

目前，中国的创新体系仍旧处于发展阶段，创新依然是学术界研究与关注的重点和热点；同时，产业集聚作为创新发展的空间表现形式，其对创新的影响效应与作用机制同样值得关注。但是，已有研究通常关注产业集聚在特定层面对技术创新的影响，系统性研究相对匮乏，且集聚指标的运用存在一定的局限性。同时，现有文献通常偏向于讨论规模维度或是效率维度的创新，但对创新结果自身的关注相对匮乏。此外，在传导路径方面，过往研究更倾向于讨论集聚的正向效应，对负向效应的研究依然有限。据此，本书的理论意义在于：

（1）构建了集聚与创新的理论框架，深化了集聚效应的理论探讨。过往研究主要以实证分析为主要切入点，具体的理论探讨较为有限。本书在熊彼特内生增长框架中引入了集聚经济与空间效应，构建了一个兼具综合性与系统性的分析框架，整合了相关研究视角，拓宽了研究维度。

（2）拓宽了创新维度，推进了创新理论的相关研究。在理论探讨的基础上，本书进一步整合相关文献，拓展多方位视角，构建了兼顾创新数量、效率与质量的综合创新指标体系，多维度、多层次、多视角地剖析产业集聚对不同创新的影响差异。这不仅有助于剖析集聚的创新效应，还有利于在创新理论中揭示集聚影响的内在机理。

（3）形成了双向机制分析框架，丰富了创新视角下集聚外部性理论的相关研究。基于产业集聚的效应研究，本书构建了产业集聚的正负双向机制分析框架，并进行了相应检验。这不仅拓展了集聚对创新的机制分析，还能够丰富关于产业集聚动态外部性的相关理论。

1.1.2.2　现实意义

（1）为进一步贯彻落实创新驱动发展战略，完善创新体系提供了重要的理论参考。在中美摩擦、高端技术“卡脖子”与“三期叠加”的多重背景下，创新在中国未来发展与国际角力中的作用越发凸显。本书以创新为导向，剖析了集聚与创新关联机理，有利于识别和定位创新动力，构筑高质量发展新引擎。

（2）有助于识别原有政策体系下集聚模式的不足，为优化集聚政策提供经验支撑。当前，以经济开发区、高新技术产业园区为代表的集聚性政策虽然在一般意义上能够促进本地经济发展，推动创新水平提升，但是，集聚所引发的低端创新锁定、创新惰性等问题值得关注。本书研究有利于剖析集聚的负向影响，甄别和厘清集聚效果的差异，进一步探索形成差异的重要因素，这对于各地区政府实施因地制宜的产业政策与集聚策略、完善并优化既有的集聚政策体系具有重要的参考价值。

（3）为完善产业体系、推进集聚发展、构筑良好的创新生态提供了重要的路径指导。实际上，在发展创新型产业集群、高端产业集群的过程中，产业集聚影响技术创新路径具有多样性。因此，强化集聚的正向效应，充分利用和扩展集聚路径核心路径，将有助于提高整体的创新水平、创新效率以及创新质量，并最终推动完善创新体系，形成创新生态。因此，理解和挖掘两者背后的关联以及作用机理具有重要的指导意义，为政府制定产业政策、集聚政策提供了重要的路径参考。

1.2 核心概念界定

1.2.1 产业集聚

产业集聚通常用来描述企业经济活动的地理集中现象。“集聚（Agglomeration）”这个名词最早由 Alfred Weber 提出，彼时用来描述19世纪后半叶德国工业企业生产的区位特征；20世纪90年代，Michael Porter（1990）首次提出“产业集聚”这一概念。一般来说，产业集聚存在三类主要特征：首先是空间集中性，这一特征强调了多种生产要素在一定的空间维度上产生集中；其次是关联多样性，此特征主要指在多因素协同作用下，各生产要素间的相互作用存在多样性；最后是动态演化性，这一特征表明产业集聚的出现与发展实际上是一个动态演化的过程，同时也意味着集聚的形成充满了偶然性与必然性的交织。

在实际研究中，产业集聚地区通常具有较强的经济活力和发展特色，因此国内外与产业集聚主题相关的研究数量也较多。从命名上看，产业集聚在不同的学科分支中存在一定差异。例如，管理学领域通常采用产业集群

(Industrial Cluster) 这一概念；地理学领域则称之为产业区 (Industrial Distinct) 或是区域集群 (Regional Cluster)。这些概念虽与产业集聚存在细微差异，但是其描述的主要现象与问题基本一致。

本书研究主要基于传统经济学视角定义的产业集聚。梳理产业集聚相关文献后发现，西方在 19 世纪末便开始了对产业集聚问题的探讨。Marshall (1890) 在《经济学原理》中提出“产业区”这一概念，认为产业区为众多同质的小企业在某一地区形成的空间集聚区，而产生集聚的主要动因在于集聚产生的正外部性，包括劳动力蓄水池 (Labor Pool)、投入要素共享 (Input Share) 与行业内的知识技术溢出 (Knowledge Spillover)。Weber (1909) 则在《工业区位论》中指出，运输成本与劳动力成本是产生集聚的主要原因，而企业的集聚过程则可被分为两个阶段：初级阶段，企业通过规模扩张形成一定程度的产业化集中；高级阶段，地区的头部企业引导其他中小型企业进入，进而形成更高水平的产业集聚。具体来看，第二阶段产业集聚的主要动因源于规模效应。而后，以 Krugman、Fujita 等为代表的新经济地理学学者提出了中心—外围理论，进一步剖析了产业集聚关键问题。新经济地理理论认为，产业集聚主要由“向心力”与“离心力”两类作用引导。其中，价格指数效应与本地市场效应形成了“向心力”，而“离心力”则主要指本地区的竞争效应。此外，Michael Porter (1990) 在《国家竞争优势》中同样提出了产业集聚的概念，认为产业集聚实际上体现的是竞争优势：地理上的邻近使集聚区内的企业更易形成网络，从而形成持续的区位竞争优势，这在国家层面同样适用。

由此看来，产业集聚的概念涵盖广泛，既可以表示某一特定行业企业的集聚，也可以包含多部门、多行业经济主体的综合性集聚。从层次来看，产业集聚的相关研究包含企业层面，也包含县域、城市、省份甚至是国家层面。在以往研究的基础上，本书结合经济学的相关理论，认为产业集聚为：企业在生产活动过程中形成明显的空间集中现象。本书涉及的产业集聚主要从企业的空间分布入手。中国企业的空间分布具有较强的政策导向。以开发区为例，由开发区的制度与政策优惠所引发的“选择效应”实际上才是开发区长期生产率优势的主要来源（王永进和张国峰，2016），因此中国产业集聚的现象也较为普遍。

在产业集聚指标的测度上，以往文献一般利用区位熵 (Locational Quotient)、赫芬达尔指数 (Herfindahl - Hirschman Index, HHI)、空间基尼系数 (Spatial Gini Coefficient)、EG 指数 (Ellison & Glaeser Index) 等测度地区集聚

水平。但是，传统指标通常存在可塑性区域单元问题（Modifiable Area Unit Problem，以下简称 MAUP 问题），即把企业预先分配在特定的行政单元内（如县、市、省域），这可能会破坏集聚的初始状态，进而产生估计偏差。因此，为了弥补离散型产业集聚指数可能存在的缺陷，除构建上述传统的集聚指标外，本书还将采用 Duranton 和 Overman（2005）所提出的 DO 指数对企业的集聚水平进行测度。

1.2.2 技术创新

技术创新的含义实际上整合了“技术”与“创新”两个概念。一方面，技术是人类改造和利用自然所掌握的物质、经验、方法、知识的总和，且其自身随着创新不断传承与发展；同时，技术也是不同时代的显著性标志，如蒸汽时代、电气时代、信息化时代等。创新理论则最早由 Schumpeter（1911）提出，其认为创新必须产生新的经济价值；技术创新则表示的是在企业生产过程中由技术带来的革命性变化；随着时间的推移，技术创新的概念被进一步扩展。例如，Teece（1996）认为，技术创新不仅与现有技术的改进与应用相关，技术创新应当进一步包含技术人员、研发机构与文化创新。

社会对技术创新通常存在以下两种认知：一种将技术创新看作纯粹的技术行为，并且将技术进步作为技术创新的主要目的，认为技术创新等同于产品生产过程中的产品创新与工艺创新，对技术创新的经济转化缺乏考虑。在理论上，这一观点将技术开发等同于技术创新，缺乏市场导向的技术开发可能导致企业的创新热情减弱，并进一步加大了技术转化的难度。另一种认知则将技术创新看作纯粹的经济行为，且更加关注技术创新的应用与价值转化，这一观点不仅弥补了第一种观点的不足，而且在理论上抓住了技术创新的一个重点，即技术的应用。但是，这种观点将可能导致企业对技术开发的重视程度降低，使技术的转化成为了“无源之水”。

据此，本书结合技术创新的相关论述，认为技术创新是新产品、新工艺的想法到最终市场应用的全过程，这一过程包含了企业想法的产生、研发、转化到最终商业化的一系列过程。其本质上是科技、经济的一体化过程，并包含了技术开发与技术应用两个环节。从概念上来看，技术创新实际上涵盖了技术开发到技术应用的全过程，因此相关文献衡量与测度技术创新的指标主要包含企业的 R&D 投入、专利申请（授权）、专利引用量、企业的新产品产值等（曹勇和秦以旭，2012；郭迎锋等，2016；Xin 等，2019）。鉴于对创新指标综合性的考量，本书将采用区域与企业的 R&D 投入数据、专利数据、新产品产值数据探讨技术创新。其中，区域的专利数据手工整理自 CNKI 中国专利数据库；企业数据主要来自中国工业企业数据库，在用 Brandt（2012）的方法进行数据的匹配调整后，本书借鉴 He 等（2016）的方法，将工业企业数据与中国专利局数据进行匹配。同时，为了进一步测度企业的创新质量，利用谷歌专利数据库，基于专利信息爬取专利引用量等数据。此外，本书将进一步对创新的维度进行扩展，结合数据包络分析方法（Data Envelopment Analysis，DEA），测度本书所需的创新效率。

1.2.3 产业集聚的动态外部性

产业集聚的动态外部性概念重点突出了由产业集聚所产生的外部性影响。其中，外部性又被称为"溢出效应"或者"外部影响"，主要表示经济主体在进行经济活动的过程中对他人或是社会产生的非市场化影响。外部性可以分为正外部性（Positive Externality）与负外部性（Negative Externality）两类，其中正外部性表示某一经济行为使其他个体或社会受益，负外部性则与之相反。研究中，产业集聚的动态外部性同样存在正、负两个方面。产业集聚的正外部性通常被分为 Marshall 外部性（Marshall Externality，又称为专业化外部性）、Jacobs 外部性（Jacobs Externality，又称为多样化外部性）与 Porter 外部性（Porter Externality，又称为竞争外部性）。

其中，Marshall 外部性主要包含三个方面，分别是专业化的劳动力蓄水池、中间投入品共享与知识技术溢出。首先，同一行业的厂商能够带来共享的专业劳动力市场，这使不同的企业能够在这一厚实（Thick）的劳动力市场中雇用具有行业特有技能的员工，因此更好地满足企业的生产需求。其次，产业集聚引致的中间投入品共享在生产要素层面匹配了企业的生产需求，进一步提升了由产业集聚带来的正外部性。此外，Jaffe 等（1993）认为，集聚区内企业与企业间、人与人之间的互动将促使知识经验的传播与交流，推动形成基于本地市场的知识库，并且这一知识库有助于本地新知识、新技术的形成和传播。同时，专业化集聚还有助于技能、信息、技术、诀窍等在群落内传播（Marshall，1890）①。

---

① Marshall（1890）在 *Principles of Economics* 中指出，"一旦一个人有了新想法，就会被其他人吸收，并结合自身经验产生更多的新想法"。

Jacobs外部性则蕴含了多行业背景下劳动力市场、共享廉价公共基础设施与跨行业知识技术溢出这三个方面。与Marshall外部性类似，Jacobs外部性认为，多行业的集聚实际上形成了多行业间的厚劳动力市场，而此类劳动力市场在某种程度上可以缓解某一行业受到冲击后所导致的劳动力需求波动（张萃，2018）。同时，多行业集聚背景下，新加入的中小型企业能够与原有企业享受基本同质的基础设施。此外，行业之间同样存在知识技术溢出。例如，现阶段火热的“互联网金融”实际上就是互联网行业与金融行业知识交融的产物。Porter外部性则主要从管理学视角出发，认为集聚区域内企业与企业间的竞争实际上强化了行业整体的竞争优势，且无论是行业内还是行业间的集聚，都能够提高集聚企业的竞争优势，形成并扩大地区集聚效应。

此外，探讨产业集聚负外部性的研究也较为丰富。综合来看，产业集聚的负外部性主要来自地区地租成本与公共基础设施利用成本的上升（Fujita和Thisse，2013）、过度竞争与资源错配等问题（季书涵等，2016）。但是从总效应来看，研究普遍认为产业集聚的正外部性更强。

与动态外部性相对，静态外部性所阐释的是某一时刻所形成的稳定生产效率或创新效率，而动态外部性则是自身优势的不断积累与延伸，因此动态外部性之中也包含了静态外部性。结合本书研究，动态外部性中的“动态”主要包含了两方面：一是时间维度上的动态，即原有外部性的不断累积与延展；二是正负外部性的双向博弈，两者在发展过程中相互影响并最终形成动态化的净外部性。因此，本书也将在机制研究部分构建正负双向的机制分析框架，对集聚的正负双向外部性进行分解和剖析，以丰富现阶段关于产业集聚对技术创新影响效应与作用机制的相关研究。

1.3　研究结构：问题、内容、框架

1.3.1　研究问题表述

基于创新对中国发展的重要意义以及产业集聚这一经济发展过程中的产业要素空间分布重要特征，本书将研究的核心问题定义为：产业集聚究竟如何影响技术创新？为了能够更加系统地对核心研究问题进行分解和剖析，本书将这一主要问题分解成以下两个核心研究问题：

第一，产业集聚对技术创新的影响效应究竟如何？

这一问题可以进一步分解成以下 6 个子问题：①理论与实证上，产业集聚对技术创新的净效应如何？②这一效应是否因区域、行业、企业的不同而存在差异？③不同区位间的产业集聚是否存在空间关联？④空间关联下产业集聚对技术创新的空间溢出效应如何？⑤产业集聚与技术创新间是否存在非线性关联，产生这一现象的原因又是什么？⑥产业集聚如何影响创新质量？

第二，产业集聚对技术创新的作用机制究竟如何？

这一问题可以进一步分解成 3 个子问题：①传统产业集聚外部性理论中涉及的各类动态外部性如何影响技术创新，各类外部性的作用有何差异？②以往文献中涉及的三类 Marshall 路径究竟在产业集聚影响技术创新的关系链中扮演何种角色，三类路径的差异如何？③产业集聚究竟存在哪些负外部性机制？

1.3.2 研究内容与技术路线

为了更加系统地对核心的研究进行分析和解释，以实现最终的研究目标，本书设计如下的内容体系。具体而言，本书的研究内容主要包含以下八部分内容：

第一，绪论部分。绪论作为本书的第一个章节，主要阐述了本书的研究背景、研究意义、研究问题、研究方法与研究创新。通过对相关背景的分析，引出本书的主要核心问题及其相关的子问题，然后根据明确的研究目标安排本书主要的研究结构；并在此基础上，选取与本书研究相契合的研究方法，阐述其对于相关研究领域的理论贡献与实践意义，探讨本书可能存在的创新点。

第二，理论基础与文献综述部分。这一部分主要围绕本书研究问题所涉及的理论基础和拓展研究进行总结、梳理和评述，以期构建本书研究的逻辑框架与方向。首先，本书主要对以下三个理论进行了阐述：产业集聚理论、技术创新理论与区域创新系统理论。其次，基于本书的逻辑框架，梳理和总结以下三个方面的相关文献：产业集聚的相关研究、技术创新的相关研究、产业集聚与技术创新关联性的相关研究。最后，对相关领域研究进行评述，并识别研究缺口与不足；同时，基于现有的文献脉络和研究成果，构建本书研究的切入点，并围绕研究问题阐明研究思路。

第三，研究中国产业集聚与区域创新的现状与空间演化。在理论分析与文献梳理的基础上，这一部分重点讨论中国产业集聚与区域创新发展的现状与时空演化。第 3 章介绍了中国产业以及高新技术发展的整体情况，在此基础上，进一步剖析了产业与创新各自的时空特征，梳理并总结两者的发展特点与演化规律，进而分析与抽离出其背后的关联性，为后续的研究提供有效的现实支撑。

第四，研究区域层面产业集聚对技术创新的影响效应。第 1 章的问题提出、第 2 章的文献梳理以及第 3 章的现状规律分析为回答本书所提出的研究问题提供了重要的理论基础与现实支持。本章则结合了理论模型推导与实证研究，在宏观区域层面考察了产业集聚对技术创新具体的影响效应。首先，本章将在熊彼特内生增长框架中引入集聚经济，在理论层面分析集聚对区域创新进程的影响。其次，本章将基于城市层面数据，结合异质性、空间效应等分析视角，对产业集聚的效应进行综合讨论。

第五，研究企业层面产业集聚对技术创新的影响效应。通过第 4 章的研究，产业集聚对区域技术创新影响效应已经得到了较为充分的检验。在此基础上，本章将拓展研究对象，在微观企业（主要为工业企业）层面考察产业集聚对企业创新的影响，同时结合企业特征、行业特性等对产业集聚所产生的效应进行异质性分析，并进一步考察产业集聚与企业创新之间的非线性关联性等。

第六，研究产业集聚与创新低端锁定的关联性。在第 5 章原有分析的基础上，通过爬取专利信息数据等方式，本章创新性地构建了企业的创新模式与创新质量指标，以进一步探讨产业集聚对企业选择高端创新模式可能性以及对企业整体创新质量的影响。同时，结合 DO 指数等基于企业间距离所构建的集聚指标，在行业层面分析论证集聚与创新质量间的相关性以及集聚影响的持续性。

第七，研究正负双向外部性框架下产业集聚对创新的影响机制。第 4 章、第 5 章从宏观、微观维度，结合理论推演与实证分析系统性讨论了产业集聚对技术创新的影响效应。第 6 章在前两章内容的基础上，基于集聚的动态外部性理论、Marshall 外部性的解构、集聚的“政策租”“集聚租”理论等，构建了集聚的正负双向外部性机制分析框架，从正向效应与负向效应两个维度，利用中介效应模型与调节效应模型剖析了产业集聚对技术创新以及创新模式与创新质量的影响路径与作用机制。

第八，研究结论、建议与展望。本章主要对前面章节分析的内容与研究结果进行概括和总结，在此基础上提炼出本书的主要结论；同时，以本书的研究发现与研究结论为基础，进一步阐述了相对应的政策启示。此外，本书还将对研究存在的不足之处与局限性进行说明，并指出未来可能可以拓展的研究方向。

由此，基于以上的研究内容安排，本书主要的技术路线如图 1－3 所示：

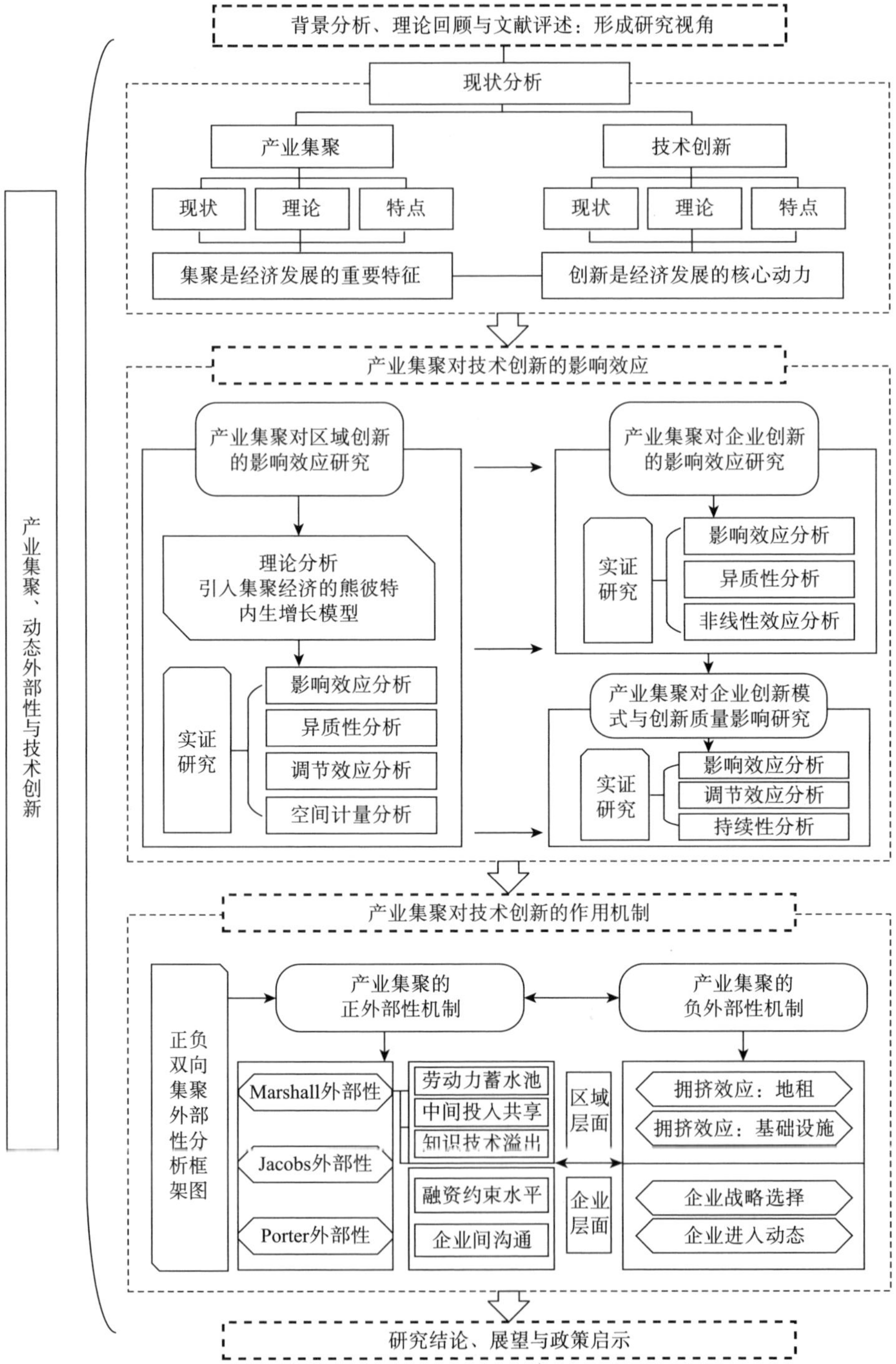

图 1－3　本书主要的技术路线

1.3.3 主要研究方法

本书在明确研究问题的基础上，结合定性与定量分析，利用多元方法对问题展开研究，具体来说主要包含以下三种研究方法：

第一，资料收集与文献分析法。本书研究建立在已有研究的基础上，因此相关的理论基础与研究文献是本书的基石。首先，从理论层面，本书基于发展视角梳理了产业集聚理论、技术创新理论以及产业集聚视角下的区位创新理论，以夯实本书研究的理论基础。其次，在整理以产业集聚、技术创新以及两者关联的主要研究与文献的基础上，分析其中的重点与不足，为本书的研究主题与研究思路提供主要切入点。在文献搜集过程中，本书主要通过Web of Science 平台、谷歌学术、Elsevier、Wiley、Springer、Jstor、CNKI 等中外文数据库进行资料的筛选与收集。此外，通过网络检索、OECD、国家统计局、地方统计局等多种方式和平台，获得相对应的官方数据与报告材料，以掌握现阶段中国产业与创新发展的现实背景。

第二，理论分析法。理论分析上，本书将在构建理论模型的基础上，对主要的模型推导步骤与公式结果进行分解与说明，并进一步对本书涉及的重要理论进行相应的剖析与解释。具体来看，第 4 章构建了纳入集聚经济的熊彼特内生增长模型框架，并进一步结合空间效应，在理论层面探讨与分析了产业集聚对创新的影响效应；第 5 章、第 6 章则在原有的理论框架的基础上，通过构建企业层面的分析框架与正负双向理论机制分析框架，进一步探讨和阐明了集聚对创新形成双向影响以及对应的主要作用机制。

第三，实证研究法。在理论分析的基础上，通过整理和匹配中国宏观经济数据、中国区域经济数据、中国区域专利数据、专利信息数据、国家统计局投入产出表数据、中国工业企业数据、工业企业专利数据库、企业经纬度编码数据等，测算地区、企业、专利所对应的多维测度指标、产业集聚指标及一系列控制变量指标，并基于此实证检验产业集聚对区域创新、企业创新、创新模式以及创新质量的影响效应。同时，基于基准回归，构建新的估计模型，并对相关结果进行异质性分析、调节效应分析、空间效应分析、非线性关联分析以及稳健性分析等，以保证本书结果的整体性、综合性和完备性。进一步的，机制检验中，本书将进一步构建三类动态外部性指标、Marshall 外部性解构后的三路径指标以及融资约束与沟通密度指标，以考察产业集聚影响创新的主要正向机制。与此对应，构建地租指标、基础设施指标、企业战略指标以及企业进入动态指标，以从反面剖析产业集聚的负向影响机制。本书主要涉及的计量模型包括：多元线性回归模型（OLS）、工具变量回归模型（Ⅳ）、Probit 模型、负二项模型、Tobit 模型、空间计量模型等。

1.4 本研究的创新之处

本书在梳理与借鉴集聚理论、创新理论以及其他相关研究的基础上，利用科学的方法，对产业集聚如何影响技术创新及其背后的机制进行了深入的研究和讨论。总体来说，本书可能的边际创新（创新点）主要包括以下四个方面：

第一，鉴于以往文献更倾向于运用一般性的实证研究，本书基于产业集聚对技术创新影响这一研究视角，构建了包含产业集聚经济以及空间效应的熊彼特内生增长模型。通过模型的推演和论证，揭示了产业集聚对技术创新可能的影响效应。根据本书的理论框架分析，发现产业集聚对技术创新的影响取决于产业集聚的正外部性、负外部性以及空间效应三者博弈后所形成的净效应大小。这一结论为本书实证框架的搭建提供了重要理论支撑，同时具有较强的政策启示。

第二，鉴于普遍使用的产业集聚指标具有难以避免的 MAUP 问题，本书引入由 Duranton 和 Overman（2005）所构建的 DO 指数。虽然 DO 指数具有很强的计算复杂性，但是其可以有效避免 MAUP 问题，能够充分捕捉非可塑单元限制下的自然性集聚现象，因而有利于强化产业集聚指标的科学性与研究结果的可靠性。本书首先基于百度地图 API 解析了工业企业库中 90 余万工业企业的精确经纬度数据，并基于此构建基于相对距离的核密度函数，设计反事实实验并最终获得 DO 指数，基于 DO 指数测度其他产业集聚指标。

第三，鉴于传统的创新指标无法全方位捕捉企业的创新规模、创新意愿、创新模式和创新质量等问题，本书通过匹配中国工业的企业专利数据、手工整理地级市专利数据、谷歌专利数据库爬取的企业专利信息数据等，不仅构建了从研发投入、专利、新产品产值这三类覆盖技术创新生命周期的创新指标，还创新性地引入创新模式、创新质量指标，从多个维度创新性地整合了一套较为完善的创新指标体系。当然，本书同样构建了较为完整的实证分析框架以保证研究的完备性与结论的稳健性，包含异质性分析、调节效应分析、空间效应分析等，以期更为全面且有所突破地讨论产业集聚对创新的影响效应。在传统的创新指标上，产业集聚的确能够促进技术创新水平的提升；但是在创新模式与创新质量指标上，有悖于大量已有研究的普遍性结论，本书发现产业集聚反向降低了企业选择高端创新模式的可能性，同时还进一步抑制了企业的创新质量。这一发现不仅展示了产业集聚可能存在的负向效应，也为后文的政策启示提供了重要的参考。

第四，不同于传统研究中机制分析的一般性做法，机制检验部分，本书构建了正负双向的机制分析框架，并且从宏观区域与微观企业层面，引入了多维度、多层次的机制讨论，构建相应指标，以期更好地剖析产业集聚影响创新的作用机制。正向机制方面，本书考察了产业集聚动态外部性理论中的三类机制（Marshall 外部性、Jacobs 外部性与 Porter 外部性）对创新的影响，同时还在本研究问题中进一步引入 Marshall 外部性解构后的三条路径，以及企业的融资约束、企业间沟通机制指标，从宏观区域维度到微观企业维度充分剖析了产业集聚对创新的正向影响机制与作用路径。负向机制方面，本书进一步引入了地租、基础设施、企业战略选择与企业动态指标，分析了产业集聚对创新主要的负向影响机制。可以认为，相较于以往研究，本书的机制分析具有一定的创新性，兼顾了产业集聚的正负双向机制，因此相较于以往研究具有更好的完备性。

第2章 理论脉络与文献综述

2.1 理论脉络

2.1.1 产业集聚相关理论

2.1.1.1 Marshall 产业区理论

Marshall（1890）的产业区（Industrial District）理论是产业集聚理论的重要基础。在《经济学原理》中，Marshall 将同一行业的集聚（又称专业化集聚）所形成的特定区域称为产业区，将由此形成的特殊优势称为集聚的外部经济，并指出集聚外部性是形成产业集聚的主要原因。Marshall 外部性被概括为三个方面：由专业化厂商集聚后创造的劳动力蓄水池、共享的中间投入品市场以及知识传播。本书在产业集聚外部性概念界定中已经对这三个方面进行了较为具体的说明。而以 Krugman 为代表的新经济地理学家通常将中间投入品共享这一正外部性渠道理解为上下游企业的投入—产出关联（Input - Output Linkage）。当然，除了集聚产生的外部经济外，自然要素禀赋、交通、消费者需求等也是产业集聚的重要动因①。Marshall 理论最大的贡献在于对产业集聚利益的阐述，其关于经济外部性的理论框架沿用至今，是解释空间经济、城市经济等相关问题的重要理论基础。

2.1.1.2 Weber 工业区位理论②

Alfred Weber（1909）在其所编著的《工业区位论》中，则将企业在特定

---

① 从集聚动因的具体形式来看，Marshall 认为气候、资源、交通便利以及宫廷对于高品质货物的大量需求是引起地方性工业集聚的主要原因。

② 实际上，部分学者将 Weber 的工业区位论归类为古典区位论的范畴，本书如此分类主要考虑了两点：第一，Weber 的工业区位论出现在新古典学派之后；第二，也借鉴了高进田（2007）的划分方法。见：高进田．区位的经济学分析［M］．上海：上海人民出版社，2007.

地区产生集聚的原因归结为“经济活动发生在某个特定的地点，而不是其他地点所获得的成本集约优势”，并进一步结合运输成本、劳动力成本等其他因素，讨论工业区的形成和变化。Weber 假定原材料、消费地固定，且劳动力不可流动，企业的生产均位于区位多边形运输成本最小的点上；当劳动力、原材料价格下降时，如果材料或者劳动力的成本减少可以抵消或超过企业的运输成本增加，企业将选择综合要素成本最小的点。这一演化的过程最终将使某些劳动力成本优势地区、消费地区或是资源密集分布地区附近产生企业的集聚。

实际上，Weber 的集聚理论主要讨论了两方面问题，即何时发生集聚与何地发生集聚。Weber 将影响工业集聚的因素总结为四个方面：第一，生产技术的关联性与专业化发展所导致的技术集聚倾向。第二，灵活、厚实的劳动力市场能够满足工业集聚对专业工人的大规模需求。第三，产业集聚后，生产规模的扩大降低了单个工厂采购原材料的价格与风险，形成统一的产品市场则将进一步吸引更多的消费者。第四，集聚区企业能够享受一致的公共基础设施，降低了单个企业的生产经营成本。

值得注意的是，除了以上提到了集聚优势外，依然存在由集聚所导致的负向效应，因此工业区的最终状态实际上是“向心力”和“离心力”交叠作用下的结果。在集聚力主导时，工业区位将呈现出集聚的倾向；当集聚规模扩大时，企业对土地的需求水平也会相应提高，进而引发地租成本与劳动力成本的上升，这将削弱集聚优势；一旦分散力大于集聚力，工业区位中的企业就将呈现出分散倾向。

2.1.1.3　最优集聚规模理论

Edgar Hoover（1975）在其《区域经济学导论》中，认为产业集聚是一种高度密集的产业要素空间分布结构，但是在分析过程中不能简单地根据特定单位的区位因素理解集聚，不同区位间相互依存的关系对产业集聚的作用同样重要。概括来看，Hoover 将产业集聚的动因归结为以下三点：第一，市场或是原材料集中在少数区位内。第二，更新频率较高的非标准化产品生产企业通常更倾向于集聚，因为集聚后的产品市场有利于以产品的多样性吸引更多的消费者。第三，对于垂直分工的企业，集聚能够有效降低中间品在市场中的交易成本与交易风险。而对于水平分工的企业，产业集聚则有助于企业获得更多的外部信息，进一步减少信息风险。此外，由于受到收益风险、搬迁成本等因素的影响，企业缺乏有效的迁址动机，这将令企业存在区位惰性，进一步巩固了整体业态的集聚特征。可见，产业集聚同样存在一定的循环累积因果效应（Myrdal，1957）。

Hoover对产业集聚理论的突出贡献还在于提出了产业集聚的最优规模。具体来看，某一产业的集聚体若未达到最优集聚水平，集聚体则无法有效发挥规模经济的正向效应；如果超过最优集聚水平，则可能导致拥挤效应、过度竞争等问题的出现，使规模经济的正向效应下降。因此，Hoover认为，对于超过最佳规模的产业集聚体，其内部应当产生更多的细分化产业集聚体，以避免过度集聚所形成的负向效应。此外，Hoover（1937）进一步将Marshall外部性分为本地化经济（Localization Economies）与城镇化经济（Urbanization Economies）两类。其中，本地化经济与专业化集聚含义类似，即表示同一或相似产业集聚所引发的经济效益；城镇化经济则表示区域内的整个产业体系所产生的经济效益。

2.1.1.4 产业集聚的动态外部性理论

在相关文献中，产业集聚的动态外部性理论被普遍用于解释产业集聚如何推动地区技术创新与经济增长，其理论的重点在于集聚所带来的正外部性。一般来说，集聚水平越高，集聚区内的要素流动、劳动力匹配、知识技术溢出的效率也就越高，集聚对地区总体技术创新水平的推动力也就越大（Audretsch和Feldman，1996；朱英明，2009）。

目前，动态外部性一般可以分为Marshall外部性、Jacobs外部性与Porter外部性。其中，Marshall外部性是传统的Marshall外部性理论与Arrow（1962）、Romer（1986）所持知识技术溢出观点的综合，主要强调同一行业企业产生的集聚，因此又被称为专业化集聚。集聚区内，同一行业下的不同企业相互邻接，企业职工基于地理便利，通过沟通交流的方式高效传播与技术相关的非标准化信息（又称为默示信息），加快了集聚区内知识、技术、信息的流动。同时，企业间的技术差距越小，知识技术流动的障碍越少，溢出效率也就越高。知识技术的溢出推动了集聚区整体技术水平的提升，并最终促进区域经济的整体发展，部分研究为此提供了相应的经验证据（Acs等，1994；赖永剑，2012；沈能和赵增耀，2014）。

值得注意的是，Marshall外部性强调垄断竞争相对于完全竞争可能更有利于长期经济增长，这主要是由于：完全竞争状态下的企业利润水平将明显低于垄断竞争，此时，企业基于创新成本和风险的考虑，更加偏好模仿创新而非自主创新，在业务上则主要通过价格战而非产品、服务的差异化来获取市场份额。与此相反，垄断竞争状态下，垄断使企业能够获得更多的超额利润，在此激励下，企业将更加偏好自主创新以获得垄断优势。同时，随着地区整体技术创新水平的提升，长期经济增长水平也将进一步提高。

Jacobs 外部性与 Marshall 外部性在理论上存在相似之处，同时也是对 Marshall 外部性的重要拓展。Jacobs 外部性认为，多样化的产业在某一地区发生集聚更有利于提高本地区的创新水平与经济发展水平，这主要是由于多样化、差异化的产业集聚结构相比单一的产业结构对技术创新的促进作用更强，多样化集聚与市场竞争使知识与想法在不同行业间形成有效的交叉传播与协同溢出，这将进一步加速融合型技术创新的诞生。

Porter 外部性则强调了竞争的重要性。对于集聚区内处于同一产业链或是同一行业的企业，其在创新研发与市场开拓的过程中，可以通过与竞争对手间的信息互换有效降低自身的创新风险，提高行业整体的竞争优势。Porter 利用其构建的钻石模型[①]分析了产业集聚对企业竞争优势的影响路径。首先，在集聚区内，企业能够更为便捷地获得劳动力、购买生产要素与专业化的知识、技术、想法等，同时也可以更为准确地捕捉竞争对手的生产动态与技术信息。可见，Porter 外部性理论认为，以竞争优势为基础的知识溢出更有利于技术创新与经济发展。

总体来看，三类外部性理论均认为，企业集聚对于知识技术溢出具有显著的正向效应，但是对于竞争的作用而言，Jacobs 与 Porter 外部性理论更为接近，因为两者均认为竞争对经济增长的促进效应更强；Marshall 则认为市场的垄断竞争更有利于经济增长。

2.1.1.5 新经济地理理论

由 Krugman、Fujita 等学者创立的新经济地理学（New Economic Geography，简称 NEG）进一步分析与解释了产业集聚及其相关问题。区别于以往的区位理论，新经济地理学的主体框架强调边际收益递增、不完全竞争以及路径依赖。具体而言，新经济地理学在分析过程中主要遵循 DS 理论框架（Dixit 和 Stiglitz，1977）。其中，DS 框架假设存在南、北两地以及农业、制造业两个部门；农业部门生产同质化产品且处于完全竞争市场，而制造业生产差异化产品且呈现出规模递增的特征。围绕着 DS 框架，依据对集聚向心力解释的

① 波特钻石模型是分析国际竞争优势的工具，其认为影响一个国家或者行业竞争优势的因素主要有以下六点：（1）生产要素；（2）需求状况；（3）相关及支持产业；（4）企业战略、结构和同业竞争；（5）政府；（6）机会。

不同，新经济地理学模型可以进一步概括为以下三类：

（1）要素流动模型。该模型认为，产业集聚的主要动因是本地市场的规模经济与要素流动相互作用，相关的学者主要有 Krugman（1991）、Baldwin 等（2003）、Froslid 和 Ottaviano（2003）等。从研究对象来看，上述文献分别从劳动力要素流动（Footloose Labor）、资本要素流动（Footloose Capital）、企业家要素流动（Footloose Entrepreneur）等角度进行建模。

（2）垂直关联模型。垂直关联模型认为，区位间的要素流动并不是集聚向心力的唯一来源，在国家贸易理论中，劳动力、资本等要素一般无法自由流动，因此以要素流动为基础的新经济地理模型显然在一定程度上有悖于现实情况。据此，众多学者进一步指出产业间的垂直关联效应实际上是诱导上下游产业集聚的重要力量。代表性学者有 Krugman 和 Venable（1995）、Robert 和 Nicoud（2005）、Ottaviano 和 Nicoud（2006），相关模型则主要从中心—外围产业间的垂直关联（Core - Periphery Vertical Linkages）、资本的垂直关联（Footloose Capital Vertical Linkages）、企业家的垂直关联（Footloose Entrepreneur Vertical Linkages）等角度对垂直关联问题进行阐述。

（3）资本创造模型。这类模型融合了传统的经济增长理论，认为产业集聚的主要成因是资本积累，代表性学者为 Baldwin（1999）。该文献中的模型假设资本无法流动且存在贬值，贸易成本的不同使不同地区资本存量形成差异，这进一步加快了本地资本积累，最终形成累计循环增长的闭环。长期均衡下，如果存在中心外围结构，即使允许自由贸易的存在，单位资本收入的差异也将使地区不平衡现象持续。

2.1.1.6 “新”新经济地理理论

相较于新经济地理学，“新”新经济地理学进一步融合了 Melitz（2003）的异质性企业框架，对产业集聚问题与区位选择问题进行了更为深入的分析。代表性学者包括 Baldwin 和 Okubo（2006）、Ottaviano（2011）等。同样的，“新”新经济地理学依然假定规模经济与垄断竞争的存在。相较于以往研究，“新”新经济地理学更加关注由企业异质性所导致的空间集聚行为。在垄断竞争的整体环境下，企业的区位选择需要同时考虑市场因素与成本因素，而企业在成本控制与生产效率之间的差异性则决定了企业的竞争力水平。这些异质性成为了影响企业区位选择的重要因素。例如，Ottaviano（2011）利用两企业两区位的空间选择模型，初步构建了“新”新经济地理学模型的基本框架。

2.1.2　技术创新相关理论

Schumpeter 作为创新理论的奠基人，对创新的实质，创新对经济增长、经济周期的影响和作用进行了深入的探讨，在西方经济学的发展过程中具有重要的意义。20 世纪 60 年代以来，随着技术创新理论不断演化，相关研究开始关注由技术创新所带来的产业技术变革对经济增长的作用。

2.1.2.1　Schumpeter 创新理论

Schumpeter 在《经济发展理论》中指出，创新主要包含五种形式：新产品、新生产方式、开拓新市场、控制原材料或中间品的新生产者、新的工业组织模式。在 Schumpeter 看来，生产要素的新组合与实现就是创建新企业的过程，企业家在创新中则扮演着执行者的角色。因此，在 Schumpeter 创新理论中，企业家并不等同于资本家，资本家只是利用货币参与生产过程、承担风险并索取收益；企业家则拥有货币的使用权并负责创新。

Schumpeter（1911）进一步指出，企业家的集群式出现是产生经济发展的“唯一动因”。一个企业家的成功往往具有标杆效应与激励效应，这将使其他人纷纷加入企业家的行列，企业家的群体规模也随之扩大。这一过程中，行业中的“创新先驱”型企业家减少了后来企业家的创新障碍，带动了行业整体创新水平的提升；同时，为了维持在行业中的垄断地位，先驱企业家将进行新一轮的创新，这就使创新的浪潮不断翻涌和攀升。但是，当行业中的模仿创新逐渐普遍，初始创新的利润被不断压榨时，市场竞争水平的提升将会削减企业利润，弱化企业的创新动力，此时经济增长将会出现停滞，直到新一轮创新浪潮的开启。因此，在 Schumpeter 看来，创新是推动经济发展的增长源泉，同时也是产生经济周期的重要原因。

2.1.2.2　技术创新理论

作为创新理论的细分领域，技术创新的内涵比较宽泛。通过对 1950 2013 年的 1998 篇以技术创新为主题的 SCI、SSCI 的文献进行计量分析后，徐迎和张薇（2014）发现技术理论大体上可以分为五个领域：创新经济学、技术创新政策、创新系统、企业的技术创新、技术创新以及技术转移。从时间维度上看，技术创新的研究大概可以分为四个阶段：第一阶段，对应 20 世纪 70 年代前的相关研究，主要关注技术创新对经济增长的影响；第二阶段，对应 20 世纪 70 年代至 90 年代，研究主要关注技术创新的动力与技术扩散；第三阶段，对应 20 世纪 90 年代至 21 世纪初，主要从微观层面考察企业创新及创新的可持续性问题；第四阶段，对应21世纪初至今，这一阶段涌现出了大量新型创新理论，包含创新生态系统理论、创新的复杂网络理论等。由于本书主要以技术创新为研究对象，因此本书主要阐述技术创新动力理论、技术创新过程理论、技术创新模式理论及多学科交叉背景下的技术创新理论。

技术创新动力理论认为，产生技术创新的重要动力以“技术推力”（科学发展）与“需求拉力”（市场需求）为代表。早期学者认为，技术创新多源于科学发现，经过技术的开发与应用，最终实现商业化。在商业化过程中，消费者需求将使技术创新具有一定的方向性：在消费需求旺盛的领域，技术创新往往具有更高的活跃程度（Scbmookler，1966；Myers等，1969）。此外，也有不少学者从政策、企业家视角来讨论技术创新的动力问题。

技术创新过程理论主要探讨技术创新整体过程中的主要规律，其中主要包含AU理论模型、技术创新的生命周期理论等。其中，提出AU模型的Abernathy和Utterback（1975）在技术创新的动态模型中将创新分为了三个阶段，即初期非稳定阶段、过渡阶段与稳定阶段，并对每个阶段技术创新的发展过程与发展规律进行了阐述；Anderson等（1990）同样认为技术创新过程存在阶段性。Daghfous等（1994）则对AU模型进行了优化，提出了三维创新理论模型，进一步讨论了技术创新过程及其与产品、信息、市场间的关系。

技术创新模式理论主要在于分析企业针对具体的创新项目是如何根据项目实施的具体目标、资源来源、资源利用方式来确定项目实施具体路径的（梅姝娥，2008）。通常来说，根据创新连续性可以分为累计渐进式连续创新模式与破坏性创新模式；根据创新主体、资源投入的不同可以分为自主创新、合作创新与引进创新等。实际上，现实中多数技术创新过程存在多样化的创新模式，而企业家的创新偏好（如时间偏好）对企业创新模式选择则具有重要影响（游静，2017）。

此外，伴随着未来以学科交叉为方向的发展趋势，技术创新与其他学科融合形成的相关理论不断涌现，以技术创新生态理论为例，其关注技术与技术、技术与环境的相互影响与相互依存，这一理论实际上借鉴了生态系统理论，是对传统的创新系统概念的深化，且仍在不断发展（梅亮等，2014）；相关研究分别从企业网络（Iansiti和Levien，2004）、技术合作协同（Adner和Kapoor，2016）、企业创新平台（Gawer和Cusumano，2014）、创新网络（刘学元等，2016）等方面分析企业创新生态系统的主要功能与特点，并强调了生态系统中核心企业与其他成员间的关联性管理。

2.1.3　区位创新系统理论

区位创新系统理论主要来源于区位理论与创新系统理论，这一概念主要指一个区域内有特色，且与区域资源关联，能够推进创新的制度组织网络，其目的是推动区域内新技术或新知识的产生、流动、更新和转化。

Cooke（1992）首次提出了“区位创新系统”这一概念，并认为区位创新系统是由地理相近且存在分工的关联企业、高校、科研院所等个体所组成的区域性组织，这一行为能够促进本地区创新。Meeus（1999）认为，创新型企业应当成为整个系统的核心，其他企业要围绕核心企业并协同参与创新。Schienstock 和 Cook（2000）在原有概念的基础上强调了区域支持性政策及相关制度安排的重要性。

部分学者则讨论了区域创新系统的组成要素与结构。Wiig（1995）认为，区域创新系统应当包含创新型企业群落、进行创新人才培养的教育部门、开展创新活动的科研机构、进行创新制度安排与实行创新支持政策的政府部门、以金融为代表的其他创新服务部门这五个子系统。Asheim 和 Isaksen（2002）则主要从创新主体入手，将区位创新系统的主体分为两类：一是区域性产业集群，主要指创新型企业集群；二是其他基础性设施，包括教育部门、科研机构、金融机构、技术转化机构等。

国内学者对于区域创新系统也有较为深入的讨论。例如，胡浩等（2011）将区域中创新活动密集、具有代表性创新能力并且对技术创新发展具有明显支撑作用的创新产业子系统作为“创新极”，通过构建多创新极共生演化模型与数值模拟，发现区域创新系统间的差异性主要源于创新极的数量的不同、创新极的强弱及创新极之间的共生关系；苏屹等（2016）强调区域创新系统是结构复杂、功能多样的社会性系统，其主要由创新主体子系统、创新资源子系统与创新环境子系统这三个部分组成。此外，张公　等（2017）进　步探讨了创新主体子系统在区域知识库形成过程中的角色与作用，并基于知识管理阶段理论解构了区域知识库的形成过程，从而实现创新知识由知识源到区域知识库的存储路径，即企业、高等院校和科研机构三者共同奠定知识基础，中介机构搭建扩散桥梁，政府提供政策扶持与市场知识。张司飞和王琦（2020）则在构建创新系统共生体理论框架的基础上，构建了刻画区域创新发展现状差异的综合性分析框架；进一步的实证研究发现，产业集聚与互联网发展是推动区域创新发展的必要条件，且区域创新发展的驱动路径可以分为自发自主型、开放综合型、自发综合型三类。

在区域创新理论体系中，区域创新环境的相关研究与区域创新系统理论具有较强的关联性。区域创新环境（Regional Innovative Milieu）这一概念最早由欧洲创新环境研究小组提出，具体指在特定的区域内各种与技术创新关联的主体（如企业、高校、科研院所）、非主体要素（如资本等物质要素）以及协调各要素之间关系的制度及其政策的总和。值得注意的是，区域创新环境理论实际上结合了 Marshall（1911）“产业组织也是一种生产要素”的观点，并进一步强调了区域内企业的集体协同性与创新效率。国内部分研究也对区域创新环境进行了分类。例如，贾亚男（2001）将区域创新环境分为互动型创新环境、承接型创新环境、吸收型创新环境与摩擦型创新环境；蔡秀玲（2004）将区域创新环境分为基础设施环境、社会文化环境、制度环境和学习环境；类似的，薛捷（2015）将区域创新环境分解为区域要素环境、文化环境和政策环境三类。

2.2 产业集聚的相关研究

2.2.1 产业集聚测度的相关研究

随着时间推移，产业集聚的测度指标日臻完善，其中代表性指标包括赫芬达尔指数（Herfindahl Index，简称为 HHI）、区位熵（Location Quotient）、空间基尼系数（Locational Gini Coefficient）、EG 指数（EG Index）、DO 指数等。这一部分具体介绍了空间基尼系数、EG 指数与 DO 指数①。

2.2.1.1 空间基尼系数

Krugman（1991）、Audretsch 和 Feldman（1996）使用空间基尼系数测度制造业的产业集聚水平。从本质上看，空间基尼系数描述了某一地区的就业结构与整体就业结构的相似程度（或是差异程度）。对于具体行业 j 来说，其空间基尼系数的测度方法表示如下：

$$G_j = \sum_i (s_{ij} - x_i)^2 \tag{2-1}$$

① 考虑到本书实证研究部分应用了区位熵指标，且给出了相应的指标说明与测算方法，因而此处重点关注了除区位熵外的其他代表性指标。

其中，G_j 表示 j 行业的空间基尼系数，s_{ij} 表示 i 地区 j 行业从业人员规模占全国 j 行业整体人员规模的比值，x_i 表示 i 地区就业人员规模占全国就业总规模的比值。通过对不同地区的加总，最终可以获得 j 行业的空间基尼系数：当空间基尼系数 $G_j=0$ 时，说明 j 行业相较于整体就业的空间分布情况并不是集聚的；当 $G_j>0$ 时，行业 j 是集聚型行业。

但是，空间基尼系数对产业集聚的测度可能存在一定的虚假成分，主要原因在于其并没有考虑企业规模这一问题。如果一个地区存在规模较大的企业，则该地区的空间基尼系数会明显偏高，但实际上该地区并没有出现相应的产业集群。

2.2.1.2　EG 指数

Ellison 和 Glaeser（1997）通过控制特定行业的产业组织结构，在原有空间基尼系数的基础上提出了 EG 指数。从概念上讲，EG 指数实际上将 j 行业的就业空间集中度与行业中所有厂商随机分布的情况进行比较。EG 指数的计算方法为：

$$EG=\frac{\sum_{i=1}^{M}(s_i-x_i)^2-(1-\sum_{i=1}^{M}x_i^2)\sum_{j=1}^{N}z_j^2}{(1-\sum_{i=1}^{M}x_i^2)(1-\sum_{j=1}^{N}z_j^2)} \tag{2-2}$$

其中，M 表示地区的数量，s_i 表示地区 i 某行业就业人数占该行业总就业人数的比重；x_i 表示地区 i 所有的就业人数占整个地区所有行业就业人数的比重。N 表示企业数量，z_j 表示第 j 个企业就业人数与该行业总就业人数之比，以反映企业的规模分配情况。因此，结合 Herfindahl 指数与空间基尼系数的概念，EG 指数可以进一步改写成：

$$EG=\frac{G-(1-\sum_{i=1}^{M}x_i^2)HHI}{(1-\sum_{i=1}^{M}x_i^2)(1-HHI)} \tag{2-3}$$

其中，G 表示空间基尼系数，HHI 表示 Herfindahl 指数。在是否集聚的界定标准上，Ellison 和 Glaeser（1997）认为，当 EG 指数大于 0.05 时，该产业的产业集聚度较高。在 EG 指数的运用上，Rosenthal 和 Strange（2001）基于 EG 指数发现美国大量的制造业行业存在产业集聚的特征；胡璇和杜德斌（2019）则使用 EG 指数刻画了 1987—2016 年外资企业的研发活动时空演变格局，同样发现上海的外资研发中心存在空间集聚的特征。

总的来看，EG 指数虽然改良了空间基尼系数，但依然存在一定的问题，其中最为主要的就是 MAUP 问题：以空间基尼系数与 EG 指数测度的产业集聚水平指标均以包含边界的特定区域为基础，这导致了边界效应（Boarder Effect）问题，即区域间的产业可能存在较强的产业关联与自发性集聚，但是这一关联却被人为地割裂了。

2.2.1.3 DO 指数

为了解决上述指标可能存在的问题，Duranton 和 Overman（2005）构建了基于企业间距离测算产业集聚水平的 DO 指数。这一指标并不依赖于特定的空间边界，同时可以利用 Monte Carlo 模拟进行反事实检验，以判断该行业在特定距离内是否为集聚型行业。当然，DO 指数要求研究者获得企业精确的空间坐标，且测算 DO 指数的计算量相较于其他指标更大。

近年来，部分学者利用类似的连续性方法（Continuous Method）测算创新生产活动的空间集中度，如 Murata 等（2014）、Buzard 等（2017）。总结来看，以 DO 指数为代表的连续性方法从理论上可以更好地测度产业集聚水平。需要注意的是，区域的政治边界对分析产业集聚问题依然具有十分重要的意义（Carlino 和 Kerr，2014）。

2.2.2 影响产业集聚的因素研究

根据新经济地理理论框架，影响产业集聚的因素实际上可以从产业集聚的“向心力”与“离心力”两个方面入手。

Krugman（1991）指出，产业集聚受到运输成本、要素流动、规模经济与政府行为等因素的影响；部分研究进一步探讨了地理区位因素、经济开放、市场化水平、城市化水平、基础设施建设水平如何影响产业集聚的形成（金煜等，2006）。总体来看，这些影响因素是产业集聚形成的动因，因此也可以认为是产业集聚的“向心力”。

从国内的相关研究来看，林理升和王晔倩（2006）基于新经济地理学框架对中国的集聚情况进行了分析，认为正是运输成本的差异，使中国制造业在沿海地区形成运输优势，且这一优势与较高的劳动力流动成本一起促成了沿海地区高成本压力与内地收入下降的“二元结构”。张文武和梁琦（2011）则基于中国的经济普查数据测算了劳动集中度，发现集聚的一大动因为人力资本流动。此外，张辉等（2016）发现金融规模所引致的集聚效应可以促进集聚，且金融发展有利于促进区域的均衡发展。

进一步看，产业集聚的规模经济主要体现在产业集聚产生的动态外部性。正如理论基础部分所述，由产业集聚所引致的 Marshall 外部性、Jacobs 外部性与 Porter 外部性使企业在选址过程中偏向于考虑本身集聚水平较高的地区。因此，从逻辑关联上看，产业集聚的外部性既是产业集聚所产生的效应，也是形成集聚的重要动因，即两者互为因果。

在政府行为层面，Brakman 和 Marrewijk（2013）认为，传统的经济活动通常具有集聚性特点，因此对于政策制定者而言，制定和推行产业集聚的相关政策将大有裨益。黄璇和任宛竹（2017）以日本企业来华投资作为切入点，发现中国政府的转移支付与财政优惠政策是促成日系企业形成区位集聚的重要动因。其中，开发区政策是激励产业集聚的一个典型案例：企业对“政策租”与“集聚租”的追求使具有“松足型”（Footloose）特征的企业向开发区转移；Combes 等（2011）进一步指出，开发区政策有助于形成产业集群，增加区域就业，引进具有专业技能的劳动力与高新技术设备，逐步强化集聚经济。

除此之外，影响产业集聚水平的因素主要还包含地区的开放水平（Hu，2002）、交通基础设施（Chatman 和 Nolan，2014）、制度环境（谢里和张敬斌，2016）、技能共享（Diodato 等，2018）等。总体而言，产业集聚的“向心力”具有多样性，且各类因素影响产业集聚的路径与机制各异。

相对于产业集聚的“向心力”，产业集聚的“离心力”从逻辑上可以从上述的影响因素的反面进行延伸。从自身视角出发，由产业集聚导致的负向外部性同样也是影响产业集聚的重要因素，其中最为典型的就是产业集聚所产生的“拥挤效应”。Henderson（1974）指出，生活成本的激增会抵消由规模经济所带来的正外部性；从经验上看，Henderson（1986）对美国与巴西的数据进行实证分析后发现，规模经济的外部性主要来自产业集聚，且这一外部性随着城市规模的扩大而不断减弱。江彩君（2011）等则基于 2007 年中国长三角地区的六类制造业数据，发现产业集聚实际上与企业利润存在非线性关联，并进一步将产业集聚分解为过度集聚、适度集聚与推进集聚三类。吴三忙和李善同（2010）在分析中国制造业集聚的时空演进时发现，中国东部的平均集聚程度正在持续下降，而东北部、中部和西部则呈现出上升趋势；作者认为造成这一结果的主要原因是过度集聚所导致的拥挤效应。Lin 等（2011）同样指出，高度集聚将催生非经济环境，如要素拥挤、过度竞争等。

2.2.3 产业集聚的影响效应研究

现有文献对产业集聚影响效应的总体判断是偏积极的，主要体现在产业集聚推动了地区的经济增长，提高了集聚区内企业的全要素生产率（Total Factor Productivity，以下简称 TFP）及劳动力生产率，缓解资源错配，增加居民收入等。具体来看，Davis 等（2014）基于时间序列数与城市面板数据，通过广义矩估计的方法测算相关参数，并利用 DSGE 模型估算了产业的本土集聚对总经济增长的贡献；结果发现，集聚大约提高了 10% 的人均消费量。Hylton 和 Ross（2018）则从物流产业入手，发现集聚经济使集群中的物流机构呈现出非对称增长（Disproportionate Growth），并指出未来研究需要着重考察物流行业产生集聚的主要机制。作为集聚的另一重要特征，陈乐等（2018）基于劳动力流动视角探讨了人口流动对中国城市经济增长的影响；研究发现，人口集聚对中国城市经济增长具有显著的正向作用，且这一效应沿着东、中、西逐级递减；同时，从机制上看，人口集聚主要通过知识溢出与人力资本积累这两条路径促成地区的经济增长。

探讨产业集聚对 TFP 影响的研究较为丰富：Greenstone 和 Hornbeck（2010）利用集聚区企业与第二区位企业的相关数据，发现集聚效应对集聚区内企业 TFP 的提升效率相较于第二区位企业高出了 12% 左右。卢飞等（2018）进一步根据产业集聚外部性理论，将产业集聚分解为专业化外部性与多样化外部性，发现专业化集聚在产业发展中期的效果较为明显；而多样化集聚在集聚区成熟后（产业发展后期）对产业的推动效应更强；与此同时，两类集聚均能有效提高集聚区内企业的 TFP。Gaubert（2018）则构建了一个一般均衡模型，模型中城市的集聚模式与企业的分类模型被唯一确定，且集聚同样会对 TFP 产生影响。

产业集聚提升企业 TFP 的一个重要机制，在于其可以有效抑制资源错配问题。首先，从配置效率上看，盛丹和王永进（2013）认为，产业集聚对正式与非正式金融发展的作用有助于缓解企业在发展过程中的融资障碍。在此基础上，季书涵等（2016）将产业集聚引入了资源错配的理论框架，发现产业集聚对资源错配体现出显著为负的关联性；实证检验进一步论证了这一结论。Munshi 和 Rosenzweig（2016）则认为改善金融中介的服务效率、减少劳动力市场摩擦可以有效缓解资源错配问题；从本质来说，这些路径与产业集聚的外部性理论在逻辑上具有相当的一致性。此外，产业集聚对于居民收入增长还存在较强的推动作用与空间溢出效应（伍骏骞等，2016）。

当然，过度集聚产生负外部性同样值得关注。本书已经论述了由产业集聚带来的“拥挤效应”，即由于过度集聚产生的高租金与过度竞争将使产业集聚的规模经济效应下降。此外，产业集聚也有可能导致区域环境恶化、犯罪滋生等问题。例如，Vinkanen（1998）发现，芬兰南部的产业集聚是产生大量空气、水污染的直接原因；考虑到产业集聚可能会推动区域技术进步，产业集聚对污染的影响实际上是多重效应叠加后的结果。在经验证据上，豆建民等（2015）基于中国城市数据，发现经济集聚与单位产出的污染排放呈现出倒 U 型关联；同时，豆建民等（2015）进一步指出，集聚的空间依赖会降低单位产出的污染排放强度。此外，Gaigne 和 Zenou（2015）构建了一个集聚与犯罪的内生增长模型，发现城市集聚水平与人均犯罪率具有较强的正向关联。

2.3　技术创新相关研究

2.3.1　技术创新测度的相关研究

2.3.1.1　基于创新投入的测度

通过系统地梳理和总结，现阶段大多数研究对技术创新的测度主要有以下三种方式：第一，从创新的过程入手，如企业自身的研发投资，与创新相关的风险投资或是股权投资（VC/PE）；第二，从创新的中间产出入手，如企业的专利申请、专利授权、专利引用；第三，从创新的最终消费品入手，如企业的新产品产值、新产品发布（New Product Announcements）等。这三种方式在衡量企业创新水平的过程中各有利弊，因此未来的研究将需要构建具有综合性的技术创新测度指标，以避免现有创新测度可能存在的问题和缺陷。

以往研究中，企业的创新产出指标数据是相对稀缺的，因此众多文献将企业的 R&D 投入强度（包括 R&D 人员投入与 R&D 资金投入）作为衡量企业技术创新水平的指标（Coad 等，2016；Zhou 等，2017；王红建等，2017；柳卸林和杨博旭，2020）。实际上，R&D 投入指标仅反映了主体的创新努力程度（Innovative Effort），令其作为衡量企业技术创新的指标，可能无法有效刻画和捕捉企业在创新过程中的创新效率。其他用来描述创新的指标，如专利类数据（专利拥有数、专利授权数、专利被引数等），其相对于 R&D 投入数据具有更好的代表性，并且对于创新的刻画也更为细致（Granular），相关的实证研究也更偏向于使用专利数据测度技术创新。更为重要的是，专利数据可以进一步测度技术创新过程中创新的质量；相对而言，R&D 在地方层面的数据则较难收集[①]（Carlino 和 Kerr，2014）。

部分研究则开始利用地区的风险投资（以下简称 VC）作为衡量地区技术创新水平的重要标准。VC 对新成立的创新型企业提供资金支持以换取股权，且在企业发展过程中提供帮助与指导（Gompers 和 Lerner，2006）。从概念上看，基于 VC 测度的创新指标与 R&D 存在类似的问题，即其只能够表示技术创新过程中的要素投入，而不能够衡量整体的创新产出或创新效率。同时，VC 通常更为关注初创企业或特定行业（如计算机、软件、生物行业），因此对于创新的描述依然不够全面。

2.3.1.2 基于创新中间产出的测度

相比较而言，基于专利数据的可得性、便利性、综合性等特点，大量研究利用专利数据作为测度技术创新的指标（Bernstein，2015；Brav 等，2018；蔡庆丰等，2020）。但是，以专利数据衡量的技术创新依然存在较多的不足。首先，从实质来看，企业拥有的专利实际上从法律层面排除了其他企业或个人在一定时间内利用此专利规定的技术制作、售卖相关产品。专利制度为发明者提供了有效的经济激励，即通过合法、暂时的垄断来寻求更多新的创新；Carlino 和 Kerr（2014）指出，为了获得专利保护，相关的技术创新必须具备相对开创性，是对现有技术非显而易见的延伸（Non – obvious Extension）。

中国的专利分为发明专利、实用新型专利与外观设计专利三类，在此三类专利中，发明专利的授权相较于实用、外观专利的审批时间更长，对专利包含创新要求更高，因此在一定程度上发明专利的数量或占比可以代表企业总体的创新质量，例如，黎文靖和郑曼妮（2016）等将企业年度发明专利申请量作为测度企业创新质量的主要指标。

专利指标的主要优势在于：相较于以 R&D 等要素投入为基础的创新指标，专利指标衡量了企业创新过程中的直接产出；同时，专利数据通常属于微观数据，因此相关研究可以更为具体、详尽地讨论企业的创新问题；此外，

---

① R&D 相关数据的这一问题在美国较为普遍，政府需要通过类似于“NSF R&D Survey”等这样的保密协议调查获得 R&D 数据。

专利数据具有较长的时间跨度（如中国国家知识产权局的统计年报始于 1985 年）。这些优势使专利数据在研究中被广泛地运用。

但是，专利指标依然存在一定的缺陷：从本质上来说，专利衡量的是技术创新过程中第一阶段的创新产出，那么，专利可以在多大程度上促成商业化（即专利的成果转化问题）？这依然是一个值得讨论的问题。Feldman（1994）分析后发现，专利与新产品生产与推广间的相关系数大概在 0.8 左右；虽然这一系数相对较高，但是 Feldman 和 Kogler（2010）认为通过专利数据来刻画技术创新仍需谨慎。

专利指标的另一个缺陷在于，不同专利的价值差异性较大。一般来说，绝大多数的专利价值并不高，而少数专利却可能拥有极高的价值（Harhoff 等，1999）。Serrano（2010）发现，美国有 78% 左右的专利在授权后便无更多的更新记录，而一般更有价值的专利在失效前均会经历若干次更新，据此可知绝大多数的专利蕴含的价值量比较低。此外，专利所有者通常会申请与原专利相似的其他专利以构筑有效的专利壁垒，但是专利壁垒并没有增加原有专利的有效价值，这将进一步扭曲专利指标的有效性。针对这一问题，现有研究者利用专利的被引量测度专利质量，且在衡量专利质量的过程中排除企业或个人专利的自引用（Chava 等，2013；赵子夜等，2018；诸竹君等，2020）。部分文献也利用专利的引用量与被引用量测度企业间的知识技术溢出水平（Murata 等，2014）。

此外，对技术创新是否申请专利这一问题，不同行业的偏好存在差异。Cohen 等（2000）发现化工医药行业相对食品、玻璃、轮胎等制造业更倾向于为自身的技术创新申请专利；进一步的，不同区域间的行业结构与组成可能不同，这可能会使不同地区的专利数量存在较大差异。因此，在数量分析过程中，需要有效控制行业因素与区域因素。

2.3.1.3 基于创新最终产品的测度

现阶段，大量研究将新产品发布作为衡量技术创新的重要指标，如 Audretsch 和 Feldman（1996）、Acs 等（2002）等；国内相关文献则主要利用新产品产值这一指标，如李长青等（2014）、戴魁早与刘友金（2016）、田晖等（2021）等。利用本指标的一个优点在于新产品实际上与 R&D 投入、专利相关，并且体现了技术创新的转化能力。但是，在行业层面，2012 年后中国不再公布行业层面的新产品产值；在企业层面，由于 2007 年后中国工业企业数据质量不高，因此在一定程度上限制了新产品产值这一创新指标的应用；同时，样本选择偏差的问题同样值得关注。

总结来看，现有的创新指标各有优劣。在分析过程中，需要充分考虑技术创新指标的可得性、合理性、综合性；同时，为了保证研究结论的稳健性，通常需要对创新变量进行多方位、多层次考量与测度。

2.3.2 影响技术创新的因素研究

产业集聚通常具有较强的区域特征，因而区域因素对技术创新的影响不容忽视；同时，企业自身是技术创新的主体，其所具备的相关特点以及相关因素对创新同样具有相当的影响。据此，本部分主要从影响创新的外部因素与内部因素两个层面对文献进行梳理。

2.3.2.1 影响技术创新的外部因素

影响技术创新的外部因素较大程度上来源于创新环境，而制度环境是其中重要的组成部分。总体来看，制度环境是一个代表性复合概念，其指一系列用来建立生产、交换与分配基础的基本的政治、社会和法律基础规则。余泳泽（2011）认为，良好的制度环境对技术创新效率应当存在显著的促进效应，其对技术创新的影响路径具有多样性，如克服区域中的“搭便车”行为、推动信息发现、规避寻租与稳定经济主体的预期等。

在制度环境的基础上，地区的创新政策对技术创新发展同样具有重要的意义，据此，徐峰（2016）总结与梳理了欧盟在这一方面的相关经验，指出欧盟在推进技术创新的过程中主要遵循三类做法：资助创新活动、制定政策性资助以及推进鼓励创新立法；同时，文章对欧盟主要的结构基金与政策基金也进行了阐述。Liu 等（2011）则基于中国市场化改革过程中的 287 项政策（1980—2005 年）分析了中国创新支持政策的演化和主要结构；文章发现，中国的科技政策经历了从简单到复杂的过程，且目前中国已经形成了一套相对完整的创新政策体系，而制定政策的主体也经历了从单一部门向多部门转化的过程。正是中国科技政策体系的不断进化与革新推动着中国技术创新水平的不断提升。

政策体系中，财政政策是政府“有形之手”的重要体现，其对区域技术创新的影响也值得关注。基于 1999—2014 年中国省级层面的科技财政支出数据，吴非等（2017）检验了财政科技投入对地方创新的影响。结果表明，整体上地区的财政科技投入与区域创新之间呈现显著的正向关联，且财政科技投入的创新效果存在明显的区位差异。具体来说，东部与西部的财政科技投入具有一定的社会福利效应，而中部地区的这一效应并不明显。

马双等（2017）进一步考察了中国地方政府质量与区域技术创新水平的关联性。他指出，政府是否具备高效执行政策的能力将会影响地区创新绩效以及与创新相关的经济行为。据此，马双等（2017）基于中国综合社会调查数据，从政府效益、政府责任、法规准则三个维度出发，测算了中国 43 个地级市/直辖市的政府质量，并发现政府质量与区域创新间存在显著的正向关联，且地方政府责任是其中最主要的影响因素。

除了制度、政策、政府质量等因素外，金融也是影响区域技术创新的重要因素，其中以证券业、银行业为代表的金融业集聚对技术创新存在普遍的促进效应（陆远权等，2016）；区域性金融市场的发展有助于降低交易成本、分散金融风险、鼓励机会共享、扩大融资规模，进而保障了技术创新行为的稳定性与持续性（Tadesse，2002）。此外，以外商直接投资（Foreign Direct Investment，FDI）为代表的境外资本对技术创新同样存在重要影响：大量研究认为，FDI 是国外先进技术转移和扩散的重要途径，因此，从理论上说，FDI 应当对技术创新存在较强的推动效应，同时这一效应对于不同区位存在差异。陈钰芬和余芳珍（2007）发现，FDI 对中国的自主、原创型创新能力的提升效应并不明显。Wang 和 Wu（2016）则从知识技术溢出的视角探讨了 FDI 对技术创新的影响，发现 FDI 对中国的产品创新存在显著的正向效应，但这一效应主要来源于知识的横向溢出而不是纵向溢出。

此外，地理因素对技术创新的影响同样值得关注。例如，苏屹和林周周（2017）利用 1998—2014 年中国省级面板数据，分析了区域创新活动的空间效应与影响因素；研究发现，地理与社会经济特征对区域创新活动均能产生影响，但是相对而言，社会经济特征对区域技术创新水平提升的贡献更大。

创新网络理论则进一步结合网络和创新两个视角。企业个体的创新绩效实际上受到了外部网络关系的影响（刘学元等，2016），这一观点对于区域这一创新主体而言也具有重要参考价值。而从区域间网络协同视角切入，余泳泽（2015）考察了区域创新网络中研发资本与价值链的外溢效应，并分析由此产生的协同效应与挤占效应；研究发现，中国的科技研发表现出了明显的空间外溢与价值链外溢，说明中国整体的区域网络具有较好的协同性。何晓清（2017）基于创新网络演化视角，通过构建创新网络的评价指标，分析创新网络与区域创新间的关联性；研究发现，创新网络对区域创新具有直接的推动作用，但此种作用存在门槛效应，即随着地区创新网络化水平的提升，网络化对技术创新的边际效应将不断递减。

Li 等（2014）基于 2000—2010 年中国省际面板数据，考察了地区产业结构与企业所有权对各省份创新绩效的影响，并进一步分析了专业化水平与多样化水平的影响效应；研究发现，中国各地区的创新绩效更多地受到产业结构多样化的影响。部分研究则从三产比重、产业结构转型升级、科技孵化产业等角度探讨产业结构变动与区域创新的互动关系（王鹏和赵捷，2011；Li 等，2017；田增瑞等，2019）。此外，高新技术企业的自源性集聚也对区域创新有重要推动作用①（韩坚等，2017）。

2.3.2.2 影响企业创新的内部因素

相对于环境、政策等外部性因素，微观层面的内部性因素则可以进一步细分为公司治理与公司金融两个方面。在公司治理上，相关文献主要讨论了股权集中度、董事会、管理层薪酬激励、股权激励等各类公司内部治理架构与治理机制对企业创新的影响。具体来看，Francis 和 Smith（1995）发现，股权集中度较高的企业样本拥有更高的技术创新水平，并认为相对集中的股权结构与股东监督可以有效抑制代理问题（Agency Problem）。Balsmeier 等（2017）则分析了独立董事制度，发现处于向独立董事制度转型中的企业在创新过程中更偏向于在拥挤（Crowded）和熟悉技术领域进行创新。Fu（2019）则基于中国的上市企业数据发现独董数量与企业的创新产出之间存在显著的正向关联。

Manso（2011）指出，在创新过程中，企业最佳的策略在于：在初期提高对失败的忍度，长期则对成功创新进行有效激励。其中，长期的薪酬承诺、工作保障以及对绩效的及时激励至关重要。方军雄等（2016）进一步发现，高管业绩敏感型薪酬契约与企业的创新活动具有较强的关联性，且该类薪酬契约对于高管持股水平、机构投资者持股水平较高或是所处地区市场化水平较高的企业具有更强的创新激励效应。此外，余明桂等（2016）指出，业绩考核制度有效提高了中央企业的创新水平。同时，部分文献还讨论了高管特征与企业创新的关联性，如高管是否为发明家（虞义华等，2018）、高管的学术经历（Jiang 和 Murphy，2007；黄灿等，2019）等。

公司金融层面，相关研究主题包括企业杠杆率、现金持有、内部资本市场等。其中，对于企业杠杆率，相关研究的观点出现了分异：一方面，Bartoloni

---

① 文献综述的第四部分将对这一问题进行更为深入的探讨。

(2013) 认为债券融资可以在补充资金的同时最大化企业价值；此外，企业也可以通过负债寻求债权成本与股权成本的平衡，降低代理风险，提高企业的R&D收益（Jesen和Meckling，1976）。另一方面，Simerly和Li（2000）指出，相较于股权融资，债务融资在环境不确定性较强的情况下具有更高的成本，可能会对企业创新不利。因此，企业杠杆率可能与企业创新存在非线性关联。实际上，部分研究也佐证了这一观点（如于晓红和卢相君，2012；Berzkalne和Zelgalve，2013）。

在现金持有方面，Lyandres和Palazzo（2012）发现，与传统行业相比，高创新行业中企业大规模持有现金的趋势相较于其他行业更为明显：传统行业通常依赖现有资产产生的现金流；创新产业则与之不同，通常更倾向于寻找新的投资机会以提升企业价值。刘波等（2017）则发现，当“赢家效应”较强时，企业更多地认为现金流不确定性是自身未来的重要发展机遇，此时的“资助效应”凸显，推动企业进行更为激进的创新研发；当“赢家效应”较弱时，“预防效应”的存在可能会令企业执行更为保守的创新策略。

不少学者同样讨论了企业内部资本市场对创新的作用。企业内部市场理论认为，内部资本市场相对于外部具有更多的信息优势（Williamson，1975）；同时，由于内部资本市场的剩余控制权在企业手中，因此企业将更好地受益于激励效应与有效监督（Gertner等，1994），进而推动企业整体创新效率的提升。从经验证据上，杨理强等（2019）以集团财务公司为切入点，发现企业的内部资本市场可以有效促进公司的实质性创新。此外，分析师预测（He和Tian，2013）、企业的上市状态（Bernstein，2015）、股票流动性（冯根福等，2017）、金融投资（段军山和庄旭东，2021）等也是影响企业创新的重要因素。

2.3.3　技术创新的影响效应研究

从传统的Schumpeter创新理论与宏观经济学模型来看，技术创新最为直观的效应便是促进经济增长，相关研究无论是从理论还是实证方面，对此均有大量证明（如Solow 1956；Romer，1990）。在此基础上，大量研究对技术创新效应进行了衍生分析。

Patel和Pavitt（1994）将国家创新体系看作是一种重要的国际竞争要素；Porter（1990）认为国家的竞争优势建立在是否成功建立技术创新企业的基础上。可见，技术创新对国家竞争力的提升具有极为重要的影响，据此，程惠芳等（2008）从创新投入、创新政策、创新制度、创新公共基础条件等15个因素入手，利用因子分析的方法提出创新核心因子与创新环境因子，分析国家创新体系与国际竞争力的关联性；研究发现，上述两个因子与国家竞争力间均呈现出显著正相关关系。周志娟等（2014）则基于创新开放性视角，发现中国的创新开放性对提升中国国际竞争力具有显著的正向促进效应。

技术创新的另一作用是推动地区的产业结构升级。Ngai 和 Pissarides（2007）通过一个多部门模型，阐述了技术创新对产业结构升级的重要作用；聂高辉等（2018）则利用 TVP - VAR 模型分析了技术创新与产业结构升级间的互动关联；研究表明，技术创新显著促进了中国的产业结构升级，但是这一正向作用会随着时间跨度的增长而逐渐减弱。时乐乐与赵军（2018）结合了环境规制问题，利用门槛模型，探究了技术创新、环境规制与产业结构升级间的协同关系；研究发现，技术创新对产业结构升级始终存在显著的正向效应；反之，产业结构特点对行业部门的创新行为与绩效也存在影响（Guan 和 Pang，2017）。

在微观层面，技术创新对企业同样具有较强的影响作用。以企业绩效为例，于成永与施建军（2009）探讨了企业的外部学习、技术创新对企业的影响及其影响路径；通过结构方程分析后发现，外部学习通过提升企业技术创新水平这一中介效应，提升企业绩效。刘和旺等（2015）则结合了所有制类型，讨论了技术创新对企业绩效的影响；通过中国工业企业数据与应用循环的 CDM 模型，发现国有企业的总体技术创新水平显著高于民营企业，但是其商业化绩效却显著低于民营企业；Tang 等（2018）则指出，企业的绿色创新，而不是产品创新，对企业绩效的影响更为显著。其他相关文献将整合能力（庞长伟等，2015）、组织创新（王喜刚，2016）等因素引入分析框架，分析技术创新对企业绩效的影响效应。

2.4 产业集聚与技术创新的关联性研究

2.4.1 产业集聚对技术创新的影响效应研究

现阶段，研究产业集聚对技术创新影响的文献已经较为丰富，因此，通过梳理以往文献可知：就整体效应而言，产业集聚对技术创新存在普遍且显著的正向促进效应。

Capello（1999）发现，产业集聚显著地促进了集聚区内企业技术创新水平的提升；同时，集群进一步推动了技术成果的传播与外溢，这一结果与 Marshall 外部性理论相契合。陈建军和胡晨光（2008）则通过协整分析与 VECM 模型，在借鉴新古典增长模型的基础上提出了垄断竞争分析框架，并以 1978—2005 年长三角次区域数据，分析了产业集聚对经济发展、技术进步与索洛剩余递增的影响；研究发现，产业集聚有效促进了地区的技术进步与产业竞争力，并带来了长期的经济增长。杜威剑和李梦洁（2015）同样讨论了产业集聚对企业产品创新的影响，发现集聚显著促进了企业的创新倾向与创新产品产出。

同时，考虑到在产业集聚过程中可能产生由地租、过度竞争等导致的负外部性，产业集聚对企业或区域技术创新的影响可能是非线性的。Katz（1986）基于一个四阶段博弈模型分析了集群的合作研发效应，发现竞争水平和技术溢出是企业创新重要的影响因素。这一观点与 Marshall 外部性理论中倡导的垄断竞争优势相契合，即集聚带来的过度竞争可能会抑制企业创新。周圣强和朱卫平（2013）同样强调了产业集聚的两面性，并指出由过度集聚导致的拥挤效应将抵消产业集聚产生的规模经济效应。经验上，Jiao 等（2016）以食品与制药行业企业为主要研究对象，分析了产业集聚对企业创新投入效率的影响；研究发现，产业集聚与创新投入效率呈现出倒 U 型关联。谢子远和吴丽娟（2017）利用省级面板数据考察了产业集聚对工业企业创新效率的影响，发现集聚与创新间同样呈现出倒 U 型关联。

此外，产业集聚本身可能对企业的创新意愿或创新倾向存在一定的抑制作用。其中，开发区作为政策性的产业集聚区，通常有相应的税收优惠、补贴政策等。众多研究发现，以政府补贴为代表的相关开发区政策可以有效提升企业的创新产出（Boening，2016；杨亭亭等，2018）。但是，政府干预在某种程度上破坏了集群的自我演化机制：在政府的惯性干预下，要素成本补贴、产品价格补贴等优惠政策为产业集聚提供了赖以生存的低成本竞争环境（Claessens 等，2008），进而弱化了企业的高端创新动机；当集聚区内企业形成了低端创新的集体选择，就会形成“创新惰性”（胡彬和万道侠，2017）。利用中国企业营商环境的调查数据和中国工业企业数据库，胡彬和万道侠（2017）发现政策性产业集聚显著降低了企业进行高端创新的意愿与倾向。

2.4.2 产业集聚对技术创新的作用机制研究

产业集聚对技术创新存在多样化的作用机制与影响路径。本书综合了Marshall、Jacobs、Porter集聚外部性思想，将主要的影响机制总结为以下三类：①创新要素与劳动力市场共享：产业集聚可以形成创新生产要素共享市场与劳动力蓄水池（创新生产要素共享主要来源于集聚区内上下游企业投入产出的垂直关联[①]）。这两类路径降低了集聚区域内企业获得劳动力与创新需求要素的成本。②知识技术溢出：产业集聚为区域内的知识技术溢出提供了良好的环境。由于区域内企业存在地理相邻性，相关的知识、技术、想法（Idea）可以在不同企业间快速传播，并由此产生新的知识与技术（Duranton 和 Puga，2000）；③竞争效应：区域内企业间的竞争效应会激励企业降低成本，推行企业的技术升级与改造，并提高集聚区整体竞争力。总体而言，与其他企业主体间的邻近、较低的交通成本、信息时滞的减少、要素的共享、知识与技能的外溢等为产业集聚区内企业的技术创新提供了优渥的土壤。因此，相较于集聚区外相对孤立的企业，产业集聚使企业更易于产生创新（Beaudry 和 Breschi，2003）。

2.4.2.1 创新要素与劳动力市场共享效应

首先，产业集聚的共享效应来源于企业集聚后地区产生的厚要素市场与厚劳动力市场。集聚使集聚区内的个体能够共享众多的创新投入要素与具有专业技能的劳动力，而知识在此过程中也得到了充分的传播（Porter，1990）。同时，通过产业链的本地衔接，企业可以进一步减小相应的库存成本。产业集聚对于涉及技术、信息与服务的尖端技术创新尤为重要（Porter，1990），因为一旦进行技术创新，企业可以在集聚区内快速获得需要的创新资源，进而提升自身的创新效率。

部分文献从侧面对上述机制进行了说明：Audretsch 和 Feldman（1996）发现，对于以人力资本为核心的相关行业，集群中的企业具有更强的创新偏好。Helsley 和 Strange（2002）构建了基于密集网络的企业动态创新模型，发现集聚可以通过降低知识与想法的传播成本来提升创新。Gerlach 等（2009）则发现，相较于非集聚区，集聚区企业对 R&D 投入的风险忍受能力更强。于斌斌进和余雷（2015）则基于企业问卷数据，发现集群间的企业合作能显著

---

① 实际上，以 Krugman 为代表的学者将这一机制解释为垂直产业链关联，这在理论基础部分已经进行了说明。

提升企业的创新水平。

此外，共享效应的另一层含义在于要素与劳动需求与供给的有效匹配。集聚区内，由于存在厚实的劳动力市场与创新要素市场，企业的搜寻创新投入要素与劳动力的成本将显著降低，进而提高了企业整体的创新效率。例如，Berliant 等（2006）发现，求职者在规模较大的城市中寻找到与自身技能匹配岗位的可能性更高，因为集聚降低了等待潜在职位的机会成本与时间成本。需要指出的是，产业集聚存在的共享机制也可能对技术创新产生不利影响，例如，为了留住具有专业技能的员工，企业必须提高薪酬水平，这有可能会影响企业利润（Matouschek 和 Robert - Nicoud，2005）。

2.4.2.2　知识技术溢出效应

产业集聚影响技术创新的另一重要机制在于知识溢出。根据 Marshall（1890）提出的外部性理论，产业集聚导致的地理邻近性强化了相关知识、技能、信息与想法在相关技术人员、企业间的传播，而当大量文献将知识溢出作为解释产业集聚的原因时，产业集聚对技术创新的影响效应实际上也来源于知识溢出。同时，集聚导致的区域便利可以有效保证信息的时效性，减少企业在创新过程中的不确定性，提高企业的技术创新水平（Feldman，1994）。

测度产业集聚的知识技术溢出效应的主要问题在于，知识技术溢出是不可直接观测和测度的，但是相关研究对此给出了部分间接证据，其中的典型做法便是利用专利的引用量，因为专利的引用与知识的流动直接关联。其中具有代表性的研究来自 Jaffe 等（1993）：作者利用专利文件中所提供的地理信息，分析了发明家是否更倾向于引用与他们存在地理邻近性企业的发明专利；研究发现，专利引用存在显著的本地偏差（Home Bias），即本地区专利引用的数量显著高于非本地引用；这一结论为知识技术溢出提供了重要的间接证据。进一步的，Jaffe 等（2000）通过问卷的方式发现了同区域内的发明家间的确存在相互交流的情况，为知识技术溢出这一影响路径提供了更为坚实的经验支撑。

部分文献则直接考证了专利的集聚特征。例如，Kerr 和 Kominers（2014）基于 DO 指数测度了专利的本地化程度。Lin 等（2014）则基于专利干预（Patent Interferences）分析了知识技术溢出效应①；研究结果表明，存在发明

① 具体来说，专利干预实际上是决定某一专利申请人是否有权获得该专利的行政程序；当发明家共同申请某一专利时，这些专利很可能共享了某些知识，因此发明干预在某种程度上可以作为衡量知识技术溢出的手段。

干预的企业家本地化程度显著高于非干预专利，这也间接说明了知识技术溢出效应的存在。此外，部分学者还利用空间计量（白俊红等，2017；刘芳，2019）、问卷（闫华飞，2015）等方法验证与测度知识技术的溢出效应。

2.4.2.3 竞争效应

根据Porter外部性理论，产业集聚所引发的竞争效应有效提升了企业的技术创新水平。Porter（1990）利用其构建的钻石模型，分析了产业集聚对企业竞争优势的影响路径：首先，在产业集聚区内，企业能够更为便捷地获得劳动力，购买生产要素，交流专业化的知识、技术与想法，同时也可以更为准确地捕捉竞争对手的生产动态与技术信息，进而降低自身的创新风险，稳固与强化集聚区整体的竞争优势。此外，盛丹和王永进（2013）认为，集聚下的竞争环境还将使资源要素从劣质企业向优质企业转移，提高了资源配置效率，并进一步推动技术创新。

但是，在探讨竞争优势的同时，部分学者对竞争可能产生的不利影响表示了担忧。Scherer（1965）认为，企业所处环境的竞争压力可能会抑制企业创新，同时产业集群内存在的过度竞争可能会扭曲资源配置、降低企业盈利、弱化区域内企业的可持续发展能力（Adejuwon，2014）。因此，Aghion 等（2005）指出，竞争环境与企业创新间并非存在传统意义上的线性关系，两者之间实际上呈现倒U型关联，即认为适度竞争对企业创新更为有利。

综合来看，产业集聚影响技术创新的主要机制来源于上文总结的三类路径，即创新要素与劳动力市场共享效应、知识技术溢出效应与竞争效应。三类效应从多维度出发，为后文的研究提供了重要的理论支持。

2.5 文献评述

2.5.1 已有研究的主要贡献

上述文献从产业集聚与技术创新的相关理论、指标测度、影响因素与影响效应这四个方面，围绕本书的核心主题进行了详细阐述与分析。

在理论沿革上，产业集聚的相关理论、技术创新相关理论、产业集聚—技术创新的关联性理论不断发展，形成了具有科学性与系统性的理论框架，为大部分早期、当前与未来可能的研究提供了重要的理论基础与分析框架支撑。

在指标测度上，产业集聚的测度经历了从区位熵、空间基尼系数、EG 指数到 DO 指数的不断迭代，指标的科学性与综合性不断提升。在技术创新的测度上，相关文献基于创新的全流程，从创新投入（如 R&D 投入）、中间品产出（专利的申请与授权）、最终品产出（新产品产值）等维度，对技术创新进行了多方位的评价。同时，基于已有数据，相关文献进一步利用非参、问卷、分析专利引用等方式、方法测度创新效率与专利质量，剖析了企业的创新偏好与创新持续性。多样化指标的形成为现阶段研究提供了重要依据，同时，指标测度结果的差异性在研究过程中也得以体现，为未来研究构建更为科学、合理的指标提供了重要参考。

在影响因素上，影响产业集聚的主要因素被分解为“向心力”（即产业集聚的推动性因素）与“离心力”（即产业集聚的抑制性因素）。根据 Krugman（1991）的新经济地理学理论，产业集聚的动因主要包含运输成本、规模经济（与动态外部性相关）、要素流动、政府行为等；而产业集聚的“离心力”主要来自集聚引起的“拥挤效应”，包括过度竞争、地租上升等。为此，相关研究对产业集聚的“向心力”与“离心力”在理论与经验层面均给予了较为细致的剖析。值得注意的是，已有文献在分析产业集聚动因的过程中，偏向于将产业集聚的动态外部性作为产业集聚形成的动因。

影响技术创新的主要因素则可以分为外部因素与内部因素两类：外部因素包含了制度环境、金融要素、地理因素、创新网络等；内部环境主要包含公司治理因素（如股权结构、董事会等）与公司金融因素（如财务杠杆、内部资本市场等）两个方面。可见，以创新为主题的研究已经形成了一个较为系统的框架，相关研究涉及的影响因素也囊括了宏观、中观与微观等多个维度，研究成果丰富。

在影响效应上，产业集聚与技术创新产生的效应具有较强的一致性：众多研究考察了产业集聚与技术创新对经济增长、TFP、资源配置、产业结构、企业绩效的影响。不同的是，由于集聚可能产生一定的负外部性，部分研究认为，集聚对上述要素的影响可能是非线性的。由此可见，已有研究对两者效应的分析同样具有多维度、多层次、多方面的特点。但从结论来看，具体效应，特别是对产业集聚实际效应的判断依然存在一定的争议。

进一步的，产业集聚与技术创新的关联性研究主要从影响效应与作用机制两个维度展开。与前文效应分析的结果类似，产业集聚对技术创新的影响总体上存在显著的正向效应，但是这一效应可能存在非线性（如存在门槛效应、倒 U 型关联等），同时也可能具有空间关联。在作用机制层面，相关研究主要基于产业集聚的动态外部性理论：通过构建三类外部性指标，分析不同外部性对技术创新影响的差异。可见，已有文献为本书研究主题提供了一个良好的框架支撑，那么如何在既有研究的基础上，拓展这一主题的研究广度与深度，依然是未来研究的重点与难点。

2.5.2 有待拓展之处与研究问题引出

首先，产业集聚对技术创新的影响效应研究依然有待深入。现有文献大部分通过实证方法分析产业集聚对技术创新的影响，但是相关的理论分析则相对匮乏。如何科学刻画产业集聚与技术创新的理论框架，分析产业集聚对技术创新的影响效应，依然具有较好的研究价值。同时，文献在产业集聚对技术创新的影响效应上莫衷一是，由此，系统、综合地考察与探讨产业集聚对技术创新的影响效应仍具价值。

其次，指标选取的科学性与综合性有待加强。现阶段，国内外文献在测度产业集聚问题的过程中，普遍使用传统的区位熵、空间基尼系数、EG 指数等，但是这些指数一般存在较为严重的 MAUP 问题，即无法判断剔除行政边界后的自然集聚。同时，在创新指标的刻画上，现有研究缺乏一定的逻辑性与综合性，即通常以技术创新的某一个特定阶段作为切入点，无法系统地从技术创新的全生命周期进行分析，辅以创新效率、创新持续性等维度。由此，利用更为科学、系统、综合的指标，分析产业集聚对技术创新的影响效应，具有重要的研究意义。

最后，产业集聚对技术创新的机制分析依然有待深化。通过对产业集聚动态外部性指标的构建，部分研究探讨了产业集聚的影响路径及各类路径对技术创新的具体影响效应。但是，鲜有研究在此基础上进一步剖析动态外部性理论中 Marshall 外部性（专业化外部性）所包含的三条路径对技术创新的影响；同时，少有文献倾向于剖析产业集聚对创新的负向作用机制。因此，从正负双向视角构建更为完整的机制分析框架，并分析其对技术创新的复合影响，对补充与丰富机制研究具有重要的价值与意义。

因此，本书在已有文献的基础上，基于宏观与微观双重视角，首先构建了引入集聚经济的熊彼特内生增长模型，以分析产业集聚对技术创新的影响效应。其次，在实证上，通过构建区位熵、空间基尼指数、EG 指数、DO 指数等集聚指标以及基于创新全生命周期的创新指标（包含创新规模指标、创新效率指标、创新模式指标、创新质量指标等），全面考察产业集聚对技术创新的具体影响。再次，在机制分析中，本书构建了正负双向机制分析框架，从区位与企业双维度分别测度了三类动态外部性指标、解构后的三类 Marshall 外部性路径指标以及其他相关的正负效应指标，深入考察了产业集聚影响技术创新的作用机制。在上述实证检验的基础上，本书还进行一系列的异质性分析、调节效应分析、空间溢出效应分析与大量稳健性检验。最后，针对主要的研究结果，本书进行系统性总结并提出了与之对应的政策建议。

第3章 中国产业与区域创新的发展格局及时空演化

改革开放40余年来，中国已经形成了以东南沿海为产业发展主体、中西部省份进行产业承接的阶梯式发展格局。随着2008年美国次贷危机爆发，东部地区作为产业的主集聚区，逐渐面临劳动力成本上升、土地价格上涨、产业投资回报率下降等诸多问题。地方政府开始依从国家号召，着手推进供给侧结构性改革，优化现有产业结构，部署与发展高新技术产业，助力创新驱动发展战略的实施。在此背景下，部分中低端产业开始向中西部以及其他发展中国家进行转移，同时也倒逼东部地区通过技术创新，推进产业结构升级。

工业作为产业体系的核心组成部分①，是国民经济的物质基础，也是实现地区跨越式发展的重要支撑。中国现有工业体系已趋于成熟，根据联合国制定的《所有经济活动的国际标准行业分类（第四版）》②，现代工业体系共有41个工业大类，191个中类以及525个小类，而中国是现阶段唯一拥有全部工业门类的国家。那么，作为产业发展过程中相关要素在空间分布上的一般表现规律，集聚是否同样融入了中国产业体系的发展路径之中？其特点究竟如何？与此同时，作为现阶段中国经济发展的核心驱动力，创新的集聚性特征同样被大量文献阐明，那么区域创新的发展与时空演化究竟呈现出何种规律和特征？是否与产业集聚存在协同性或是负向关联？

为了更为直观清晰地阐明上述问题，本章将在分析中国产业发展情况的基础上，主要基于省域层面，综合利用各类统计年鉴、中国知网专利数据库、中国工业企业数据库等数据来源，结合行业集中度（CR_n）、区位熵（Location Quotient，LQ）、空间基尼系数（Gini Coefficient）、EG指数（Elilsion Glaeser

---

① 杨琰（2019）指出，虽然中国工业体系建设的起点低，在整体的发展道路上又遭遇了若干次困难与挫折，但在党的领导下，全国人民艰苦奋斗、砥砺前行，仅用了不到30年的时间便基本构建了一个独立、完整、门类齐全的社会主义现代工业体系。

② 具体分类标准可以参考：https：//unstats. un. org/unsd/publication/SeriesM/seriesm_4rev_4. pdf。

Index)、DO 指数等测度指标，分析中国的产业与创新的发展情况及时空演化，并进一步分析两者的演化特征，探讨产业集聚与区域创新间的潜在关联，为后文研究奠定相关的现实基础。

本章的主要结构如下：3.1 节讨论了中国产业发展的现状与时空演化；3.2 节分析了中国整体技术创新发展的现状与其时空演化；3.3 节则进一步剖析与总结了产业集聚与技术创新两者时空演化间的关联性与发展规律。

3.1　中国产业的发展现状与时空演化

3.1.1　产业发展的总体情况

本节主要基于中国工业行业的整体数据，对中国产业发展情况进行简要描述，相关指标包括：规模以上工业企业从业人数、固定资产合计、资产总计、主营业务收入、存货及利润总额指标。其中，工业企业单位数、固定资产规模、资产总额主要代表投入性指标；主营业务收入、存货及利润总额则代表产出性指标。指标的具体情况如表 3-1 所示。需要说明的是，将年份限定在 2001—2018 年的原因在于数据可得性，以及纳入“十五”至“十三五”这几个关键的时间窗口。相关数据主要来源于《中国统计年鉴》《中国工业经济统计年鉴》及《中国工业统计年鉴》。

表 3-1　　2001—2018 年中国工业发展情况

年份	投入性指标			产出性指标		
	平均用工人数（万人）	固定资产合计（亿元）	资产总计（亿元）	主营业务收入（亿元）	产成品规模（亿元）	利润总额（亿元）
2001	5441.4	63464.0	135403.0	93733.0	6635.0	4733.0
2002	5520.7	67882.6	146217.8	109485.8	6944.3	5784.5
2003	5748.6	75560.8	168807.7	143171.5	7606.3	8337.2
2004	6622.1	92237.0	215358.0	198908.9	9458.5	11929.3
2005	6896.0	105951.9	244784.3	248544.0	11087.6	14802.5
2006	7358.4	125190.1	291214.5	313592.5	13141.4	19504.4
2007	7875.2	146701.8	353037.4	399717.1	16024.4	27155.2
2008	8837.6	179191.7	431305.6	500020.1	19519.0	30562.4

续表

年份	投入性指标			产出性指标		
	平均用工人数（万人）	固定资产合计（亿元）	资产总计（亿元）	主营业务收入（亿元）	产成品规模（亿元）	利润总额（亿元）
2009	8831.2	207355.6	493692.9	542522.4	20495.0	34542.2
2010	9544.7	238097.8	592881.9	697744.0	23841.2	53049.7
2011	9167.3	253198.2	675796.9	841830.2	28478.6	61396.3
2012	9567.3	283950.9	768421.2	929291.5	31919.2	61910.1
2013	9791.5	316231.1	870751.1	1038659.5	34535.8	68378.9
2014	9977.2	355788.1	956777.2	1107032.5	38359.5	68154.9
2015	9775.0	377568.5	1023398.1	1109853.0	39501.2	66187.1
2016	9475.6	390279.4	1085865.9	1158998.5	40492.8	71921.4
2017	—	367405.3	1121909.6	1133160.8	42393.7	74916.3
2018	—	—	1134382.2	1022241.1	43119.1	66351.4
2001—2005年年均增速	6.23%	13.80%	16.17%	27.86%	13.94%	33.38%
2006—2010年年均增速	6.79%	17.61%	19.38%	23.17%	16.72%	30.03%
2011—2015年年均增速	0.52%	9.70%	11.57%	9.93%	10.76%	4.76%
2016—2018年年均增速	-3.06%	-1.25%	3.51%	-2.53%	2.97%	0.47%
总平均增速	3.77%	11.60%	13.32%	15.09%	11.64%	16.80%

注：“—”表示相关数据并未公布。

针对投入性指标，工业企业平均用工人数从2001年的5441.4万人上升到2016年的9475.6万人，总增长率为74.14%，平均增长率为3.77%；工业企业固定资产合计从2001年的63464.0亿元增长至2017年的367405.3亿元，规模增长了4.79倍，年均增速达11.60%；工业企业资产规模从2001年的135403.0亿元扩大到2018年的1134382.2亿元，总增长率达737.78%，年均增速为13.32%。三项投入性指标在“十五”（2001—2005年）至“十二五”期间（2011—2015年）的年均增速均能保持在较高水平，主要的投入产出指标增速均保持在10%以上；但是，在“十三五”阶段（2016—2020年），中国产业发展开始进入“新常态”，三项指标增速均有所下降，部分年份还出现了负增长。

针对产出性指标，主营业务收入从2001年的93733.0亿元增长至2018年的1022241.1亿元，规模增长了9.91倍，年均增速达15.09%；产成品规模从2001年的6635.0亿元增长至2018年的43119.1亿元，总增长率为

549.87%，年均增速为 11.64%；利润总额从 2001 年的 4733.0 亿元增长至 2018 年的 66351.4 亿元，增长达 13.02 倍，年均增速达 16.80%。同时，在"十五"至"十三五"时期，此三项产出性指标增长率的变动特征与投入性指标表现出较强的一致性，但其增速明显高于投入性指标。

促成这一结果可能的原因在于：一方面，2008 年的金融危机对中国经济形成了较强的冲击，导致 2008 年后中国整体产业发展速度放缓；另一方面，产业集聚前期所形成的规模效应及由其所引致的集聚性技术创新，有效提高了生产效率，使产出性指标增速明显高于投入性指标。但是，随着区域性产业集聚水平的不断提升，集聚正外部性的边际效应逐渐减弱，这同样在一定程度上解释了相关指标增速的下降。综上所述，受到规模边际效应递减以及外部冲击的影响，中国工业经历了从快速发展到增速放缓的转变，但总体上依然呈现出增长趋势。

3.1.2　产业分布的空间演化

产业集聚与扩散是产业空间分布的一体两面，测度产业集聚度的指标则主要包含：行业集中度（CR_n）、区位熵（LQ）、空间基尼系数（$Gini$）、EG 指数（EG）、DO（DO）指数等。其中，行业集中度、区位熵等一般可以在各行政区内衡量特定行业的产业集聚水平。与此对应，空间基尼系数、EG 指数以及 DO 指数则主要侧重于在全局视角下测度各行业的产业集聚水平。为了充分考虑中国产业集聚时空演化的综合特征，此部分将在结合工业企业精确经纬度数据的基础上，综合利用上述指标，对中国产业整体的时空演化情况进行定性与定量分析。

3.1.2.1　区域、行业选择与数据来源

已有研究通常基于行政区划对产业集聚的问题进行分析。此做法的优势在于其具备较好的数据可得性，同时产业在区位间的空间演化趋势也更为明显。考虑到本节内容更倾向于在宏观层面对产业集聚的空间演化进行分析，因此将主要基于省级层面数据进行分析。中国目前共拥有省级行政区 34 个，在分析的过程中，鉴于中国香港、中国澳门以及中国台湾地区体制的特殊性，因此在样本选择过程中将会剔除这三个地区；同时，考虑到西藏数据的缺失较为严重，本节最终以剩余的 30 个省份作为主要研究对象。

在行业选择上，自改革开放以来，国家统计局对国民经济行业分类系统共进行了四次修订。其中，第一次修订的《国民经济行业分类代码》

（GB/T 4754 –94）从 1994 年启用；第二次修订的《国民经济行业分类代码》（GB/T4754 –2002）从 2002 年启用；第三次修订的《国民经济行业分类代码》（GB/T 4754 –2011）从 2011 年启用；第四次修订的《国民经济行业分类代码》（GB/T 4754 –2017）则从 2017 年启用。其中，第二次及以后修订的行业分类框架体系主要以国际通行的 SIC（Standard Industrial Classification）分类为基础，是以中国整体的经济发展水平、产业结构、资源禀赋等为具体参考要素所形成的行业分类标准。以 GB/T 4754 –2002 为例，在该标准中，经济活动主要被分为门类、大类、中类与小类次四个级别；相较于 GB/T 4754 –94，GB/T 4754 –2002 增加了若干大类，并对原有的一些行业进行了拆分与合并。

为了保持行业样本的一致性，在 DO 指数、空间基尼系数、EG 指数等指标计算的过程中，本书主要以中国工业企业数据库中企业样本所处行业为基础，同时结合其他可得的省级层面数据。现阶段，可以获得的工业企业数据主要在 1998—2013 年这一时间范围内；在此期间，中国的行业分类标准一共经历了两次修订（GB/T 4754 –2002 和 GB/T 4754 –2011）。为了统一标准，本书将主要以 GB/T 4754 –2002 行业分类标准为基础，将数据样本中非 GB/T 4754 –2002 标准的年份所对应的行业代码转换为这一标准下的行业代码。换句话说，即将 1998—2002 年的行业代码及 2013 年的行业代码统一转化为 GB/T 4754 –2002 这一标准①。

本节所使用的数据主要来源于中国工业企业数据库②、《中国工业统计年鉴》《中国统计年鉴》等。其中，DO 指数基于三位数行业代码进行计算。由于 DO 指数的计算涉及具体的企业经纬度信息，因此本书通过申请百度地图的开发者 API，利用 Python 编程对企业涉及的地址进行 Geocoding（将企业地址的地理位置信息转换成可以被用于地理信息系统的地理坐标）。为了服务于后续研究，本书主要解析了各企业的精确经纬度信息，并至少精确到了小数点后 6 位③。具体的，本书所涉及的行业如表 3 –2 所示（此处以大类，即二位数行业为例）：

---

① 通过整理 1998—2013 年中国工业企业数据可以发现，2012 年的企业行业分类标准依然为 GB/T 4754 –2002，因此仅需要转换 2013 年数据所对应的行业代码。

② 实际上，可获得的中国工业企业数据通常为中国工业企业各年 Access 文件。在利用提取相关数据后，需要对各年企业进行匹配，以最终形成非平衡面板。本书在参考 Brandt 等（2012）的贯序匹配方法的基础上，对具体的匹配方法进行一定的优化调整，具体内容将在下一章中具体涉及。

③ 此处以企业“常州东方永成纺织有限责任公司”为例，其在中国工业企业数据库中所对应的具体地址为“江苏省常州市潞城街道东方大道 53 号”，由此解析出的地址经纬度坐标为“北纬 31.7637271881°，东经 120.071807861°”。

表 3－2　　　　　　本节分析所包含的行业代码

行业代码	类别名称	行业代码	类别名称
06	煤炭开采和洗选业	26	化学原料及化学制品制造业
07	石油和天然气开采业	27	医药制造业
08	黑色金属矿采选业	28	化学纤维制造业
09	有色金属矿采选业	29	橡胶制品业
10	非金属矿采选业	30	塑料制品业
11	其他采矿业	31	非金属矿物制品业
12	林业	32	黑色金融冶炼及压延加工业
13	农副食品加工业	33	有色金属冶炼及压延加工业
14	食品制造业	34	金属制品业
15	饮料制造业	35	通用设备制造业
16	烟草制品业	36	专用设备制造业
17	纺织业	37	交通运输设备制造业
18	纺织服装、鞋、帽制造业	39	电子机械及器材制造业
19	皮革、毛皮及其制造业	40	通信设备、计算机及其他设备制造业
20	木材加工及木、竹等制品业	41	仪器仪表及文化、办公机械制造业
21	家具制造业	42	工艺品及其他制造业
22	造纸及纸制品业	43	废弃资源和废旧材料回收加工业
23	印刷和记录媒介复制业	44	电力、热力的生产和供应业
24	文教体育用品制造业	45	燃气生产和供应业
25	石油加工炼焦及核燃料加工业	46	水的生产和供应业

部分文献指出，自然资源的行业或企业（如石油和天然气开采业）集聚主要是由资源的分布特征决定，因而此类企业的集聚通常是非自主的。但是，考虑到可能存在跨行业知识技术溢出等集聚外部性，本书依然将这些行业纳入具体研究。

3.1.2.2　区域视角下产业集聚时空演化分析

（1）基于经纬度坐标的定性分析。为了在区域层面较为直观地描述产业分布的具体情况，本书首先基于 Geocode 技术所获得的企业具体经纬度数据，顺延中国产业发展的时间轨迹，定性分析中国产业布局的空间变化趋势。其中，工业企业数据匹配后的历年企业样本数据量在16万—42万[①]，样本量较大。为了避免作图过程中由企业样本过多所导致的集聚特征识别不明问题，本书选取各行业中员工数量、资产规模排名前10%的企业作为绘图的主要样本；同时，在年份选择上，为了有效排除行业分类标准更改所造成的影响，借鉴孟美侠等（2019）的做法，选取2003年、2007年以及2013年的企业数据作为主要的研究对象[②]。

可以发现，中国的工业企业总体呈现出明显的区域性集聚特征，集聚特点则可以概括为"固定大集聚，分散小集聚"这一特征。首先，工业企业集中分布在京津冀、长三角、珠三角及成渝地区，即在区位上呈现出"大集聚"的特点，且这一空间分布并没有随着时间的推移而发生明显改变。其次，部分地区开始出现分散型"小集聚"特征，可以明显地看出，以长三角、珠三角和京津冀等"大集聚"地区为核心，周边省份也开始涌现出产业集聚性区域，且此类"小集聚"地区随着时间推移不断增多。值得注意的是，这些"小集聚"型区域的空间分布并不连续，具有一定的离散性特征，这可能与核心集聚区（"大集聚"地区）周边地区（省份）的政策环境、地理环境或经济基础有一定的关联性，最终使核心集聚区的辐射效应产生分异。同时，可以看到以企业员工数量进行样本筛选的结果表现出相当的一致性，说明以上结论具有一定的稳健性。

（2）基于行业集中度（CR_n）与区位熵（LQ）的分析。行业集中度（Concentration Ratio，CR_n）一般是指某行业的市场内前N家企业市场份额的占比，这一指标通常用来衡量企业的市场势力或是行业（市场）的垄断程度，通常运用企业的产值、产量、职工人数、资产总额等进行测度。具体来看，CR_n的公式为：

$$CR_n = \sum_{i=1}^{n} X_i / \sum_{i=1}^{N} X_i \tag{3-1}$$

其中CR_n表示行业集中度，X_i表示行业中第i个企业的产值[③]，N代表整

---

① 根据笔者匹配后的数据样本，1999年所涉及企业数最少，为161710；与之对应，2008年所涉及企业样本数量最多，为411218。

② 孟美侠等（2019）在研究中使用了2003年、2007年、2012年的数据进行计算并得出了相关结论；然而，本书在整理数据过程中发现，2012年湖南省的工业企业数据存在严重缺失。为了保证作图的完整性，将2012年数据替换成了2013年的数据，并通过比对将2013年行业代码从GB/T 4754－2011标准转换为GB/T 4754－2002标准。

③ 正如前文所说，除了产值，也可以是产量、销售额、职工人数、资产总额等指标。

个行业的企业数量。一般来说，衡量行业集中度使用 CR_4 或是 CR_8，即行业中排名前 4 或前 8 企业产值之和与行业总产值之间的比值。如果一个行业的 $CR_4 > 40\%$，则认为该行业的集聚程度较高。在指标选择上，此处与上文保持统一，主要使用各省份各年的工业增加值作为 X 进行计算；同时，为了尽可能说明中国的产业分布以及变化情况，本节将计算 2001—2017 年 CR_1—CR_6 这 6 个指标，具体结果如表 3 - 3 所示。

表 3 - 3　　基于工业产值的各年份 CR_n 指数

年份	CR_1	CR_2	CR_3	CR_4	CR_5	CR_6
2001	11.74%	21.88%	31.40%	38.95%	44.60%	49.81%
2002	11.87%	22.31%	31.97%	39.76%	45.28%	50.44%
2003	12.24%	22.92%	33.06%	41.00%	46.35%	51.58%
2004	12.15%	22.99%	33.75%	41.61%	47.06%	52.28%
2005	12.24%	23.25%	34.24%	41.65%	47.36%	52.85%
2006	12.21%	23.30%	34.12%	41.52%	47.40%	52.74%
2007	12.10%	22.86%	33.47%	40.83%	46.91%	52.19%
2008	11.65%	22.36%	32.64%	39.60%	45.88%	51.20%
2009	11.49%	22.21%	32.67%	39.35%	45.63%	50.70%
2010	11.11%	21.09%	30.86%	37.41%	43.60%	48.55%
2011	10.65%	20.27%	29.46%	35.80%	41.83%	46.91%
2012	10.33%	19.89%	29.01%	35.15%	41.16%	46.16%
2013	10.21%	19.89%	29.11%	35.12%	40.79%	45.80%
2014	10.51%	20.23%	29.37%	35.41%	41.12%	45.92%
2015	11.00%	21.17%	30.59%	36.85%	42.60%	47.19%
2016	11.45%	22.13%	31.80%	38.34%	44.32%	49.02%
2017	11.70%	22.97%	32.49%	38.95%	45.06%	49.62%

数据来源：作者根据《中国工业经济统计年鉴》数据计算得到。

可以发现，在 2001—2017 年这一考察期内，以中国各省份工业产值衡量的行业集中度 CR_4 在 40% 左右波动，表明中国的产业存在较为明显的集聚性。进一步分析，根据图 3 - 1 可以发现，中国的产业集中度在整体上呈现出一种先上升后下降的变化趋势（此处具体参照 CR_4 这一指标），主要的转折时点在 2005 年（产业集中度由上升变为下降）及 2013 年（产业集中度由下降转为上升），这一结果可能与即期的产业政策变动有关。具体来看，2005 年 12 月，经国务院批准，中华人民共和国国家发展和改革委员会发布《产业结构调整指导目录》（2005 年版）。作为《促进产业结构调整暂行规定》的配套文件，目录涉及 20 多个行业。随后，国家发展和改革委员会于 2011 年颁布了《产业结构调整指导目录》（2011 年版），并在 2013 年对其进行了修改，形成了《国家发展改革委关于修改〈产业结构调整指导目录（2011 年本）〉有关条款的决定》。可以发现，历次产业结构调整的试点（特别是 2005 年、2013 年）均对应着产业集聚度发生趋势翻转的试点。此外，2008—2009 年发生的金融危机也可能对中国产业集聚水平的变动造成一定的影响。

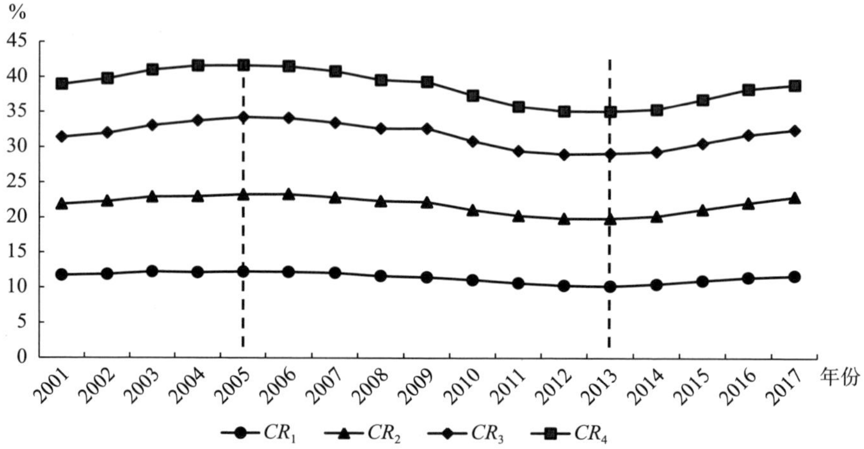

图 3－1　2001—2017 年基于工业产值的 CR_1—CR_4 数值变动

数据来源：作者根据数据结果绘制。

从区域层面来看（见表 3－4），在样本考察期内，2003 年后中国工业生产的“六强”省份开始固定，分别为：广东省、江苏省、山东省、浙江省、河南省、河北省，且该六个省份的工业总值接近全国工业产值的一半。以广东省为例，其所占全国工业产值的比重从 2001 年的 11. 74% 上升至 2005 年的 12. 24% 后，便开始逐渐下降，并于 2013 年降至低点（10. 51%）。此后趋势反转，2017 年广东省工业产值占比上升至 11. 70%。可见，广东省的产业集聚水平也经历了先上升、后下降过程，这与此前中国产业集聚的发展特征保持了一致①。

① 实际上，“六强”省份的工业产值占比在 2001—2017 年这一区间内均表现出先上升、后下降的趋势。

表 3－4　　2001—2017 年中国工业产值排名前六省份及其占比

年份	产值排名第 1	产值排名第 2	产值排名第 3	产值排名第 4	产值排名第 5	产值排名第 6
2001	广东省（11.74%）	江苏省（10.15%）	山东省（9.51%）	浙江省（7.56%）	河北省（5.65%）	辽宁省（5.20%）
2002	广东省（11.87%）	江苏省（10.44%）	山东省（9.67%）	浙江省（7.79%）	河北省（5.52%）	河南省（5.16%）
2003	广东省（12.24%）	江苏省（10.68%）	山东省（10.15%）	浙江省（7.93%）	河北省（5.35%）	上海市（5.23%）
2004	广东省（12.15%）	山东省（10.84%）	江苏省（10.76%）	浙江省（7.86%）	河北省（5.46%）	河南省（5.22%）
2005	广东省（12.24%）	江苏省（11.01%）	山东省（10.99%）	浙江省（7.40%）	河南省（5.71%）	河北省（5.49%）
2006	广东省（12.21%）	山东省（11.09%）	江苏省（10.82%）	浙江省（7.40%）	河南省（5.88%）	河北省（5.35%）
2007	广东省（12.10%）	山东省（10.76%）	江苏省（10.61%）	浙江省（7.36%）	河南省（6.08%）	河北省（5.28%）
2008	广东省（11.65%）	山东省（10.70%）	江苏省（10.28%）	浙江省（6.96%）	河南省（6.28%）	河北省（5.31%）
2009	广东省（11.49%）	山东省（10.73%）	江苏省（10.45%）	浙江省（6.68%）	河南省（6.29%）	河北省（5.07%）
2010	广东省（11.11%）	江苏省（9.98%）	山东省（9.77%）	浙江省（6.55%）	河南省（6.19%）	河北省（4.95%）
2011	广东省（10.65%）	江苏省（9.62%）	山东省（9.19%）	浙江省（6.34%）	河南省（6.03%）	河北省（5.08%）
2012	广东省（10.33%）	江苏省（9.57%）	山东省（9.12%）	浙江省（6.14%）	河南省（6.01%）	河北省（5.01%）
2013	广东省（10.21%）	江苏省（9.68%）	山东省（9.21%）	浙江省（6.01%）	河南省（5.67%）	河北省（5.01%）
2014	广东省（10.51%）	江苏省（9.72%）	山东省（9.14%）	浙江省（6.05%）	河南省（5.70%）	河北省（4.81%）
2015	广东省（11.00%）	江苏省（10.18%）	山东省（9.42%）	浙江省（6.26%）	河南省（5.75%）	河北省（4.59%）

续表

年份	产值排名第1	产值排名第2	产值排名第3	产值排名第4	产值排名第5	产值排名第6
2016	广东省（11.45%）	江苏省（10.68%）	山东省（9.67%）	浙江省（6.54%）	河南省（5.98%）	河北省（4.69%）
2017	广东省（11.70%）	江苏省（11.28%）	山东省（9.52%）	浙江省（6.46%）	河南省（6.12%）	河北省（4.56%）

数据来源：作者根据《中国工业经济统计年鉴》数据计算得到。

除了 CR_n，区位熵也是衡量地区产业集聚度的重要指标，具体来看，区位熵（LQ）反映了某一地区特定行业的集聚水平，因此也可以作为衡量地区产业集聚的重要指标，其计算公式为：

$$LQ_{it} = \frac{s_{ij}/\sum_i s_{ij}}{\sum_j s_{ij}/\sum_j \sum_i s_{ij}} = \frac{S_i}{X_i} \qquad (3-2)$$

其中，j 表示地区，i 表示所对应的行业；s_{ij} 表示地区 j 中行业 i 的相关指标（就业人数、产值等）；$\sum_j s_{ij}$ 表示地区 j 的所有产业整体情况（如在地区 j 中，所有产业的产值之和）；$\sum_i s_{ij}$ 表示全国范围内产业 i 的整体情况（如全国范围内产业 i 产值之和）；$\sum_j \sum_i s_{ij}$ 则表示全国所有产业的整体情况。从指标结果来看，区位熵指数越高，表示特定行业在该地区的产业集聚水平越高，反之亦然。

此处，为了有效测度地区所有产业的总产值，本节使用各省份的 GDP 作为衡量地区产业总产值的主要指标；同时，利用工业增加值作为测度 s 的基础数据进行区位熵计算，主要计算结果如表 3－5 所示。根据 LQ 的统计情况，本书进一步总结了各个省份 LQ 的变化趋势，并将其分为四类：总体上升、总体下降、先下降后上升、先上升后下降，表 3－6 展示了分类的具体情况。

表 3－5　　各省份工业行业 LQ 指数

Panel A：2000—2008 年 *LQ* 数据

年份	2000	2001	2002	2003	2004	2005	2006	2007	2008
北京	0.683	0.654	0.612	0.607	0.619	0.569	0.509	0.479	0.431
天津	1.181	1.170	1.164	1.172	1.197	1.165	1.150	1.148	1.142
河北	1.117	1.114	1.108	1.079	1.081	1.092	1.086	1.085	1.106

续表

年份	2000	2001	2002	2003	2004	2005	2006	2007	2008
山西	1.038	1.060	1.102	1.122	1.152	1.164	1.156	1.181	1.187
内蒙古	0.805	0.816	0.819	0.803	0.803	0.880	0.930	0.981	1.025
辽宁	1.159	1.124	1.104	1.057	0.966	0.983	0.980	0.993	1.044
吉林	0.860	0.883	0.884	0.867	0.881	0.876	0.881	0.930	0.939
黑龙江	1.272	1.213	1.173	1.146	1.135	1.137	1.114	1.061	1.044
上海	1.072	1.075	1.066	1.090	1.070	1.015	0.982	0.934	0.890
江苏	1.151	1.167	1.189	1.197	1.204	1.180	1.159	1.141	1.106
浙江	1.227	1.192	1.176	1.141	1.133	1.099	1.096	1.098	1.080
安徽	0.780	0.845	0.819	0.794	0.752	0.798	0.832	0.865	0.889
福建	0.967	1.007	1.046	1.026	1.017	0.994	0.967	0.954	0.953
江西	0.695	0.716	0.741	0.763	0.793	0.834	0.897	0.942	0.936
山东	1.125	1.125	1.136	1.172	1.212	1.192	1.179	1.167	1.153
河南	1.013	1.019	1.033	1.039	1.024	1.075	1.107	1.133	1.162
湖北	0.897	0.906	0.904	0.877	0.848	0.874	0.873	0.871	0.870
湖南	0.789	0.796	0.788	0.791	0.777	0.774	0.799	0.815	0.837
广东	1.063	1.061	1.062	1.078	1.081	1.081	1.069	1.065	1.056
广西	0.753	0.725	0.716	0.716	0.731	0.738	0.762	0.813	0.840
海南	0.342	0.437	0.448	0.460	0.444	0.448	0.508	0.503	0.461
重庆	0.906	0.909	0.912	0.906	0.897	0.867	0.910	0.971	1.010
四川	0.752	0.754	0.751	0.746	0.759	0.795	0.821	0.841	0.883
贵州	0.817	0.823	0.822	0.823	0.827	0.820	0.814	0.769	0.753
云南	0.895	0.883	0.881	0.856	0.832	0.785	0.798	0.805	0.809
陕西	0.893	0.908	0.940	0.965	0.989	0.975	1.002	1.001	1.005
甘肃	0.796	0.816	0.817	0.794	0.817	0.824	0.865	0.891	0.843
青海	0.765	0.749	0.739	0.745	0.792	0.873	0.928	0.979	1.033
宁夏	0.839	0.818	0.826	0.842	0.884	0.867	0.899	0.928	0.945
新疆	0.785	0.772	0.743	0.741	0.799	0.858	0.925	0.903	0.942

Panel B：2009—2017 年 *LQ* 数据

年份	2009	2010	2011	2012	2013	2014	2015	2016	2017
北京	0.440	0.443	0.423	0.425	0.434	0.433	0.424	0.429	0.428
天津	1.117	1.082	1.082	1.095	1.115	1.111	1.109	1.041	1.039
河北	1.074	1.060	1.081	1.086	1.117	1.118	1.113	1.142	1.136

续表

年份	2009	2010	2011	2012	2013	2014	2015	2016	2017
山西	1.109	1.146	1.195	1.147	1.111	1.058	0.897	0.870	1.044
内蒙古	1.072	1.089	1.114	1.124	1.131	1.098	1.140	1.091	0.891
辽宁	1.056	1.078	1.084	1.077	1.089	1.091	1.033	0.838	0.876
吉林	0.973	1.026	1.048	1.079	1.119	1.149	1.142	1.124	1.138
黑龙江	0.959	0.967	0.937	0.883	0.848	0.785	0.706	0.648	0.588
上海	0.834	0.862	0.846	0.811	0.788	0.771	0.749	0.733	0.769
江苏	1.108	1.053	1.022	1.020	1.028	1.022	1.049	1.076	1.112
浙江	1.061	1.033	1.023	1.021	1.010	1.030	1.055	1.080	1.056
安徽	0.937	0.990	1.040	1.076	1.112	1.119	1.106	1.129	1.135
福建	0.968	0.982	0.984	1.000	1.041	1.070	1.094	1.111	1.106
江西	0.969	1.026	1.042	1.038	1.078	1.075	1.087	1.067	1.093
山东	1.156	1.090	1.056	1.051	1.058	1.052	1.080	1.109	1.110
河南	1.179	1.171	1.167	1.170	1.118	1.117	1.123	1.152	1.163
湖北	0.928	0.953	0.980	1.009	0.985	0.991	1.025	1.050	1.034
湖南	0.856	0.890	0.930	0.951	0.978	0.981	0.995	0.983	0.984
广东	1.063	1.055	1.043	1.043	1.037	1.061	1.092	1.105	1.105
广西	0.856	0.913	0.932	0.934	0.933	0.955	0.994	1.018	0.883
海南	0.422	0.422	0.424	0.421	0.358	0.363	0.345	0.326	0.332
重庆	1.036	1.056	1.055	1.007	0.873	0.895	0.929	0.953	0.952
四川	0.931	0.979	1.017	1.019	1.053	1.025	0.965	0.918	0.879
贵州	0.743	0.746	0.723	0.746	0.800	0.836	0.829	0.863	0.884
云南	0.785	0.816	0.758	0.772	0.766	0.751	0.742	0.720	0.701
陕西	0.994	1.019	1.054	1.093	1.116	1.115	1.071	1.071	1.115
甘肃	0.824	0.880	0.863	0.845	0.820	0.817	0.688	0.668	0.664
青海	1.009	1.028	1.095	1.091	1.036	1.022	0.972	0.959	0.832
宁夏	0.892	0.861	0.875	0.866	0.872	0.873	0.884	0.910	0.894
新疆	0.844	0.899	0.920	0.876	0.835	0.846	0.772	0.759	0.840

数据来源：作者根据《中国统计年鉴》《中国工业经济统计年鉴》数据计算所得。

由表3-6的Panel A可知，产业集聚水平总体上升的省份主要集中在中部地区，并包含部分西部及东北部地区省份；与此对应，产业集聚水平总体下降的省份则主要集中在东部地区。同时，产业集聚水平先上升后下降的省份则主要集中在部分东部地区与西部地区，而先下降后上升的省份同样集中在东部省份。产生如此结果的原因可能在于：首先，中国产业政策变动所引致的东、中、西部间产业梯度转移将使不同地区产业集聚水平发生变动；其次，不同省份的产业结构同样存在差异，这进一步使东、中、西、东北部地区各省份产业集聚的变化趋势形成分异。

Panel B 则进一步总结了代表性年份各地区区位熵的平均值。可以发现，东部地区产业集聚水平逐年下降且降幅较大；与此相对，中、西部地区省份的平均产业集聚水平逐步上升，但是西部省份在 2012 年后出现了一定程度的下滑。东北部省份的集聚水平在经历了一段时间的下滑后保持了 10 年左右的平稳过渡，随后在 2014—2015 年再次出现大幅下滑。这一结果的成因可能是《产业结构调整指导目录》的变动以及振兴东北老工业基地政策的交叠影响，当然也与国内宏观经济下行、经济逐渐步入新常态以及国际环境变化有关。

表 3 -6　　各省份（地区）工业行业 LQ 指数情况

Panel A 各省份 LQ 指数趋势分类

分类情况	对应省份（所处区域）
总体上升	吉林（东北部）、安徽（中部）、江西（中部）、河南（中部）、湖北（中部）、湖南（中部）、广西（西部）、陕西（西部）
总体下降	北京（东部）、天津（东部）、黑龙江（东北部）、上海（东部）、云南（西部）
先上升后下降	山西（中部）、内蒙古（西部）、江苏（东部）、山东（东部）、海南（东部）、重庆（西部）、四川（西部）、甘肃（西部）、青海（西部）、宁夏（西部）、新疆（西部）
先下降后上升	河北（东部）、辽宁（东北部）、浙江（东部）、福建（东部）、广东（东部）、贵州（西部）

Panel B 各地区平均 LQ 指数

年份	2000	2004	2008	2012	2016
东部	0.9927	1.0059	0.9379	0.8974	0.9152
中部	0.8685	0.8909	0.9803	1.0653	1.0418
西部	0.8186	0.8299	0.9171	0.9430	0.9028
东北部	1.0966	0.9936	1.0091	1.0129	0.8701

数据来源：作者根据测算结果分类所得。

3.1.2.3 行业视角下产业集时空演化分析

（1）基于空间基尼系数（*Gini*）与 EG 指数（*EG*）的分析①。为了在行业层面分析中国的产业集聚情况，此处将首先引入空间基尼系数（*Gini*）对相关行业的集聚水平进行分析。空间基尼系数可以表示为：

$$Gini = \sum_{i}(S_i - X_i)^2 \tag{3-3}$$

其中 S_i 与 X_i 所表示的含义与区位熵指标相同。空间基尼系数最早由 Krugman（1991）提出，主要用来测度行业的空间集聚程度。$Gini \in (0,1)$，且对应行业的 *Gini* 越大，表示行业的集聚水平越高。本节主要利用中国工业企业数据测度了各行业（二位数行业）的空间基尼系数，而系数的测算则基于企业的工业产值（*industrial_output*），主要测算结果如表 3-7 所示。

表 3-7　　各工业行业的空间基尼系数②

年份	2000	2001	2002	2003	2004	2005	2006	2007	2008	2009	2010	2011	2012	2013
2006	0.084	0.095	0.097	0.101	0.099	0.103	0.085	0.084	0.079	0.080	0.146	0.080	0.087	0.097
2007	0.115	0.109	0.101	0.094	0.101	0.091	0.089	0.088	0.086	0.089	0.191	0.082	0.086	0.091
2008	0.118	0.128	0.127	0.124	0.105	0.103	0.104	0.095	0.103	0.111	0.120	0.108	0.119	0.114
2009	0.087	0.121	0.088	0.101	0.091	0.085	0.081	0.083	0.093	0.114	0.100	0.078	0.070	0.085
2010	0.016	0.017	0.017	0.022	0.027	0.039	0.035	0.030	0.019	0.019	0.020	0.024	0.026	0.026
2011	0.197	0.242	0.257	0.645	0.404	0.390	0.097	0.081	0.117	0.216	0.123	0.111	0.077	0.096
2012	0.236	0.254	0.265	—	—	—	—	—	—	—	—	—	—	0.207
2013	0.027	0.033	0.035	0.037	0.040	0.044	0.043	0.039	0.033	0.033	0.040	0.023	0.022	0.020
2014	0.006	0.007	0.008	0.011	0.013	0.018	0.021	0.023	0.023	0.024	0.037	0.016	0.016	0.015
2015	0.012	0.014	0.014	0.015	0.012	0.016	0.019	0.020	0.022	0.028	0.013	0.027	0.028	0.016
2016	0.097	0.089	0.081	0.076	0.073	0.069	0.066	0.065	0.068	0.055	0.042	0.055	0.063	0.058
2017	0.029	0.032	0.035	0.037	0.047	0.042	0.042	0.041	0.039	0.036	0.059	0.032	0.030	0.026

① 此处将空间基尼系数与 EG 指数进行整合计算的原因在于，EG 指数作为空间基尼系数改进后的指标，两者测算方法具有连续性。

② 由于中国工业企业数据库仅包含 1998—2013 年数据，同时考虑文本空间限制，因此表 3-7 仅纳入了 2000—2013 年的行业空间基尼系数，实际上，剔除这两年并不会影响对趋势的判断，具体的，1998 年、2000 年的平均 Gini 系数值为 0.39 和 0.42；行业 12（林业）、43（废弃资源和废旧材料回收加工业）；由于 2003—2012 年、2000—2002 年存在一定的数据缺失，部分指标无法计算，但这也不会影响对产业集聚趋势的判断。

续表

年份	2000	2001	2002	2003	2004	2005	2006	2007	2008	2009	2010	2011	2012	2013
2018	0.034	0.034	0.033	0.030	0.029	0.028	0.028	0.027	0.026	0.025	0.042	0.020	0.017	0.017
2019	0.039	0.041	0.047	0.043	0.050	0.046	0.046	0.044	0.049	0.054	0.090	0.059	0.054	0.050
2020	0.008	0.007	0.006	0.005	0.009	0.010	0.011	0.011	0.012	0.015	0.015	0.013	0.014	0.014
2021	0.017	0.019	0.022	0.031	0.036	0.032	0.030	0.034	0.034	0.037	0.041	0.029	0.028	0.027
2022	0.008	0.008	0.009	0.014	0.017	0.016	0.015	0.014	0.011	0.011	0.033	0.010	0.011	0.008
2023	0.011	0.015	0.016	0.023	0.022	0.024	0.021	0.020	0.020	0.027	0.018	0.011	0.010	0.008
2024	0.072	0.060	0.055	0.051	0.057	0.050	0.053	0.062	0.062	0.068	0.042	0.057	0.051	0.046
2025	0.025	0.029	0.030	0.031	0.029	0.029	0.027	0.025	0.025	0.024	0.042	0.018	0.020	0.018
2026	0.008	0.007	0.006	0.005	0.006	0.008	0.009	0.008	0.008	0.012	0.010	0.009	0.011	0.011
2027	0.007	0.008	0.009	0.010	0.008	0.009	0.008	0.009	0.009	0.008	0.007	0.007	0.006	0.007
2028	0.040	0.052	0.063	0.095	0.121	0.130	0.144	0.136	0.154	0.165	0.135	0.175	0.176	0.173
2029	0.023	0.036	0.050	0.048	0.032	0.035	0.032	0.032	0.033	0.037	0.035	0.065	0.077	0.081
2030	0.024	0.019	0.020	0.021	0.021	0.022	0.021	0.023	0.022	0.025	0.029	0.019	0.018	0.018
2031	0.006	0.006	0.006	0.010	0.009	0.012	0.013	0.013	0.013	0.014	0.010	0.012	0.013	0.012
2032	0.032	0.031	0.032	0.036	0.034	0.034	0.033	0.031	0.033	0.039	0.037	0.030	0.030	0.027
2033	0.019	0.023	0.020	0.018	0.017	0.017	0.018	0.018	0.015	0.047	0.023	0.019	0.019	0.020
2034	0.015	0.013	0.014	0.016	0.015	0.013	0.014	0.015	0.013	0.013	0.017	0.009	0.008	0.008
2035	0.023	0.024	0.024	0.024	0.020	0.018	0.018	0.017	0.015	0.016	0.014	0.013	0.013	0.014
2036	0.021	0.021	0.017	0.018	0.009	0.008	0.008	0.006	0.007	0.010	0.006	0.011	0.007	0.010
2037	0.023	0.027	0.027	0.028	0.023	0.017	0.017	0.016	0.013	0.014	0.025	0.012	0.014	0.013
2039	0.017	0.017	0.018	0.020	0.022	0.022	0.021	0.022	0.019	0.019	0.014	0.022	0.021	0.019
2040	0.051	0.059	0.065	0.070	0.070	0.076	0.073	0.070	0.079	0.092	0.056	0.077	0.071	0.068
2041	0.068	0.064	0.070	0.059	0.057	0.050	0.041	0.043	0.040	0.028	0.030	0.056	0.068	0.064
2042	0.025	0.027	0.020	0.033	0.031	0.034	0.035	0.035	0.042	0.039	0.061	0.039	0.041	0.031
2043	—	—	—	0.064	0.089	0.076	0.088	0.071	0.066	0.068	0.108	0.054	0.064	0.055
2044	0.006	0.007	0.008	0.010	0.008	0.007	0.007	0.009	0.008	0.009	0.008	0.006	0.011	0.013
2045	0.017	0.013	0.018	0.015	0.027	0.031	0.021	0.024	0.023	0.028	0.022	0.031	0.019	0.024
2046	0.015	0.016	0.014	0.015	0.013	0.018	0.029	0.028	0.023	0.026	0.008	0.021	0.024	0.020
平均	0.043	0.047	0.047	0.054	0.049	0.048	0.040	0.039	0.040	0.045	0.048	0.040	0.039	0.043

数据来源：作者根据中国工业企业数据测算。

图 3 - 2 进一步描述了二位数行业历年空间基尼系数的均值。根据空间基尼系数的测算结果，可以简要地将集聚的变化趋势分为四个阶段：逐步上升阶段（1998—2003 年）；由升转降（2003—2007 年）；由降转升（2007—2009 年）；由升转降至平坦（2010—2013 年）。这一结果与 CR_n 的测算结果存在一定差异，也不同于以往研究的相关结论（席艳玲，2013），产生这一结果主要原因可能在于数据集差异：CR_n 主要基于区域宏观层面数据测度，而空间基尼系数则基于微观层面的工业企业数据。但是，更进一步看，两者之间也存在一定相似性：由三阶多项式构建的趋势线（图 3 - 2 中虚线）与图 3 - 1 保持了一定的相似性，说明中国整体产业集聚水平的变化存在一定的周期性波动；此外，趋势反转的时点也与前文结果保持了一致，这进一步佐证了产业政策变动对中国产业集聚演化的深远影响。

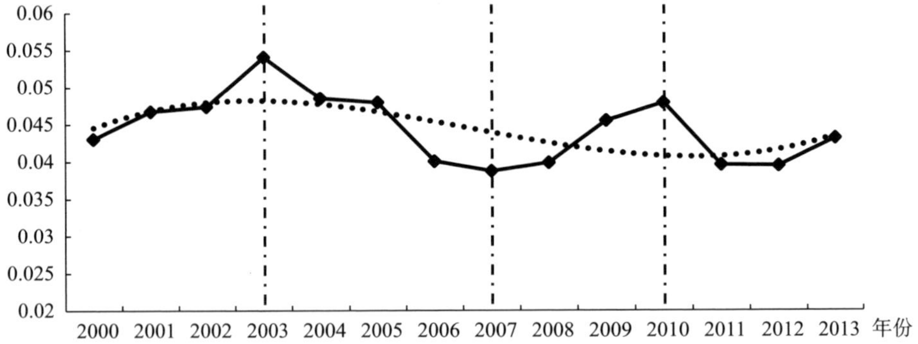

图 3 - 2　二位数工业行业年均空间基尼系数

数据来源：作者绘制，其中虚线为拟合的三阶函数趋势线。

进一步分析不同行业集聚水平差异。表 3 - 8 将不同行业的 *Gini* 以 1/4、1/2、3/4 分位数为截断点，分为高、较高、较低、低四组。可以发现，以自然资源为基础的行业，如采矿业、林业、煤炭开采洗选业等具有较强的产业集聚性，这也符合传统工业企业选址的一贯逻辑。值得注意的是，高组别中出现了通信设备、计算机及其他设备制造业（40），说明现阶段发展得如火如荼的互联网行业可能对产业集聚正外部性（如知识技术溢出）存在较大的需求（彭向和蒋传海，2011）。同时，此类技术密集型行业也更易于获得国家政策扶持，并在形态上形成以高新技术开发区为代表的产业集聚区。

表 3 – 8　　根据空间基尼系数的不同类型工业行业划分

组别	行业
高 $Gini\in[0.068, 0.223]$	林业（12）；其他采矿业（11）；化学纤维制造业（28）；黑色金属矿采选业（08）；石油和天然气开采业（07）；煤炭开采和洗选业（06）；有色金属矿采选业（09）；废弃资源和废旧材料回收加工业（43）；烟草制品业（16）；通信设备、计算机及其他设备制造业（40）
较高 $Gini\in[0.028, 0.057]$	文教体育用品制造业（24）；仪器仪表及文化、办公机械制造业（41）；皮革、毛皮及其制造业（19）；橡胶制品业（29）；纺织业（17）；工艺品及其他制造业（42）；黑色金融冶炼及压延加工业（32）；农副食品加工业（13）；纺织服装、鞋、帽制造业（18）；家具制造业（21）
较低 $Gini\in[0.017, 0.026]$	石油加工炼焦及核燃料加工业（25）；非金属矿采选业（10）；燃气生产和供应业（45）；塑料制品业（30）；水的生产和供应业（46）；有色金属冶炼及压延加工业（33）；交通运输设备制造业（37）；电子机械及器材制造业（39）；通用设备制造业（35）；饮料制造业（15）
低 $Gini\in[0.008, 0.017]$	印刷和记录媒介复制业（23）；食品制造业（14）；金属制品业（34）；造纸及纸制品业（22）；专用设备制造业（36）；木材加工及木、竹等制品业（20）；非金属矿物制品业（31）；化学原料及化学制品制造业（26）；电力、热力的生产和供应业（44）；医药制造业（37）

数据来源：作者根据测算结果分类所得，括号内为行业代码。

考察产业集聚水平较低的行业可知，印刷和记录媒介复制业（23）、食品制造业（14）、金属制品业（34）、造纸及纸制品业（22）、木材加工及木、竹等制品业（20）等行业集聚水平较低，这些行业对应 *Gini* 的值域为[0.008，0.017]；可能原因是传统工业行业技术密集度较低，因此更倾向于位于非集聚区以降低地租成本。医药制造业（37）相对于组内的其他行业具有更高的技术需求，属于技术密集型行业，然而其集聚水平依然较低，产生这 结果可能存在以下原因：首先是工业企业数据库的数据质量问题①，但是由于大量研究均基于工业企业数据，因此数据质量问题的影响可能有限；其次是医药制造行业自身的特点，现阶段中国医药制造业依然与西方发达国家存在较大差距②，也并没有形成足够多的医药行业创新产业集群，因此使行业

① 实际上工业企业数据库中存在部分企业的指标错填、不符合会计准则等情况。

② 从简单的药品进出口来看，中国 2019 年 1—12 月医药品进口额为 2462.34 亿元，出口额仅为 1189.21 亿元，出口额远低于进口额，说明中国医药依然严重依赖进口，侧面佐证了中国医疗产业集群依然比较匮乏。数据来源：《2020 年中国医药品市场分析报告—行业深度分析与投资前景预测》。

整体的集聚水平较低。

相对于空间基尼系数，EG 指数最早由 Elilsion 和 Glaeser（1997）提出，其解决了由空间基尼系数所导致的集聚失真问题，即区域内存在的大型企业将使由空间基尼系数测度的产业集聚水平背离产业集聚实质性内涵。总体来看，EG 指数为跨时间、跨行业比较产业集聚水平提供了重要参考，同时也为前文中空间基尼系数的测度结果提供了稳健性支持。

EG 指数的具体表达式为：

$$EG_i = \frac{Gini_i - (1 - \sum_{j=1}^{n} x_j^2) \times HHI_i}{(1 - \sum_{j=1}^{n} x_j^2) \times (1 - HHI_i)} \tag{3-4}$$

其中，$HHI_i = \sum_{k=1}^{n} z_k^2$；$i$、$j$、$k$ 分别表示行业、地区和企业；$Gini$ 为前文度量的空间基尼系数的值；HHI 为行业的 Herfindahl 指数，式中 z_k 表示企业 k 产值占行业 i 总产值的比例。表 3－9 展示了各行业 EG 指数具体的测算值。

表 3－9　　各工业行业 EG 指数①

年份	2000	2001	2002	2003	2004	2005	2006	2007	2008	2009	2010	2011	2012	2013
2006	0.093	0.107	0.107	0.092	0.091	0.097	0.079	0.079	0.074	0.074	0.142	0.076	0.083	0.093
2007	0.010	0.019	0.016	0.023	0.049	0.027	0.026	0.031	0.032	0.019	0.212	0.021	0.025	0.018
2008	0.109	0.121	0.121	0.117	0.099	0.100	0.102	0.094	0.102	0.109	0.118	0.107	0.118	0.114
2009	0.083	0.107	0.083	0.093	0.082	0.075	0.074	0.078	0.085	0.085	0.091	0.073	0.063	0.078
2010	0.017	0.019	0.018	0.023	0.023	0.043	0.037	0.028	0.017	0.018	0.017	0.023	0.025	0.025
2011	0.173	0.121	0.372	1.521	<u>0.051</u>	0.887	<u>0.100</u>	<u>0.032</u>	0.043	0.090	<u>0.052</u>	0.033	0.008	0.042
2012	0.229	0.247	0.259	—	—	—	—	—	—	—	—	—	—	0.137
2013	0.033	0.040	0.041	0.045	0.047	0.050	0.048	0.043	0.035	0.034	0.053	0.023	0.022	0.020
2014	0.005	0.006	0.007	0.011	0.013	0.019	0.022	0.024	0.024	0.023	0.048	0.015	0.014	0.014
2015	0.010	0.011	0.010	0.011	0.009	0.013	0.017	0.018	0.020	0.025	0.015	0.026	0.026	0.014
2016	0.093	0.088	0.076	0.071	0.065	0.052	0.041	0.032	0.033	0.009	0.030	0.010	0.017	0.011

① 表 3－9 中，EG 的测度值为负值的行业—年份数据观测值利用下划线标识；EG 指数产生负值的主要原因可能在于误差，也可能是由于该行业自身的空间基尼系数较小，而特定企业规模较大使该行业的 HHI 指数较大，最终计算得到的行业 EG 指数为负值。这样的结果在部分文献中也有体现，如刘杨和蔡宏波（2017）等。

续表

年份	2000	2001	2002	2003	2004	2005	2006	2007	2008	2009	2010	2011	2012	2013
2017	0.035	0.038	0.042	0.044	0.057	0.048	0.047	0.045	0.041	0.038	0.078	0.032	0.029	0.025
2018	0.041	0.040	0.039	0.037	0.034	0.031	0.030	0.029	0.027	0.025	0.057	0.020	0.016	0.017
2019	0.045	0.048	0.055	0.050	0.060	0.052	0.051	0.048	0.053	0.056	0.122	0.061	0.055	0.050
2020	0.006	0.005	0.004	0.004	0.009	0.010	0.011	0.011	0.012	0.015	0.018	0.013	0.014	0.014
2021	0.018	0.021	0.024	0.036	0.042	0.035	0.032	0.036	0.036	0.037	0.054	0.030	0.028	0.027
2022	0.008	0.008	0.008	0.014	0.018	0.015	0.015	0.012	0.010	0.010	0.041	0.008	0.009	0.007
2023	0.012	0.016	0.017	0.026	0.026	0.027	0.023	0.021	0.021	0.027	0.023	0.011	0.009	0.007
2024	0.085	0.072	0.064	0.061	0.068	0.056	0.059	0.067	0.066	0.071	0.056	0.058	0.052	0.045
2025	0.005	0.014	0.017	0.020	0.019	0.017	0.015	0.013	0.014	0.012	0.048	0.009	0.011	0.009
2026	0.006	0.006	0.006	0.004	0.005	0.008	0.009	0.008	0.008	0.012	0.012	0.009	0.011	0.010
2027	0.006	0.007	0.008	0.009	0.007	0.008	0.007	0.008	0.008	0.007	0.007	0.006	0.005	0.006
2028	0.017	0.052	0.063	0.103	0.139	0.139	0.154	0.143	0.161	0.166	0.178	0.177	0.176	0.173
2029	0.021	0.038	0.053	0.050	0.032	0.034	0.030	0.030	0.031	0.034	0.042	0.063	0.075	0.078
2030	0.029	0.023	0.023	0.025	0.025	0.025	0.024	0.025	0.023	0.026	0.039	0.020	0.018	0.018
2031	0.007	0.007	0.007	0.012	0.011	0.014	0.014	0.014	0.014	0.014	0.014	0.012	0.013	0.013
32	0.028	0.028	0.028	0.036	0.035	0.033	0.031	0.029	0.031	0.035	0.046	0.028	0.027	0.025
2033	0.019	0.023	0.020	0.019	0.017	0.016	0.017	0.017	0.013	0.033	0.028	0.018	0.017	0.015
2034	0.017	0.015	0.016	0.018	0.018	0.014	0.015	0.016	0.013	0.013	0.022	0.009	0.008	0.008
2035	0.027	0.028	0.028	0.028	0.023	0.020	0.020	0.018	0.016	0.016	0.018	0.013	0.013	0.014
2036	0.024	0.024	0.018	0.020	0.009	0.007	0.007	0.005	0.007	0.008	0.006	0.008	0.007	0.008
2037	0.020	0.024	0.024	0.025	0.022	0.014	0.014	0.012	0.010	0.008	0.030	0.009	0.009	0.008
2039	0.017	0.016	0.017	0.021	0.024	0.023	0.022	0.022	0.019	0.018	0.017	0.022	0.021	0.019
2040	0.057	0.066	0.073	0.081	0.080	0.082	0.077	0.073	0.081	0.091	0.074	0.076	0.070	0.066
2041	0.075	0.071	0.077	0.066	0.064	0.052	0.042	0.043	0.040	0.027	0.038	0.057	0.068	0.064
2042	0.028	0.031	0.022	0.039	0.037	0.038	0.038	0.037	0.045	0.040	0.082	0.039	0.041	0.030
2043	—	—	—	0.009	0.095	0.076	0.091	0.070	0.066	0.056	0.137	0.052	0.060	0.052
2044	0.002	0.005	0.006	0.009	0.004	0.004	0.003	0.001	0.003	0.005	0.004	0.004	0.000	0.003
2045	0.015	0.003	0.003	0.001	0.016	0.020	0.010	0.013	0.008	0.010	0.020	0.012	0.011	0.017
2046	0.012	0.013	0.011	0.013	0.011	0.015	0.025	0.025	0.020	0.021	0.007	0.018	0.021	0.017
平均	0.039	0.042	0.048	0.074	0.037	0.059	0.033	0.033	0.035	0.036	0.051	0.033	0.033	0.035

数据来源：作者根据中国工业企业数据测算。

可以发现，各行业 EG 指数与空间基尼系数所描述的行业集聚度保持了一致，说明基于空间基尼系数得到的相关结果与结论是稳健的。从总体来看，EG 指数测度的产业集聚变动趋势也呈现出先上升后下降，再至上升到下降的周期性波动（参考图 3-3），且 EG 指数总体的波动性相较于空间基尼系数更强。此处遵循 Elilsion 和 Glaeser（1997）对集聚类型的分类标准，将 $EG<0.02$ 的行业定义为低集聚度行业；$0.02\leqslant EG<0.05$ 的行业定义为中集聚度行业；$EG\geqslant0.05$ 的行业定义为高集聚度行业，具体结果如表 3-10 所示。可以发现，利用 EG 指数对行业进行高、中、低集聚度分类的结果与表 3-8 的结果是一致的，仅有部分行业的集聚度排名产生了一定的微调，进一步说明了原有结论的稳健性。

表 3-10　根据 EG 指数对不同类型工业行业的划分

行业类型	EG 指数范围	行业
高集聚度	$EG\geqslant0.05$	林业（12）；其他采矿业（11）；化学纤维制造业（28）；黑色金属矿采选业（08）；煤炭开采和洗选业（06）；有色金属矿采选业（09）；通信设备、计算机及其他设备制造业（40）；废弃资源和废旧材料回收加工业（43）；文教体育用品制造业（24）；仪器仪表及文化、办公机械制造业（41）；皮革、毛皮及其制造业（19）；烟草制品业（16）
中集聚度	$0.02\leqslant EG<0.05$	纺织业（17）；橡胶制品业（29）；工艺品及其他制造业（42）；农副食品加工业（13）；纺织服装、鞋、帽制造业（18）；石油和天然气开采业（7）；家具制造业（21）；黑色金融冶炼及压延加工业（32）；塑料制品业（30）；非金属矿采选业（10）；通用设备制造业（35）
低集聚度	$EG<0.02$	电子机械及器材制造业（39）；有色金属冶炼及压延加工业（33）；印刷和记录媒介复制业（23）；水的生产和供应业（46）；交通运输设备制造业（39）；食品制造业（14）；饮料制造业（15）；石油加工炼焦及核燃料加工业（25）；金属制品业（34）；专用设备制造业（36）；造纸及纸制品业（22）；非金属矿物制品业（31）；木材加工及木、竹等制品业（20）；化学原料及化学制品制造业（26）；燃气生产和供应业（45）；医药制造业（27）；电力、热力的生产和供应业（44）

数据来源：作者根据 EG 指数结果进行分类。

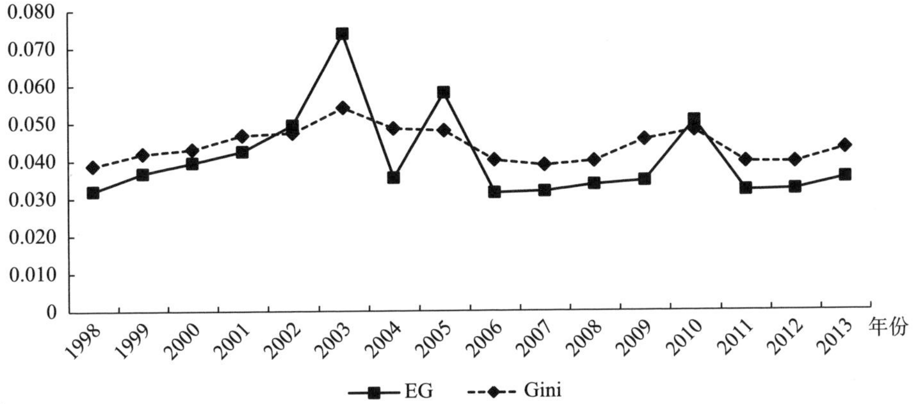

图 3－3　工业行业 EG 指数与空间基尼系数的趋势对比

数据来源：作者根据测算结果绘制。

（2）基于 DO 指数（*DO*）的分析。上文中所利用的空间基尼系数与 EG 指数不可避免地存在 MAUP 问题①。为了进一步保证结论的稳健性，本节将进一步测度各行业的 DO 指数②，进而更为充分地分析中国产业的时空演化趋势。DO 指数在测算过程中存在计算复杂性（Computational Complexity）问题，根据 Scholl 和 Brenner（2013）的说法，计算复杂性问题主要包含三个方面，即时间复杂性（Time Complexity）、空间复杂性（Space Complexity）以及算法上界（Big Oh）。对于一般的 DO 指数算法来说，时间和空间复杂性是需要面对的主要问题。时间复杂性在于计算时间随着企业数量的增加呈现出指数型增长趋势；空间复杂性则在于对计算机内存（RAM）需求也将随着企业数量增加而快速增加③。

鉴于 DO 指数存在的计算复杂性问题，本书首先测度了各三位数行业历年的 DO 指数，在此基础上进一步利用三位数行业 DO 指数的均值测算两位数行

① 本书在绪论部分已经对 MAUP 问题进行了具体讨论。

② DO 指数更为具体的测算方式将在本书的第四章有更为详细的描述，此处将会略过。

③ Scholl 和 Brenner（2013）罗列了如下表格，进一步说明了 DO 指数测算的空间复杂性问题：

行业	企业数量（家）	所需要的计算机内存（RAM，GB）
法国化工、橡塑工业	2158	0.20
德国汽车业	82637	305.27
欧洲物流业	＞700000	21904.70

可以发现，企业数量的增加将不断提升对计算内存（RAM）的边际需求。

业的 DO 指数。计算过程中，蒙特卡洛模拟的次数为 1000 次，置信区间为 95%，并使用全局（Global）集聚模式；同时参考孟美侠等（2019）的做法，将 0—200km 设置为判断是否集聚的区间，2000km 作为估计核密度函数的定义域上限。表 3 - 11 展示了具体的结果。

表 3 - 11　　二位数工业行业的 DO 指数①

年份	2000	2001	2002	2003	2004	2005	2006	2007	2008	2009	2010	2011	2012	2013
2006	0.000	0.000	0.000	0.000	0.000	0.000	0.000	0.000	0.000	0.043	0.726	0.000	0.000	0.000
2007	0.000	0.000	0.000	0.000	0.000	0.000	0.000	0.000	0.000	0.000	0.000	0.000	0.000	0.000
2008	0.000	0.000	0.000	0.000	0.000	0.000	0.000	0.000	0.000	0.000	0.000	0.000	0.000	0.000
2009	0.068	0.000	0.000	0.000	0.000	0.000	0.070	0.000	0.000	0.604	0.000	0.068	0.033	0.000
2010	0.118	0.093	0.093	0.091	0.000	0.173	0.085	0.146	0.279	0.253	0.651	0.001	0.016	0.020
2011	0.000	0.000	0.000	0.000	0.000	0.000	0.000	0.000	0.000	0.000	1.017	0.000	0.274	0.000
2012	0.571	0.000	0.239	0.743	0.675	0.711	0.689	0.715	0.687	0.600	1.591	0.438	0.410	0.000
2013	0.445	0.471	0.531	0.272	0.032	0.212	0.291	0.229	0.334	0.244	1.997	0.059	0.123	0.418
2014	0.062	0.079	0.219	0.005	0.023	0.029	0.000	0.099	0.302	0.405	1.543	0.162	0.148	0.131
2015	0.241	0.160	0.217	0.000	0.144	0.020	0.167	0.159	0.000	0.000	0.113	0.017	0.000	0.111
2016	0.090	0.000	0.000	0.000	0.000	0.000	0.000	0.005	0.000	0.002	1.465	0.000	0.000	0.000
2017	0.000	0.000	0.000	1.103	0.799	0.000	0.778	0.464	0.006	0.000	0.506	0.099	0.000	0.000
2018	3.680	0.694	0.262	1.001	1.261	1.446	1.229	1.386	1.431	1.248	3.249	1.292	1.404	0.038
2019	0.758	0.589	0.749	0.000	0.000	0.083	0.000	0.000	0.000	0.000	0.509	0.000	0.000	0.889
2020	0.000	0.000	0.000	0.325	1.338	0.989	1.308	1.030	1.646	1.858	0.772	0.598	0.530	0.000
2021	0.000	0.000	0.000	0.000	0.340	0.543	0.777	0.467	0.613	0.370	0.262	0.297	0.300	0.508
2022	0.004	0.000	0.057	0.596	0.260	0.742	0.830	0.577	1.211	1.325	0.908	0.270	0.533	0.175
2023	0.000	0.002	0.194	3.855	4.449	4.498	4.667	4.134	4.676	4.351	2.832	2.680	2.569	0.314
2024	2.816	2.345	2.458	0.000	0.036	1.071	1.223	1.259	1.439	1.058	2.489	0.051	0.207	2.261
2025	0.000	0.000	0.000	0.023	0.004	0.000	0.000	0.013	0.124	0.045	1.050	0.230	0.230	0.468
2026	0.000	0.054	0.061	0.000	0.000	0.000	0.051	0.019	0.099	0.018	1.744	0.000	0.000	0.082

① 此处为了清晰表示 DO 系数，将每个系数均作乘以 10000 处理，这并不会影响对结果的判断；占比，表示 DO 指数大于 0 的行业数量占总行业数的比重；0 表示该行业处于均匀分散（向下突破置信区间）或是随机分布（处于置信区间内）；对 DO 指数更为详细的描述可以参考第 5 章中的相关内容，此处不再赘述。

续表

年份	2000	2001	2002	2003	2004	2005	2006	2007	2008	2009	2010	2011	2012	2013
2027	0.000	0.112	0.007	0.000	0.000	0.000	0.000	0.000	0.000	0.000	0.000	0.000	0.000	0.012
2028	0.000	0.000	0.000	0.000	0.000	0.130	0.174	0.431	0.456	0.443	1.031	0.123	0.127	0.000
2029	0.000	0.000	0.000	0.708	1.936	1.733	1.972	2.060	2.932	2.845	1.787	1.415	1.441	0.166
2030	0.853	0.750	0.922	0.000	0.414	0.482	0.513	0.599	0.823	0.998	3.046	0.284	0.178	1.008
2031	0.245	0.219	0.026	0.000	0.000	0.000	0.000	0.000	0.235	0.056	2.607	0.000	0.034	0.128
2032	0.000	0.000	0.000	0.000	0.000	0.000	0.000	0.062	0.000	0.000	2.399	0.000	0.134	0.000
2033	0.000	0.000	0.000	0.148	0.183	0.517	0.670	0.972	0.901	0.725	0.844	0.548	0.640	0.000
2034	0.024	0.023	0.098	0.000	0.000	0.000	0.000	0.000	0.000	0.000	0.255	0.000	0.000	0.429
2035	0.000	0.000	0.000	0.000	0.000	0.017	0.107	0.277	0.936	0.312	1.399	0.468	0.484	0.034
2036	0.077	0.075	0.078	0.186	0.700	0.296	0.312	0.236	0.341	0.430	1.319	0.417	0.374	0.130
2037	0.000	0.037	0.084	0.202	1.000	1.392	1.954	1.777	1.812	1.537	0.826	1.092	0.972	0.531
2039	0.000	0.000	0.045	2.416	3.025	3.396	2.884	2.175	2.998	3.264	3.399	1.013	1.146	0.851
2040	0.549	1.684	1.194	1.264	1.657	2.005	1.598	1.479	3.006	2.581	0.359	1.724	2.125	0.864
2041	0.462	0.000	0.602	0.182	0.367	0.554	0.216	0.271	0.265	0.244	2.064	0.305	0.358	0.974
2042	0.000	0.000	0.189	0.000	0.000	0.000	0.060	0.000	1.308	0.912	0.238	0.000	0.000	0.231
2043	0.000	0.000	0.000	0.000	0.000	0.000	0.000	0.000	0.000	0.000	0.000	0.000	0.000	0.000
2044	0.000	0.000	0.070	0.034	0.000	0.000	0.007	0.000	0.000	0.118	1.078	0.000	0.000	0.000
2045	0.000	0.000	0.000	0.000	0.000	0.000	0.000	0.000	0.000	0.000	1.046	0.000	0.000	0.000
2046	0.068	0.004	0.054	0.059	0.009	0.001	0.000	0.000	0.000	0.000	0.125	0.000	0.000	0.000
占比	45%	43%	58%	48%	53%	58%	63%	65%	63%	70%	88%	60%	63%	60%

数据来源：作者根据测算结果绘制。

此处首先使用被判定为集聚的二位数行业数量占所有二位数行业数量的比重作为衡量中国产业集聚水平的指标。从整体上看，以 DO 指数衡量的产业集聚演化依然具有周期性与波动性，但与 EG、Gini 所测度的结果存在不同（参照图 3－4）。相较于 EG、Gini 所测度的产业集聚水平所呈现出的先上升后下降→先上升后下降这一周期性规律，以 DO 指数衡量的中国产业集聚水平总体上呈现出上升的趋势，虽然在 2010 年后趋势发生了转变，由升转降，但是总体的产业集聚水平依然不断提升，这一结果与一些文献的研究结论相吻合（路江涌和陶志刚，2006；文东伟和冼国明，2014），也与国家引导重点产业形成核心产业集群的宏观政策保持了一致性。

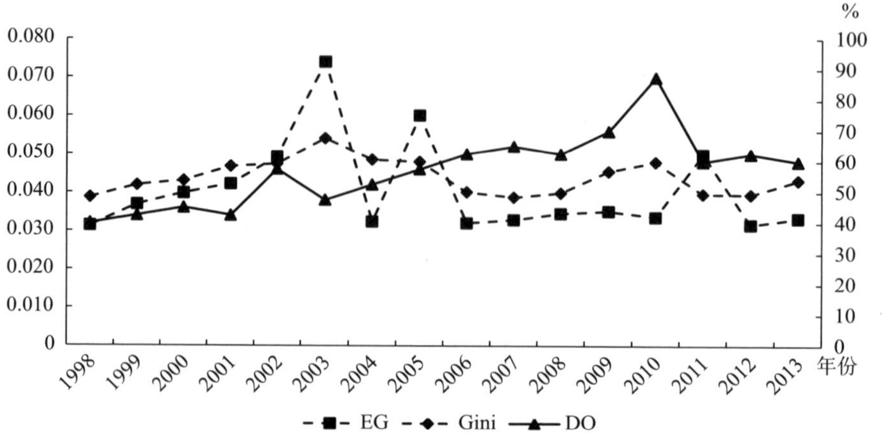

图 3-4 工业行业 EG、Gini 以及 DO 指数对比

数据来源：作者根据测算结果绘制。

从行业层面来看，以 DO 指数测度的各行业集聚水平与 EG、Gini 的结果也存在一定差异。举例来看，在 DO 指数下纺织业（18）、专用设备智造（39）、电子机械及器材制造业（29）等技术密集型行业的集聚度排名有了显著提升；而相对应的，林业（12）、其他采矿业（11）、化学纤维制造业（28）、黑色金属矿采选业（08）、煤炭开采和洗选业（06）等自然资源类、资本密集型行业的集聚水平显著降低。导致这一结果的原因可能在于指标测度方法的差异性，但相对而言 DO 指数具有更强的科学性，且其对集聚内涵的表现更为突出。如此结果在某种程度上也更符合我们对知识密集型产业应当具有更高集聚水平的预期。

由于本书主要关注产业集聚对技术创新的影响，表 3-12 根据 DO 指数测度的行业集聚度以及国家统计局高新技术行业分类标准（2017）①，将二位数行业进行分类，其中高（低）集聚度利用行业 DO 指数平均数的中位数作为分组截断点。可以发现，同样在高新技术行业中，处于高集聚度分组行业数量（5 个）多于处于低集聚度分组行业数量（3 个），因此可以认为高集聚度组中高新技术行业的占比（25%）高于低集聚度组（15%），进一步说明了高新技术行业对产业集聚存在相当的需求，相对于前文进一步突出了产业集

① 资料来源：国家统计局；http://www.stats.gov.cn/tjsj/tjbz/201812/t20181218_1640081.html.

聚对技术创新的重要作用。

表 3-12　基于 DO 指数与 OECD 高新技术的行业分类

集聚 行业	高集聚度	低集聚度
高新技术行业	专用设备制造业（39）；电子机械及器材制造业（29）；通信设备、计算机及其他设备制造业（12）；交通运输设备制造业（33）	通用设备制造业（28）；仪器仪表及文化、办公机械制造业（15）；医药制造业（45）
非高新技术行业	石油和天然气开采业（23）；纺织业（18）；家具制造业（24）；造纸及纸制品业（40）；金属制品业（37）；有色金属冶炼及压延加工业（30）；工艺品及其他制造业（20）；非金属矿物制品业（41）；纺织服装、鞋、帽制造业（22）；废弃资源和废旧材料回收加工业（13）；橡胶制品业（19）；石油加工炼焦及核燃料加工业（36）；农副食品加工业（21）；饮料制造业（35）；印刷和记录媒介复制业（31）；烟草制品业（17）	文教体育用品制造业（14）；木材加工及木、竹等制品业（42）；水的生产和供应业（32）；黑色金融冶炼及压延加工业（25）；塑料制品业（26）；煤炭开采和洗选业（10）；皮革、毛皮及其制造业（16）；燃气生产和供应业（44）；有色金属矿采选业（11）；黑色金属矿采选业（09）；食品制造业（34）；林业（06）；电力、热力的生产和供应业（46）；非金属矿采选业（27）；其他采矿业（07）；化学纤维制造业（08）；化学原料及化学制品制造业（43）

数据来源：作者根据测算结果绘制。

3.1.3　产业集聚时空演化特征总结

本节首先概括了中国产业发展的总体情况，并进一步利用宏观经济数据、中观行业数据以及微观企业数据，测算行业集中度（CR_n）、区位熵（LQ）、空间基尼系数（$Gini$）、EG 指数（EG）、DO 指数（DO）等指标，分析了中国各地区、各行业集聚情况的时空演化。

本节发现，从整体看，无论从投入指标（如平均用工人数、固定资产合计和资产总计）还是产出指标（如工业企业主营业务收入、产成品以及利润总额），中国的工业产业体系在 2000 年后均经历了快速发展。分阶段看，2000—2015 年，中国工业的投入产出指标普遍保持了年均 10% 以上的高速增长；自 2015 年后，各项指标增速有所下滑，中国产业发展也逐步进入“新常态”。

从区域层面看，中国产业集聚主要呈现出“固定大集聚、分散小集聚”的特征。首先，中国产业主要集中在京津冀、长三角、珠三角以及川渝地区，产业的“大集聚”地区较为固定；其次，在这些集聚区周围错落分布着部分产业的“小集聚”地区，且此类离散型“小集聚”的数量正在不断增加。分析省级层面数据后得到了类似结论。此外，中国各地区的产业集聚水平演化趋势存在差异，且一般具有周期性波动的特点。

从行业层面看，中国具有集聚特征的行业数量正在不断增加，其中，资本密集型行业（如石油和天然气开采业）、技术密集型行业（如通信设备、计算机及其他设备制造业）在多指标下一般具有高集聚特征；相比较而言，其他行业（如食品制造业）集聚水平较低。此外，不同行业的产业集聚水平存在差异，并同样具有周期性波动的特点。

3.2 中国创新发展的现状与时空演化

3.2.1 创新发展的总体情况

与第一节内容类似，本节主要基于宏观层面的高新技术产业数据，对中国技术创新发展情况进行概述。从内涵上看，高新技术产业是以高新技术为基础，从事多类高新技术产品研究、开发、生产以及提供相关技术服务的企业集合，因此涉及投入与产出。近年来，中国的高新技术产业高速发展，表 3 - 13 利用多项指标展示了 2001—2019 年以来中国高新技术产业发展的情况。其中，为了与本书涉及的技术创新指标选取逻辑保持一致，同时综合了数据的可获得性，此处将 R&D（研究与试验发展）人员全时当量、R&D 支出作为投入指标，将科技成果登记数、发明专利申请授权数以及技术市场成交额作为产出指标。

表 3 - 13　　　中国高新技术产业的相关指标

时间	投入指标		产出指标		
	R&D 人员全时当量（万人/年）	R&D 支出（亿元）	科技成果登记数（项）	发明专利申请授权数（项）	技术市场成交额（亿元）
2001 年	95.65	1042.49	28448	16296	782.75

续表

时间	投入指标		产出指标		
	R&D 人员全时当量（万人/年）	R&D 支出（亿元）	科技成果登记数（项）	发明专利申请授权数（项）	技术市场成交额（亿元）
2002 年	103.51	1287.64	26697	21473	884.17
2003 年	109.48	1539.63	30486	37154	1084.67
2004 年	115.26	1966.33	31720	49360	1334.36
2005 年	136.48	2449.97	32359	53305	1551.37
2006 年	150.25	3003.10	33644	57786	1818.18
2007 年	173.62	3710.24	34170	67948	2226.53
2008 年	196.54	4616.02	35971	93706	2665.23
2009 年	229.13	5802.11	38688	128489	3039.00
2010 年	255.40	7063.00	42108	135110	3906.60
2011 年	288.30	8687.00	44208	172113	4763.56
2012 年	324.70	10298.41	51723	217105	6437.07
2013 年	353.30	11846.6	52477	207688	7469.13
2014 年	371.06	13015.63	53140	233228	8577.18
2015 年	375.88	14169.88	55284	359316	9835.79
2016 年	387.81	15676.75	58779	404208	11406.98
2017 年	403.36	17606.13	59792	420144	13424.22
2018 年	438.14	19677.93	65720	432147	17697.42
2019 年	461.00	21737.00	66520	453000	22398
2001—2005 年年均增速	8.89%	21.36%	3.22%	29.63%	17.10%
2006—2010 年年均增速	13.26%	21.38%	5.61%	21.23%	19.12%
2011—2015 年年均增速	6.63%	12.23%	5.59%	18.40%	18.13%
2016—2019 年年均增速	5.76%	10.89%	4.12%	3.80%	22.49%
2001—2019 年年均增速	8.74%	16.87%	4.72%	18.47%	18.63%

数据来源：《中国统计年鉴》、国家统计局及作者测算。

整体来看，无论从投入指标还是产出指标，中国的高新技术产业保持了快速增长：R&D 人员全时当量、R&D 支出分别从 2001 年的 95.65 万人/年、1042.49 亿元增长至 2019 年的 461 万人/年、21737 亿元，年均增长达 8.74%、16.87%；从产出上看，中国的科技成果登记数、发明专利申请授权数以及技术市场成交额分别从 2001 年的 28448 项、16296 项和 782.75 亿元增长至 2019 年的

66520 项、453000 项和 22398 亿元，年均增速达 4.72%、18.47% 和 18.63%。

分阶段看，与产业发展类似，中国的高新技术产业同样经历了从高速增长阶段逐渐过渡至中低速增长阶段。在“十五”“十一五”计划期间（2001—2010 年），中国的高新技术产业的各项指标基本保持了 10% 以上的高速增长；随后，在“十二五”“十三五”计划期间（2011—2019 年），增长有所放缓，但整体增长趋势依然不变。

相较于 3.1 节中产业整体的发展趋势，高新技术行业表现出了更强的增长动力和市场活力。本书认为，促成这一结果的原因主要包含以下三个方面。首先，在政策上，自改革开放以来，中国支持高新技术产业发展的政策体系经历了从无到有、从零散到系统、从笼统到清晰的发展过程，现有的政策体系虽然存在待改进空间，但已经成为中国高新技术产业发展的坚强后盾。其次，市场化作用进一步凸显，大浪淘沙后，具有市场价值的新技术、新产品不断脱颖而出，成为一块块推进中国高新技术产业发展的“基石”，技术市场成交额在“十二五”期间实现逆向增长也为这一观点提供了有力支撑。最后，中国知识产权保护体系日益完善，创新的制度环境不断优化，让创新没有了“后顾之忧”，这也进一步活化了中国企业的创新细胞。

值得注意的是，在快速发展的大背景下，中国的高新技术产业与欧美、日韩等发达国家依然存在差距。首先，从创新投入来看，中国 R&D 占 GDP 的比重逐年增长（参考图 3－5），年均增速达 4.97%。从指标本身来看，截至 2018 年，中国 R&D 与 GDP 的比值为 2.19%，高于欧盟 28 国的平均水平（2.03%），但是依然与美国（2.83%）、日本（3.26%）、韩国（4.53%）、德国（3.13%）等国家存在明显差距。其次，从创新产出来看，中国的三方同族专利数①增长趋势与 R&D 占比类似（参照表 3－14），2001—2017 年年均增速达 20.61%。但是，截至 2017 年，中国的三方同族专利规模（4152.15 项）与美国（12454.36 项）、日本（18219.25 项）仍然有较大差距。

综上所述，虽然中国与欧美、日、韩等高创新国家依然存在不小差距，但无论从高新技术产业的投入端或是产出端来看，中国已经走上了技术创新发展的“快车道”，高新技术产业的整体规模与技术创新质量均有显著提升，创新发展成就斐然。

① 根据 OECD 的定义，三方同族专利（Triadic Patent Families）是指来自欧洲专利局、日本专利局、美国专利与商标局保护同一发明的一组专利，是 OECD 数据库中关于技术创新的重要统计指标。

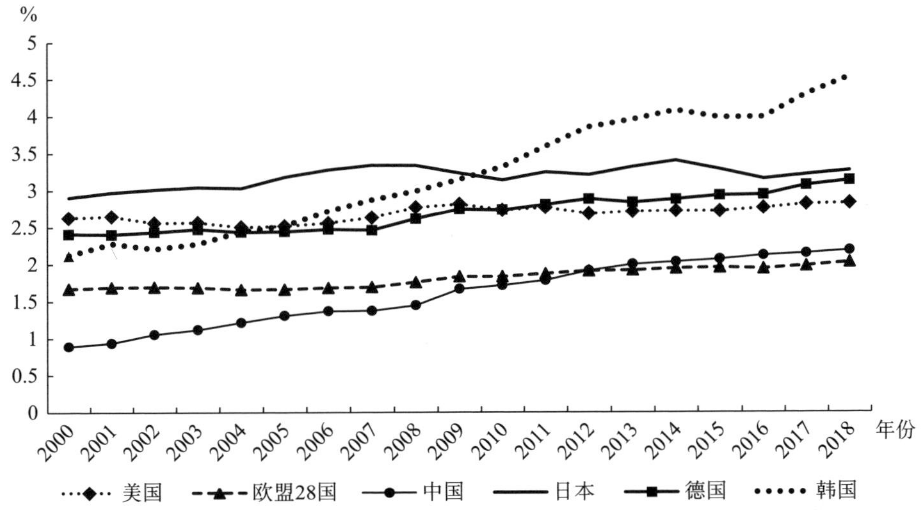

图 3－5　各国历年 R&D 支出占 GDP 比重

数据来源：Organization for Economic Cooperation and Development，以下简称 OECD。

表 3－14　　各国历年三方同族专利数　　单位：项

年份	美国	欧盟 28 国	中国	日本	德国	韩国
2001	15903. 83	17271. 29	153. 60	17429. 76	7232. 91	1154. 79
2002	16444. 77	17342. 95	272. 75	17795. 36	6884. 68	1569. 73
2003	16744. 80	17332. 17	357. 13	19078. 43	6745. 48	2194. 90
2004	17208. 13	18105. 73	404. 32	20107. 60	6997. 88	2571. 37
2005	17371. 70	18412. 15	523. 69	18933. 05	7144. 18	2745. 98
2006	15464. 98	16683. 56	563. 84	19003. 76	6536. 95	2347. 03
2007	13881. 76	15108. 44	690. 92	18592. 71	5808. 63	1977. 62
2008	13837. 00	14732. 87	828. 09	16820. 66	5481. 19	1829. 24
2009	13509. 47	14448. 02	1300. 61	17429. 32	5554. 49	2109. 33
2010	12761. 16	13223. 01	1425. 13	19303. 03	5061. 45	2459. 13
2011	13219. 27	13310. 37	1504. 58	19006. 65	4825. 54	2366. 39
2012	13740. 78	13108. 76	1951. 56	18650. 68	4592. 83	2494. 80
2013	14806. 09	13561. 89	2190. 98	17649. 77	4912. 20	2548. 00
2014	13641. 07	13636. 97	2833. 94	17613. 11	4650. 71	2210. 31

续表

年份	美国	欧盟 28 国	中国	日本	德国	韩国
2015	13410.49	13159.41	3182.00	17500.47	4615.05	2204.89
2016	12337.93	13316.51	3761.44	17657.86	4680.32	2203.67
2017	12454.36	13106.09	4152.15	18219.25	4663.15	2184.46
2001—2017 年年均增速	-1.53%	-1.72%	20.61%	0.28%	-2.74%	3.98%

数据来源：OECD。

3.2.2 创新发展的时空演化

与上节内容类似，本节将利用行业集中度指标（CR_n）、区位熵指标（LQ）、空间基尼系数（$Gini$）以及 EG 指数（EG），辅以前文中基于企业经纬度指标所测度的 DO 指数（DO），从区域和行业两个维度，测度中国高新技术产业发展的时空演化。

3.2.2.1 区域、行业选择与数据来源

首先，在区位样本选择上，为了与前文保持一致性，本节依然采用省级层面的技术创新指标，选取除西藏外的 30 个省级行政区样本，在进行定性描述的基础上，测度高新技术产业的行业集中度（CR_n）以及区位熵（LQ）；相应地，在行业层面，选取国家统计局公布的高新技术产业（制造业）分类（2017）中所规定的高新技术行业，测算不同行业的空间基尼系数（$Gini$）与 EG 指数（EG），并对结果进行分析，具体涉及行业包括前文所提及的通信设备、计算机及其他设备制造业（12）；仪器仪表及文化、办公机械制造业（15）；通用设备制造业（28）；电子机械及器材制造业（29）；交通运输设备制造业（33）；专用设备制造业（39）；医药制造业（45）。其次，在数据来源上，省份数据主要来源于历年的《中国统计年鉴》《中国科技统计年鉴》；行业层面数据则依然基于中国工业企业数据库，部分处理过程与计算细节已在前文提及，此处便不再赘述。

3.2.2.2 区域视角下高新技术产业发展的时空演化

（1）基于省份层面的定性分析。为了从整体上对中国区域技术创新的时空演化有一个了解，本部分主要基于不同省份的高新技术数据进行定性分析；同时，顺延技术创新的生命周期理论，指标选取主要从技术创新的三个维度出发，即创新投入、中间产出、最终产出。其中，创新投入指标使用各省份

规模以上企业 R&D 经费；中间产出指标使用规模以上企业发明专利申请数[①]；产出指标使用规模以上企业新产品销售额；选择年份 2004 年、2009 年、2014 年以及 2018 年。选择上述指标，既考虑了数据的可得性，也体现了技术创新各个阶段的关键因素。

首先，从区域特性来看，中国不同地区的创新集聚水平呈现出较强的梯度性，主要遵循“从北至南、从西至东”逐级增加的特点。具体来看，总体创新水平较高的省份包括：江苏、广州、浙江等东南沿海省份；相对而言，西北部地区，如新疆、青海、内蒙古等省区的技术创新水平较低。

其次，从时间维度上进行分析，各地区技术创新发展呈现相对创新能力与绝对创新规模协同上升的特征。可以发现随着时间推移，无论从 R&D 经费投入、发明专利申请还是新产品销售额，各地区创新的绝对规模均有了显著提升；同时，除了一直保有“创新高地”特征的广州、江苏、浙江等省份外，其他省份的相对创新水平也逐步提升，其中的代表性省份包括湖南、湖北、四川、重庆等。这在某种程度上也契合了 3. 1 节中对产业集聚分析归纳形成的“固定大集聚，分散小集聚”特征。

（2）基于行业集中度（CR_n）与区位熵（LQ）的分析。此前，大量研究将专利作为测度技术创新水平的主要指标（如 Tian 等，2015；吴超鹏和唐药，2016），因此本节也主要将专利作为创新的核心指标。这样的选择既考虑到专利自身的中间品特征，也兼顾了专利的质量（通常来说发明专利质量高于外观专利与实用型专利），本节选择国内发明专利申请授权量作为指标测算的基础[②]，CR_1—CR_6 情况如表 3 - 15 所示[③]。

表 3 - 15　　基于专利数的中国 CR_1—CR_6 情况

年份	CR_1	CR_2	CR_3	CR_4	CR_5	CR_6
2001	19. 09%	26. 07%	32. 80%	38. 87%	44. 08%	49. 00%
2002	20. 07%	27. 35%	34. 01%	40. 46%	46. 78%	52. 87%
2003	21. 88%	31. 10%	39. 62%	45. 85%	51. 91%	57. 52%
2004	19. 78%	31. 71%	42. 09%	48. 40%	54. 00%	58. 84%

① 一般来说，发明专利相对于外观专利、实用型专利更具价值。

② 本书同样利用 R&D 投入（创新投入端）、各地区新产品销售值（创新产出端）测算了 CR_n 与 LQ 指数，结果类似。

③ 此处，LQ、CR 指数的测算方法参考 3. 1. 2. 2 节，此处不再赘述。

续表

年份	CR_1	CR_2	CR_3	CR_4	CR_5	CR_6
2005	19.05%	29.99%	40.28%	47.08%	53.16%	58.32%
2006	17.38%	29.27%	40.25%	47.58%	53.98%	58.90%
2007	17.12%	30.30%	41.86%	49.74%	57.59%	62.68%
2008	18.72%	34.66%	45.14%	53.78%	61.82%	66.36%
2009	19.41%	35.05%	45.30%	54.40%	62.63%	67.53%
2010	18.55%	33.73%	43.50%	52.80%	61.48%	67.05%
2011	17.24%	32.24%	42.68%	51.34%	59.97%	65.50%
2012	16.15%	30.84%	42.68%	51.12%	59.41%	64.85%
2013	14.96%	29.48%	41.62%	49.67%	57.36%	63.80%
2014	14.73%	28.84%	41.31%	49.78%	57.14%	63.82%
2015	14.05%	27.82%	40.87%	49.98%	56.84%	63.43%
2016	13.89%	27.66%	40.76%	49.78%	56.59%	63.17%
2017	14.39%	28.68%	41.64%	50.62%	57.07%	63.03%
2018	15.68%	29.51%	41.89%	51.47%	57.75%	63.74%

数据来源：作者根据《中国统计年鉴》数据测算。

首先，从 CR_4 结果来看，除了 2001 年，其他所有年份的 CR_4 值均大于 40%，CR_4 指标在 2009 年一度接近 55%，说明中国的创新要素同样存在显著的集聚特征。进一步观察创新集聚的变化趋势，可以发现创新集聚同样具有上升→下降→再上升→再下降的波动性特征，同时波峰、波谷转折时点主要在 2004 年与 2009 年。比较产业集聚与创新集聚的变动趋势，可以发现两者在 2007 年前以及 2009 年后趋势保持了部分一致性；但是，在 2007—2009 年，两者出现了明显的分异，这可能受到了彼时金融危机以及中国产业政策变动的影响。详情见图 3-6。

其次，从区域来看（见表 3-16），中国技术创新水平较高的省份在 2005 年前后发生了一定的变化，这一时间与前文所述的创新集聚整体趋势变动时点重合。具体来看，辽宁省原有的“六强”名额被浙江省所替代；同时，第一名在北京、江苏以及广东间来回更替，但三者总体差距并不大。分析趋势可知，头部省份的创新集聚程度在近年缓慢下降（如北京市）；与此相反，部分省份的创新集聚水平涨势强劲（如浙江省、安徽省）。可见，在创新要素不断流动的背景下，新的区域性创新高地不断涌现，创新要素的“均等化”趋势越发明显；但从整体来看，创新的集聚性特征依然明显。

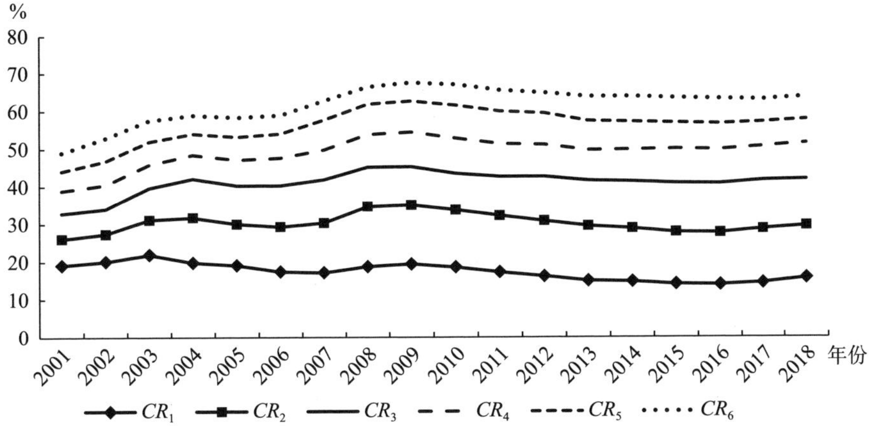

图 3－6　基于专利数的 CR_n 变动趋势

数据来源：作者根据测算结果绘制。

表 3－16　　各省份发明专利占比排名

年份	排名 1	排名 2	排名 3	排名 4	排名 5	排名 6
2001	北京市 （19.09%）	辽宁省 （6.98%）	山东省 （6.72%）	广东省 （6.07%）	四川省 （5.21%）	江苏省 （4.92%）
2002	北京市 （20.07%）	辽宁省 （7.28%）	广东省 （6.66%）	上海市 （6.45%）	江苏省 （6.32%）	山东省 （6.09%）
2003	北京市 （21.88%）	广东省 （9.22%）	上海市 （8.52%）	辽宁省 （6.23%）	江苏省 （6.06%）	山东省 （5.61%）
2004	北京市 （19.78%）	上海市 （10.37%）	广东省 （11.94%）	江苏省 （6.31%）	浙江省 （4.83%）	辽宁省 （5.60%）
2005	北京市 （19.05%）	上海市 （10.94%）	广东省 （10.28%）	江苏省 （6.80%）	浙江省 （6.08%）	辽宁省 （5.16%）
2006	北京市 （17.38%）	上海市 （11.89%）	广东省 （10.98%）	江苏省 （7.33%）	浙江省 （6.40%）	山东省 （4.91%）
2007	北京市 （17.12%）	广东省 （13.18%）	上海市 （11.56%）	江苏省 （7.88%）	浙江省 （7.85%）	山东省 （5.09%）
2008	广东省 （18.72%）	北京市 （15.94%）	上海市 （10.48%）	江苏省 （8.63%）	浙江省 （8.05%）	山东省 （4.54%）
2009	广东省 （19.41%）	北京市 （15.65%）	上海市 （10.25%）	江苏省 （9.10%）	浙江省 （8.23%）	山东省 （4.90%）

续表

年份	排名 1	排名 2	排名 3	排名 4	排名 5	排名 6
2010	广东省（18.55%）	北京市（15.18%）	江苏省（9.77%）	上海市（9.30%）	浙江省（8.68%）	山东省（5.56%）
2011	广东省（17.24%）	北京市（15.01%）	江苏省（10.44%）	上海市（8.66%）	浙江省（8.63%）	山东省（5.53%）
2012	广东省（16.15%）	北京市（14.68%）	江苏省（11.84%）	浙江省（8.44%）	上海市（8.30%）	山东省（5.43%）
2013	北京市（14.96%）	广东省（14.52%）	江苏省（12.14%）	浙江省（8.05%）	上海市（7.69%）	山东省（6.44%）
2014	北京市（14.73%）	广东省（14.12%）	江苏省（12.47%）	浙江省（8.47%）	上海市（7.36%）	山东省（6.68%）
2015	江苏省（14.05%）	北京市（13.77%）	广东省（13.06%）	浙江省（9.10%）	上海市（6.86%）	山东省（6.58%）
2016	江苏省（13.77%）	北京市（13.10%）	广东省（13.89%）	浙江省（9.01%）	上海市（6.81%）	山东省（6.58%）
2017	北京市（14.39%）	广东省（14.28%）	江苏省（12.96%）	浙江省（8.98%）	上海市（6.46%）	山东省（5.96%）
2018	广东省（15.68%）	北京市（13.83%）	江苏省（12.37%）	浙江省（9.58%）	上海市（6.28%）	山东省（5.99%）

数据来源：作者测算，其中括号内为该区域专利数在总专利数中的占比。

表 3－17 则通过区位熵（*LQ*）测度了不同区域的创新集聚水平，具体处理方法与 3.1.2.2 节中类似，但将分子指标替换为发明专利授权数。*LQ* 测算结果说明，中国技术创新依然集中在北京、上海、江苏、广东等省份，这一结果与 CR_n 的测算结果契合，进一步说明了中国技术创新具有明显的空间集聚特征。值得注意的是，相较于 CR_n 的结果，北京市的 *LQ* 明显高于其他 CR_n “六强”省份，这主要受到了 *LQ* 指标计算方法的影响，当然这也符合北京市构建国际科技创新中心的发展目标①。进一步看，虽然北京市整体创新规模排序与其他省份存在交替变动的情况，但是人均创新能力却稳居首位。以 2018

① 具体可以参考北京市 2021 年政府工作报告；资料来源：http：//www.beijing.gov.cn/ywdt/tujie/202101/t20210123_2230541.html.

年为例，北京市每万人拥有授权发明专利 21.82 件，远高于浙江省、江苏省、广东省的 5.66 件、5.21 件、4.69 件。LQ 指标在测度地区特定产业水平相对于全国平均的偏离程度，由人均发明专利持有量来分析，北京市相较于其他头部省份拥有绝对的优势，因此北京的 LQ 指标大幅领先于其他头部省份。

表 3-17　　中国各省份创新集聚的 LQ 指标

Panel A 2001—2009 年各省份 LQ

省份＼年份	2001	2002	2003	2004	2005	2006	2007	2008	2009
北京	5.6007	5.6190	6.0971	5.5043	5.4455	4.9842	4.8630	4.7814	4.7040
天津	1.0982	1.0838	1.2623	1.4339	2.1330	2.2689	2.1997	1.9658	1.5678
河北	0.7839	0.7215	0.5365	0.4348	0.4046	0.3716	0.3370	0.2813	0.2503
山西	1.4278	1.5826	1.3052	0.8529	0.7226	0.6740	0.5058	0.4710	0.5116
内蒙古	0.9351	0.6240	0.4523	0.3667	0.2740	0.2287	0.1854	0.1352	0.1141
辽宁	1.5091	1.6119	1.4487	1.4099	1.2781	1.1963	1.0847	0.9099	0.8179
吉林	1.4288	1.5277	1.1818	1.4917	1.1792	1.0997	0.8528	0.7328	0.6167
黑龙江	0.9390	0.8670	0.7621	0.7086	0.8060	0.9524	0.9334	0.7302	0.8303
上海	1.0197	1.3573	1.7750	2.1579	2.3578	2.6187	2.5893	2.4828	2.4883
江苏	0.5664	0.7196	0.6793	0.7061	0.7285	0.7855	0.8470	0.9289	0.9642
浙江	0.5537	0.5368	0.5969	0.6959	0.9032	0.9486	1.1714	1.2496	1.3083
安徽	0.4801	0.6428	0.4784	0.3254	0.4857	0.4660	0.4275	0.4532	0.4932
福建	0.4420	0.3223	0.3712	0.2867	0.4031	0.4280	0.3606	0.4018	0.4204
江西	0.7769	0.5875	0.4665	0.3137	0.3822	0.3410	0.3012	0.2566	0.3148
山东	0.7950	0.7161	0.6484	0.5417	0.5368	0.5221	0.5526	0.4893	0.5277
河南	0.6785	0.5642	0.5033	0.3694	0.3671	0.3811	0.3723	0.3041	0.3618
湖北	1.0522	1.0415	1.1921	1.3638	1.2144	1.1753	0.9423	0.8342	0.7119
湖南	0.9510	0.8697	1.0026	0.7980	0.8823	0.7913	0.7729	0.8492	0.8375
广东	0.5489	0.5957	0.8121	1.0625	0.9080	0.9613	1.1602	1.6954	1.7955
广西	0.5201	0.4165	0.3973	0.3819	0.3837	0.4037	0.3205	0.2384	0.2623
海南	0.6065	0.2133	0.5295	0.4535	0.4278	0.3832	0.4037	0.2565	0.3170
重庆	0.4553	0.5220	0.6604	0.5002	0.5604	0.6593	0.7515	0.7533	0.7973
四川	1.3192	1.1172	0.8659	0.9436	0.9063	0.8145	0.7753	0.7070	0.7041
贵州	0.8136	0.8638	0.7479	1.1017	0.8820	0.8416	0.8019	0.6219	0.5138
云南	1.1601	0.8201	0.9139	0.7874	0.9649	0.9321	0.7654	0.5520	0.4817

续表

省份 \ 年份	2001	2002	2003	2004	2005	2006	2007	2008	2009
陕西	1. 4412	1. 4806	0. 8818	1. 4925	1. 2351	1. 3289	1. 3017	1. 0790	1. 0255
甘肃	1. 0924	1. 3169	0. 8006	0. 7767	0. 6549	0. 6667	0. 6608	0. 5466	0. 4183
青海	1. 0972	0. 9392	0. 5883	0. 4652	0. 4823	0. 4844	0. 3486	0. 1852	0. 2021
宁夏	0. 9758	1. 3330	1. 6372	0. 8844	0. 7129	0. 9232	0. 3456	0. 3271	0. 2399
新疆	1. 3246	0. 8644	0. 5369	0. 3506	0. 3690	0. 3679	0. 2536	0. 1608	0. 1752

Panel B 2010—2018 年各省份 LQ

省份 \ 年份	2010	2011	2012	2013	2014	2015	2016	2017	2018
北京市	4. 7020	4. 8147	4. 7352	4. 7926	4. 7245	4. 3246	4. 1852	4. 3521	3. 8195
天津市	1. 2387	1. 1016	1. 0844	0. 9973	0. 9042	0. 7882	0. 7671	0. 8334	1. 1332
河北	0. 2769	0. 2953	0. 3058	0. 3237	0. 3370	0. 3632	0. 3504	0. 3832	0. 4246
山西	0. 4755	0. 4885	0. 4501	0. 4823	0. 5298	0. 5370	0. 4888	0. 4058	0. 3852
内蒙古	0. 1329	0. 1249	0. 1506	0. 1488	0. 1118	0. 1260	0. 1271	0. 1394	0. 1441
辽宁	0. 7560	0. 7014	0. 6722	0. 6454	0. 6022	0. 6459	0. 8006	0. 8710	0. 8216
吉林	0. 5362	0. 5604	0. 5574	0. 5258	0. 4506	0. 4490	0. 4348	0. 5411	0. 6860
黑龙江	0. 8633	0. 7648	0. 7424	0. 7100	0. 7077	0. 7520	0. 7472	0. 8229	0. 9028
上海	2. 3684	2. 3513	2. 3702	2. 2370	2. 1372	1. 9749	1. 8861	1. 7859	1. 5943
江苏	1. 0304	1. 1080	1. 2630	1. 2885	1. 3107	1. 4479	1. 4002	1. 2790	1. 2134
浙江	1. 3689	1. 3928	1. 4032	1. 3528	1. 4436	1. 5345	1. 4882	1. 4687	1. 5105
安徽	0. 5322	0. 6525	0. 7488	1. 0113	1. 0784	1. 4322	1. 6578	1. 2180	1. 1749
福建	0. 4917	0. 5458	0. 6352	0. 6167	0. 6177	0. 6217	0. 6585	0. 7166	0. 6859
江西	0. 2575	0. 2859	0. 2896	0. 2937	0. 2851	0. 2763	0. 2738	0. 2959	0. 2991
山东	0. 6206	0. 6361	0. 6264	0. 7400	0. 7691	0. 7553	0. 7548	0. 6953	0. 8214
河南	0. 3841	0. 4505	0. 4519	0. 4520	0. 4336	0. 4102	0. 4453	0. 4699	0. 4495
湖北	0. 7508	0. 7931	0. 7652	0. 7495	0. 7690	0. 7408	0. 6899	0. 8112	0. 7298
湖南	0. 7088	0. 6528	0. 6362	0. 6729	0. 6673	0. 6609	0. 5843	0. 6171	0. 6120
广东	1. 7616	1. 6893	1. 6318	1. 4741	1. 4247	1. 2960	1. 2640	1. 3488	1. 4343
广西	0. 2635	0. 2665	0. 2909	0. 4110	0. 5349	0. 6739	0. 7452	0. 6502	0. 5938
海南	0. 5449	0. 5313	0. 5830	0. 6479	0. 4708	0. 3175	0. 2500	0. 2211	0. 2680
重庆	0. 8538	0. 9179	0. 8938	0. 8466	0. 7058	0. 7109	0. 7523	0. 8359	0. 8191
四川	0. 7593	0. 7663	0. 7854	0. 7933	0. 8635	0. 8540	0. 8315	0. 8131	0. 7339

续表

省份＼年份	2010	2011	2012	2013	2014	2015	2016	2017	2018
贵州	0.5673	0.5151	0.3896	0.4400	0.4900	0.4029	0.4574	0.3663	0.3648
云南	0.5343	0.5574	0.5305	0.5085	0.4816	0.4303	0.3802	0.3649	0.2961
陕西	1.1035	1.2362	1.1686	1.1695	1.1976	1.0655	1.0233	1.0599	0.9988
甘肃	0.5014	0.5418	0.5238	0.5686	0.5151	0.5139	0.4807	0.4752	0.4251
青海	0.1797	0.2065	0.2242	0.1966	0.2071	0.2414	0.2787	0.2419	0.2919
宁夏	0.2137	0.2414	0.2514	0.3273	0.3829	0.4279	0.4676	0.5047	0.5705
新疆	0.2058	0.2251	0.2554	0.2933	0.2829	0.2872	0.2495	0.2309	0.1939

数据来源：作者测算。

图3－7展示了东部、中部、西部以及东北部地区LQ的变动趋势。可以发现，东部地区的LQ指标自2001年开始便不断上升，并在2005年前后趋于平缓，在高位维持约7年后开始下滑，总体呈现出先上升、后下降的变化趋势。与此相对，东北部、中部、西部省份的创新集聚水平则呈现出先下降、后上升的整体趋势。进一步分析这三个区域，可以发现东北部地区创新集聚的下降幅度最大，但近年出现回升；而中部地区省份创新集聚的增长幅度较大，上升窗口期也较长，但近年有所下降；西部地区则在小幅回升后保持平稳。产生如此结果的原因可能是高新技术产业自发性集聚特征与中国产业政策的协同作用。

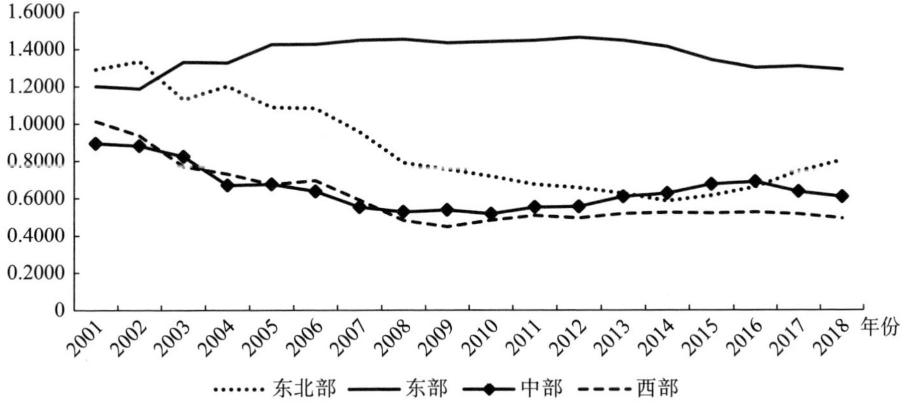

图3－7　各区域创新集聚的LQ变化趋势

数据来源：作者绘制。

具体来说，一方面，根据以往研究，高新技术企业更倾向于追求产业集聚所带来的正外部性（Jaffe 等，2000；Lin 等，2014），因此在产业发展初期，企业将在初始禀赋较好的地区形成集聚，直到“拥挤成本”与“经济利润”持平，整体集聚水平趋于平衡。在此过程中，其他初始禀赋相对落后地区的创新资源也将流向高禀赋集聚区。另一方面，随着中部崛起、振兴东北老工业基地、创新驱动等发展战略的实施，“有形的手”推动资源往上述地区倾斜，此时，具有“松足性”（Footloose）特征的高新技术产业在更低“拥挤成本”以及更高“政策租”（包括政府补贴、税收优惠等）的吸引下，逐步向东北部、中部等省份流动，并形成新的创新集群。

3.2.2.3 行业视角下技术创新的时空演化分析

（1）基于空间基尼系数（*Gini*）与 EG 指数（*EG*）的分析。在 3.1.2.3 节中，本书利用企业的工业产值测算空间基尼系数以及 EG 指数。为了与 3.2.2.2 节使用的指标保持一致，本节同样使用专利测度空间基尼系数以及 EG 指数。考虑到样本的数量问题①，本节主要利用企业整体的专利申请规模测算上述指标，时间跨度依然为 1998—2013 年，数据来源为中国工业企业数据和国家知识产权局数据。测算结果如表 3-18 所示。

表 3-18 各高新技术行业的 Gini 测算结果

年份	12	15	28	29	33	39	45	年份平均
1998	0.08345	0.00963	0.02572	0.00900	0.00786	0.01227	0.02159	0.024216
1999	0.08611	0.01108	0.01938	0.06823	0.00999	0.01242	0.01995	0.032452
2000	0.07648	0.01411	0.01729	0.00758	0.00753	0.01328	0.02315	0.022774
2001	0.09984	0.02244	0.02963	0.00552	0.00685	0.01627	0.02775	0.029757
2002	0.09826	0.02221	0.03196	0.00957	0.01151	0.01504	0.09908	0.04109
2003	—	0.02187	0.07014	0.01032	0.01215	0.01562	0.03838	0.02808
2004	—	0.02493	0.07606	0.00391	0.00827	0.01740	0.04344	0.029002
2005	—	0.03026	0.07163	0.00409	0.01417	0.02265	0.04417	0.031159
2006	—	0.02667	0.06530	0.00432	0.00913	0.02385	0.04388	0.028856
2007	—	0.03528	0.11457	0.00455	0.01517	0.02396	0.04071	0.039039
2008	—	0.03954	0.11851	0.00389	0.01028	0.02111	0.04282	0.039356
2009	—	0.04568	0.12336	0.00559	0.02251	0.02001	0.04085	0.043001

① 在本书样本中，企业的专利申请数比发明专利申请数多了约 5 万观测值。

续表

年份	12	15	28	29	33	39	45	年份平均
2010	—	0.04110	0.05754	0.00487	0.01172	0.01960	0.04382	0.029775
2011	—	0.05061	0.13085	0.01458	0.01215	0.01489	0.03825	0.043554
2012	—	0.06243	0.12739	0.00933	0.01182	0.01494	0.03709	0.043835
2013	0.14125	0.05043	0.14838	0.01805	0.00603	0.01439	0.03844	0.059569
行业平均	0.09756	0.03176	0.07673	0.01146	0.01107	0.01735	0.04021	

数据来源：作者测算；其中“—”表示结果缺失。

从时间维度看，上述行业的集聚水平虽然具有一定的波动性，但在总体上表现出上升趋势，且存在三个明显的上升区间：2000—2002 年、2006—2009 年、2010—2013 年，此结果与前文 CR_n 测度创新集聚的变化趋势不同，这可能与此处选择特定的高新技术行业有关，但两者在 2010 年后总体向上的趋势依然类似。进一步分析，在 2000 年前后，由于高新技术开发区、经济开发区政策的不断深化和演进，以通信设备、计算机及其他设备制造业为代表的高新技术产业在政策的驱使下形成集聚，推动行业整体集聚水平的提升。此后，各地开发区政策如雨后春笋般涌现，使具有“松足性”的高新技术企业在地区间不断流动，形成“小集聚、大分散”格局，最终促使高新技术行业整体集聚水平下降。在 2008—2009 年金融危机的冲击下，高新技术企业基于生存动机重新选择“抱团取暖”，进而行业集聚水平重新回升，此后又逐渐下降、回升，最终形成创新集聚水平的周期性波动。

从行业维度看，上述行业中平均集聚水平最高为通信设备、计算机及其他设备制造业（12）；其次为通用设备制造业（28）、仪器仪表及文化、办公机械制造业（15）、医药制造业（45）；而电子机械及器材制造业（29）、交通运输设备制造业（33）、专用设备制造业（39）整体集聚水平较低。这一结果既与前文研究结论类似，同时也符合预期。考虑到空间基尼系数的局限性，表 3－19 进一步展示了这 7 个行业的 EG 指数，同时图 3－8 展示了 EG 指数与空间基尼系数共同的变动趋势。

表 3－19　　各高新技术行业的 EG 测算结果

年份	12	15	28	29	33	39	45	年份平均
1998	0.08271	0.01039	0.02749	0.00944	0.00842	0.01359	0.02088	0.02470
1999	0.08502	0.01227	0.02012	0.07741	0.01069	0.01386	0.01945	0.03412

续表

年份	12	15	28	29	33	39	45	年份平均
2000	0.07509	0.01530	0.01641	0.00797	0.00812	0.01475	0.02300	0.02295
2001	0.09822	0.02298	0.03319	0.00581	0.00744	0.01762	0.02946	0.03067
2002	0.09634	0.02624	0.03803	0.01091	0.01365	0.01701	0.11969	0.04598
2003	—	0.02513	0.08239	0.01177	0.01391	0.01822	0.04302	0.03241
2004	—	0.02764	0.09024	0.00416	0.00924	0.01951	0.05015	0.03349
2005	—	0.03304	0.08449	0.00446	0.01224	0.02589	0.05124	0.03522
2006	—	0.02949	0.07433	0.00344	0.00983	0.02655	0.04926	0.03215
2007	—	0.03680	0.12221	0.00404	0.01537	0.02604	0.04394	0.04140
2008	—	0.04292	0.12901	0.00368	0.01080	0.02280	0.04632	0.04259
2009	—	0.04393	0.13193	0.00520	0.02123	0.02109	0.04307	0.04441
2010	—	0.04472	0.06483	0.00352	0.01271	0.02191	0.04907	0.03279
2011	—	0.05259	0.12962	0.01310	0.01052	0.01518	0.03912	0.04335
2012	—	0.06417	0.12707	0.00613	0.01117	0.01508	0.03675	0.04340
2013	0.05348	0.05152	0.14456	0.01569	0.00258	0.01443	0.03484	0.04530
行业平均	0.08181	0.0337	0.08224	0.01167	0.01112	0.01897	0.0437	0.03655

数据来源：作者测算；其中“—”表示由于数据缺失无法计算。

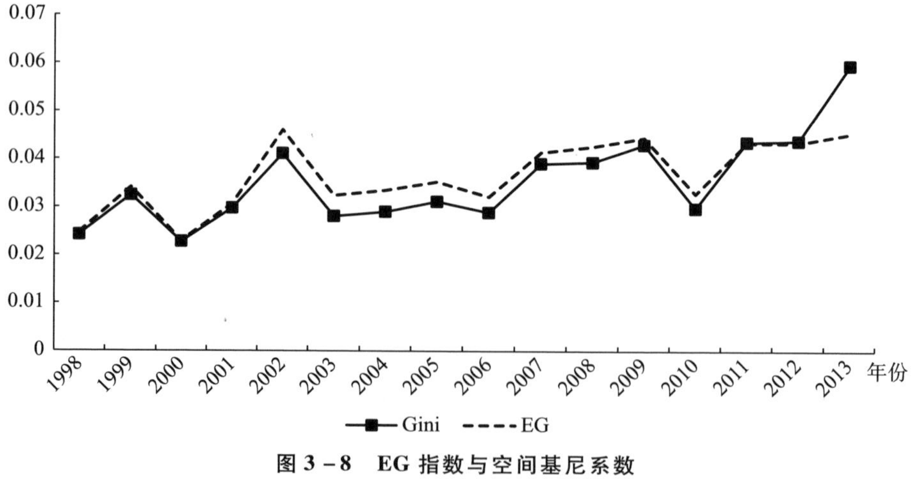

图 3-8 EG 指数与空间基尼系数

数据来源：作者绘制。

可以发现，空间基尼系数与 EG 指数的结果以及变动趋势基本保持了一致，这充分说明了前文结果的稳健性。同时，与上节做法类似，此处继续按照 Elilsion 和 Glaeser（1997）的分类标准，利用重新测算的 EG 指数对高新技术行业进行分类，具体结果如表 3－20 所示。和基于工业产值计算的 EG 指数相比，部分行业的分类组别发生了变化。具体来看，通用设备制造业（35）、医药制造业（45）分别从中、低集聚度组调升至高集聚度组，而仪器仪表及文化、办公机械制造业（41）则从高集聚度组调降低为中集聚度组。由于本节 EG 指数主要基于企业创新指标测算，因此结果可以更好地说明高新技术行业整体和分行业的创新集聚水平。

表 3－20　　　　　　　　高新技术行业创新集聚分类

行业类型	EG 指数范围	行业
高集聚度	$EG \geqslant 0.05$	通信设备、计算机及其他设备制造业（12）；通用设备制造业（28）
中集聚度	$0.02 \leqslant EG < 0.05$	仪器仪表及文化、办公机械制造业（15）、医药制造业（45）
低集聚度	$EG < 0.02$	电子机械及器材制造业（29）、交通运输设备制造业（33）、专用设备制造业（39）

数据来源：作者根据 EG 指数结果进行分类。

（2）基于 DO 指数的对比分析。此处，本书进一步将 DO 指数结果与新测度的空间基尼系数和 EG 指数进行比较。与前文处理方式类似，年份和行业集聚水平测度主要使用判定为集聚的年份（行业）占所有年份（行业）的百分比，具体结果如表 3－21 所示。

表 3－21　　　　　　　　高新技术行业 DO 指数测算结果

年份	12	15	28	29	33	39	45	年份占比
1998	1.0460	0.3780	0.0000	0.0000	0.0000	0.0000	0.0244	42.86%
1999	0.0000	0.2610	0.0000	0.0000	0.0000	0.0000	0.0000	14.29%
2000	0.5710	0.2410	0.0000	0.0000	0.0000	0.0000	0.0000	28.57%
2001	0.0000	0.1600	0.0000	0.0000	0.0000	0.0000	0.0000	14.29%
2002	0.2390	0.2170	0.0000	0.0000	0.0000	0.0448	0.0000	42.86%
2003	0.7430	0.0000	0.0000	0.7080	0.1480	2.4160	0.0000	57.14%
2004	0.6750	0.1440	0.0000	1.9360	0.1830	3.0250	0.0000	71.43%
2005	0.7110	0.0195	0.1300	1.7330	0.5170	3.3960	0.0000	85.71%
2006	0.6890	0.1670	0.1740	1.9720	0.6700	2.8840	0.0000	85.71%
2007	0.7150	0.1590	0.4310	2.0600	0.9720	2.1750	0.0000	85.71%
2008	0.6870	0.0000	0.4560	2.9320	0.9010	2.9980	0.0000	71.43%
2009	0.6000	0.0000	0.4430	2.8450	0.7250	3.2640	0.0000	71.43%
2010	1.5910	0.1130	1.0310	1.7870	0.8440	3.3990	1.0460	100.0%

续表

年份	12	15	28	29	33	39	45	年份占比
2011	0.4380	0.0174	0.1230	1.4150	0.5480	1.0130	0.0000	85.71%
2012	0.4100	0.0000	0.1270	1.4410	0.6400	1.1460	0.0000	85.71%
2013	0.0000	0.1110	0.0000	0.1660	0.0000	0.8510	0.0000	42.86%
行业占比	86.67%	80.00%	53.33%	73.33%	66.67%	80.00%	13.33%	61.61%

数据来源：作者测算。

首先，从时间趋势上看，基于 DO 指数测算的高新技术产业集聚度经历了先上升后下降的变化趋势，这一结果和 CR_n 以及 LQ 的测算结果十分类似。但是，由于高新技术产业所对应的行业数量有限，因此使用占比描述创新集聚水平可能会产生一定的误差，但其结果同样具备参考价值。可以发现，在排除 MAUP 问题后，中国高新技术产业的集聚水平在短周期上经历了从升到降→再升再降的总体变化趋势，但其长周期的演化趋势与 CR_4 的结果保持了较强的一致性。进一步地，由 DO 指数测算的集聚行业占比同滞后一阶的空间基尼系数或是 EG 指数存在较强关联性（如图 3－9 所示），这可能是由于部分高新技术企业的行为（包括高新技术企业的设立或是迁址）与既有的创新集聚中心发展并不同频：部分企业在选址过程中，可能并非关注某一地区的发展潜力，而是更多地考虑已有的创新资源禀赋；而设立新企业或是迁址需要一定的时间，这就导致了 DO 指数的滞后性。由当前数据来看，这一时滞期应当在一年以上。此外，高新技术产业中，除了医药制造业外，其余所有行业被认定为存在集聚年份占比均超过 50%，其中最高的行业依然为通信设备、

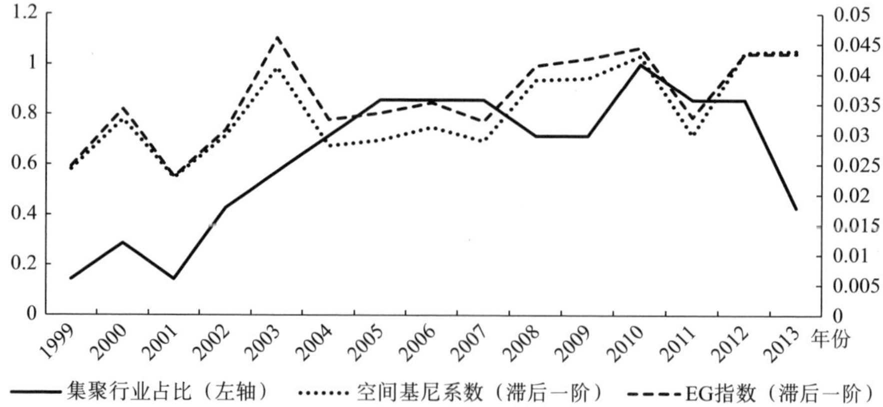

图 3－9　高新技术行业集聚行业占比、空间基尼系数与 EG 指数

数据来源：作者测算。

计算机及其他设备制造业（12），在所有样本年中，该行业有86.67%的年份被认定为存在产业集聚。

3.2.3　技术创新发展的特征总结

本节首先分析了中国技术创新发展的整体情况，并从区域和行业两个维度，通过行业集中度指标（CR_n）、区位熵指标（*LQ*）、空间基尼系数（*Gini*）、EG指数（*EG*）以及DO指数（*DO*），探讨了中国高新技术产业整体集聚水平的时空演化。

从整体看，无论从创新的投入指标还是产出指标，中国的高新技术产业正处在发展的"快车道"，创新发展成绩斐然。审视国际环境，虽然部分创新指标已经实现"超车"，但中国的综合创新能力与欧美日韩等发达国家依然存在较大的差距。

从区域层面看，中国具有较高的创新集聚度，但在空间分布上呈现出较强的梯度特征，即创新集聚水平"从北至南、从西至东"逐渐增加，高创新集聚省份主要集中在东部沿海地区。随着时间推移，各地区创新规模均显著扩大，原有的"创新高地"强势依旧，"新高地"也不断涌现。与分析产业集聚小节的研究发现类似，不同地区的创新集聚度存在一定的周期性波动。

从行业层面看，多指标下高新技术行业相对于其他类行业均拥有更高的行业集聚水平，其中以通信设备、计算机及其他设备制造业为甚。同时，不同行业的集聚水平同样存在周期性波动，但是整体的集聚水平相对稳定。

3.3　产业集聚与技术创新的关联性讨论

本书已在文献综述部分中基于相关理论讨论了产业集聚与技术创新的关联性，此节内容在于整合3.1节、3.2节的研究内容，较为定性地分析了两者之间的关联性。

3.3.1　空间布局一致性

中国产业与创新要素的空间布局保持了较强一致性。一方面，产业要素与创新要素均保持了较高的集聚性特征，且这一特征无论在短期还是长期均具有较强的持续性。另一方面，就区域而言，产业集聚区与创新集聚区重合度较高，具体来说，中国的东南沿海地区既是相关产业高度集聚的地区，同时也是全国的创新高地。此后，部分离散的区域性产业集聚中心在非东南沿海地区逐步形成这部分地区创新集聚的水平也相应提升。虽然产业集聚与技术创新之间可能存在内生性关联，但至少在宏观区域维度可以认为两者具有较强的相关性。

3.3.2 发展趋势一致性

在时间维度上，产业与区域技术创新的变化趋势也保持了一定的相似性。一方面，在多元指标下，产业集聚整体的变化趋势与创新集聚具有较强的相似性：如图 3-10、图 3-11 所示，各滞后一阶的工业行业集聚指标均值无论从总体趋势上还是局部变动上均与高新技术产业的变动趋势具有较强的相似性[①]。另一方面，从个体的变动趋势来看，在某一时点后，部分地区（如成渝地区、两湖地区等）技术创新水平的显著提升总是伴生于产业集聚的提升。

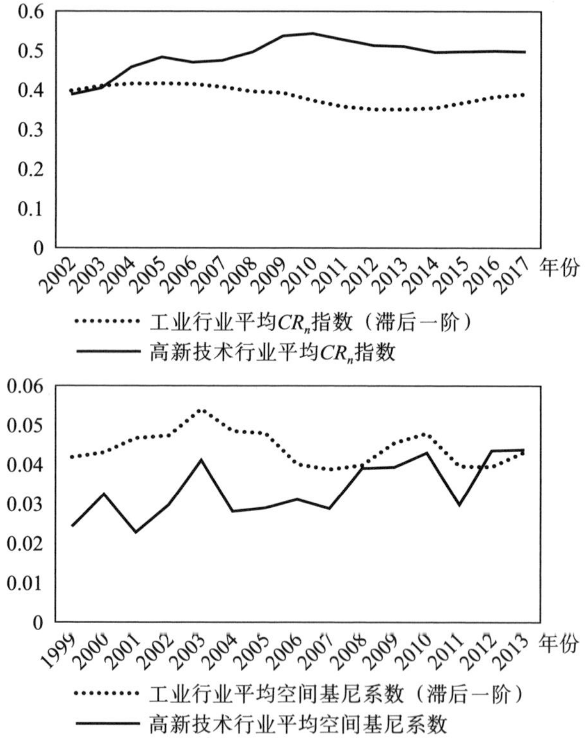

图 3-10 工业行业、高新技术行业平均 CR_n 指数与空间基尼系数

数据来源：作者绘制。

① 实际上，滞后一阶的处理还有利于控制产业集聚与技术创新间的内生性关联。

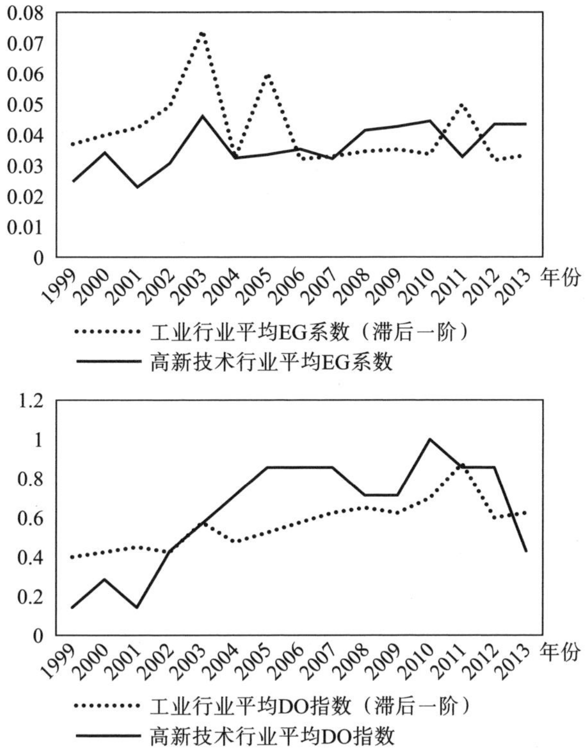

图 3－11　工业行业、高新技术行业平均 EG 指数与 DO 指数

数据来源：作者绘制。

虽然样本涉及的时间范围有限，但是依然有理由认为产业集聚与技术创新间存在重要关联。

需要指出的是，在讨论产业要素与创新要素的关联性时，两者之间可能存在较强的包含关系，即产业要素可能包含部分创新要素，这在某种程度上可能会影响本章的研究结论。但是，从具体内容来看，本章仅剖析了产业要素集聚与创新要素集聚的表层关联性，旨在基于“定性”视角对问题进行分析，而本书的后续章节则将进一步通过更为严谨的理论分析及实证分析阐明两者之间的具体关联。

3.4　本章小结

本章基于产业与创新双维度，从整体、区域与行业三个层面探讨了产业与创新要素的时空演化，并进一步讨论了两者的关联性。首先，本章基于平均用工人数、主营业务收入等工业指标，以及 R&D 人员全时当量、发明专利申请授权数等创新指标，从投入与产出两个角度，分别阐述了中国工业行业以及高新技术行业的整体发展情况。其次，通过刻画产业的空间分布，结合行业集中度（CR_n）、区位熵（LQ）等指标，在区域层面对工业行业与高新技术行业的空间布局以及演化趋势进行分析。再次，通过测算空间基尼系数（$Gini$）、EG 指数（EG）以及 DO 指数（DO），进一步探究了中国工业行业与高新技术行业的集聚情况以及发展趋势。最后，从空间与时间两个维度分析了产业集聚与技术创新的关联性。

本章发现：

第一，中国产业发展经历了由快速增长向高质量增长的转变，且空间分布呈现出“强者恒强”的特点：以京津冀、长三角、珠三角为代表集聚区（省份）的产业规模不断壮大；但是，随着中国现代化水平的不断攀升，其他地区的产业集群不断涌现，产业集聚的红利正在以“小集聚”的形式在“大集聚”周边地区不断铺开，辐射效应凸显。同时，在中国产业政策、经济形势以及外部经济环境的交叠影响下，不同行业的集聚水平逐渐分异，并呈现出周期性波动的特点。

第二，中国正处在高新技术产业发展的“快车道”，虽与头部国家仍存在差距，但差距正逐步缩小。与产业集聚类似，中国的创新集聚依然呈现出“强者恒强”的特点：东南沿海省份一直处于头部位置且较为稳定。随着时间推移，新的创新高地不断涌现，原有创新集群产生的辐射效应也不断加强。从整体来看，高新技术行业相对于其他行业拥有更高的集聚水平，并在时间维度上呈现出周期性波动的特点。

第三，中国产业格局与创新发展存在重要关联，这主要体现在两个方面。一是空间布局一致性：首先，产业与技术创新都保持了较高的集聚性特征；其次，产业集聚区与创新集聚区域重合度较高。二是发展趋势一致性：首先，产业集聚的整体变化趋势与创新具有较强的相似性；其次，从各区域自身的变动趋势来看，技术创新水平的提升总是伴生于产业集聚水平的提升。上述发现为论证本书观点以及后文的研究提供了一定的现实支撑。

第 4 章　区域视角下的产业集聚与技术创新：理论与实证

根据第 2 章中的文献梳理与第 3 章概要性的定量分析，可以发现中国区域间的产业集聚与技术创新可能存在较强的相关性与空间协同性。因此，本章在前文研究的基础上，首先，基于熊彼特创新理论框架，构建了包含集聚经济与区位技术创新的内生增长模型，在理论层面探讨了产业集聚对技术创新的影响效应。其次，本章进一步基于区域层面数据构建了计量模型与核心指标，实证分析了产业集聚的创新效应，在解决内生性问题的基础上，还进行了异质性分析、空间计量分析，并探讨了两者间可能存在的非线性关联。

4.1　引言

当前中国经济已经从高速发展阶段逐渐转向高质量发展阶段，其中制造业的作用举足轻重。“十四五”规划指出，要在发展战略性新兴产业的基础上，推动先进制造业集群的发展，形成新的增长引擎，培育新技术、新产品、新业态、新模式，提升产业链的现代化水平[①]。此前，《中国制造 2025》与党的十九大报告也强调了加快发展先进制造业，建设制造业强国的主体要求。在此背景下，中国各地区政府着手推进建设具有地区特色的代表性产业集群，并进一步借助产业集群的辐射效应构建跨区域的产业空间，其中以长三角、京津冀、粤港澳等地区最具代表性。区域性产业集聚的形成，有利于充分打破区域间要素流动的桎梏，形成不同区域、行业间的双向互补与协同联动机制（原毅军与高康，2020）。

从概念来看，现有产业集聚的概念已经从单一行业集聚向多行业的协同

① “十四五”规划全文参考：http：//www. gov. cn/zhengce/2020 - 11/03/content_5556991. htm.

集聚延伸，这于理论上也体现在从 Marshall 外部性向 Jacobs 外部性这一理论的路径延伸。因此，现有文献在讨论产业集聚的过程中，更多地探讨多行业集聚这一方向，其中以生产性服务业集聚为甚。例如，Ke 等（2014）讨论了中国城市层面的生产性服务业集聚问题；刘奕等（2017）则讨论了生产性服务业集聚与地区产业升级之间的关联性等。生产性服务业集聚即在一定区域内，大量生产性服务业行业按照一定的规律集中布局的现象，因而其除了具备传统文献中所涉及的、产业集聚具备的一般正外部性外，还有助于推进区域内的行业分工、拓展现有的产业链、降低信息成本、实现地区技术创新水平的提升，并最终推动产业的技术性、结构性升级（韩峰与阳立高，2020）。在集聚指标形成的过程中，本章参考了现有文献的做法，将传统研究中基于一般工业或制造业构建产业集聚指标的做法进行了外延，进而构建了基于生产性服务业与基础制造业的产业集聚指标，具体的测算方法则可以参考 4.3 节中的做法。

同时，根据创新理论，“创造性破坏”等机制的存在，使创新活动可以有效地推动技术进步与产业升级，从而更好地推动经济的内生增长，这也为实现现阶段中国供给侧结构性改革、创新驱动发展战略以及全面建设社会主义现代化强国赋予了动能，也为优化经济结构提供了重要的理论依据。因此，本章将首先在熊彼特创新理论的框架下，结合集聚经济，在理论上分析和探讨产业集聚对技术创新的影响效应；并进一步构建相应的实证策略进行计量分析。

值得说明的是，本章的理论模型并没有特别针对产业集聚的作用机制进行建模，这与本书的主体结构相关。其中，本书的第 6 章将对产业集聚影响技术创新具体机制或影响路径进行更深层次的剖析，本章内容则侧重于分析产业集聚，特别是结合了生产性服务业的产业集聚对技术创新的影响。本章结构如下：4.2 节主要构建了相应的理论模型，并进行了推演分析与假说构建；4.3 节主要介绍了实证策略，包括具体的指标构建、数据来源以及相关指标的描述性统计；4.4 节主要报告了实证结果并进行了相应分析；4.5 节则是本章小结。

4.2 理论模型构建与分析

4.2.1 理论分析框架

本章的理论框架可以溯源至 Aghion 和 Howitt（2009），在其研究的基础上，创新性地将产业集聚、空间外部性以及技术创新等要素结合，最终形成了本章的主体分析框架。与原有的框架相比，其不仅强调了产业集聚对技术创新的一般性影响，还创新性地引入了产业集聚的空间效应以及产业集聚自身的正负双向外部性。可以说，这一框架不仅有助于厘清产业集聚与技术创新之间的协同关联，同时还综合分析了多维因素的影响。

模型主要有如下假设：首先，假定经济体中包含 N 个地区，且每个地区拥有 K 个制造业行业，每个行业各自生产一种最终品 Y；从要素投入来看，最终品的生产需要劳动力 L 与中间品 m，且最终品市场与中间品、劳动力市场均为完全竞争市场；厂商选择使用最新的技术生产中间品，而正是中间品部门厂商的技术创新决定了行业 k 的技术水平，并进一步影响整个区域乃至宏观经济的整体技术水平。换句话说，在本框架中，经济体的技术创新与技术进步依赖于中间品部门的创新水平；而中间品部门的技术创新则受到制造业创新规模以及其他生产性服务业行业，包括金融、信息技术、通信、科研行业的影响。模型具体设定与推导过程如下：

4.2.1.1　最终品部门与厂商行为

借鉴此前 Aghion 和 Howitt（2009）的基本框架，本章设定经济中最终品生产函数的形式如式（4－1）所示，即厂商投入劳动力 L 与专业化的中间品 m，并基于现有的技术水平 A 进行最终品 Y 的生产，其中中间品的连续统为 1。

$$Y_{ikt} = L_{ikt}^{\alpha}\int_0^1 A_{ikt,m}^{\alpha} m_{ikt}^{1-\alpha} dm \tag{4-1}$$

式（4－1）中，Y_{ikt}表示地区 i 制造业 k 在 t 时刻所生产的最终品数量；L_{ikt}则对应了劳动品 L 的投入，且行业 1 到行业 K 所有的劳动力投入之和为 L_{it}，也代表了制造业行业的总就业量，即：

$$\sum_{k=1}^{K} L_{ikt} = L_{it} \tag{4-2}$$

m_{ikt}表示用于最终品生产所投入的专业化中间品；A_{ikt}则是 t 时刻 i 地区中 k 制造行业整体的技术水平、生产效率或是全要素生产率（TFP），其中 α 表示最终品产出 Y 对 A 与 L 的弹性系数，$(1-\alpha)$ 为中间品的弹性系数，且 $\alpha \in (0,1)$。式（4－2）的设定符合一般研究中最终品生产所服从规模报酬不变的特征，同时也能够满足凹性特征与稻田条件。

此时，在劳动力价格 w_{ikt}与中间品价格 $p_{ikt,m}$既定的情况下，代表性厂商将通过配置中间品要素和劳动力要素来实现利润最大化。此处，假定最终品的价格为 P_{ikt}，则代表性厂商的利润函数可以表示为式（4－3）：

$$\pi_{ikt} = P_{ikt} L_{ikt}^{\alpha} \int_0^1 A_{ikt,m}^{\alpha} m_{ikt}^{1-\alpha} dm - (w_{ikt} L_{ikt} + \int_0^1 p_{ikt,m} m_{ikt} dm) \qquad (4-3)$$

式（4-3）中，等号左侧 π_{ikt}表示 i 地区 k 行业在 t 时刻代表性厂商的利润；等号右侧，第一个减号前的部分表示代表性厂商通过出售中间品获得的收入；减号的右侧则表示厂商的要素投入成本，两者之差即为代表性厂商利润。根据式（4-3），进一步对劳动力 L 取一阶条件：

$$\frac{\partial \pi_{ikt}}{\partial L_{ikt}} = \alpha P_{ikt} L_{ikt}^{\alpha-1} \int_0^1 A_{ikt,m}^{\alpha} m_{ikt}^{1-\alpha} dm - w_{ikt} = 0 \qquad (4-4)$$

根据式（4-4）可得，在劳动力市场与中间品市场为完全竞争市场的条件下，厂商获得最大利润时劳动力价格 w_{ikt}的表达式：

$$w_{ikt} = \alpha P_{ikt} L_{ikt}^{\alpha-1} \int_0^1 A_{ikt,m}^{\alpha} m_{ikt}^{1-\alpha} dm \qquad (4-5)$$

可知，劳动力价格 w 同时受到产出弹性 α、最终品价格 P、技术水平 A（生产效率）与中间品 m 的共同影响。进一步地，基于式（4-3）求取对投入要素 m 的一阶条件，此时可以获得厂商利润最大化条件下中间品价格 $p_{ikt,m}$的表达式，即式（4-6）。可见，与劳动力价格 w 类似，中间品价格 p 同样受到产出弹性 α、最终品价格 P、技术水平 A 等因素的协同影响。

$$p_{ikt,m} = (1-\alpha) P_{ikt} L_{ikt}^{\alpha} A_{ikt}^{\alpha} m_{ikt}^{-\alpha} \qquad (4-6)$$

4.2.1.2 中间品部门与厂商行为

针对中间品部门，假定行业 k 中厂商均使用最新技术进行中间品生产，且生产的中间品 m 仅可作为最终品部门的投入要素；同时，中间品在自身的完全竞争市场进行交易。从中间品厂商出发，为了遏制中间品部门中其他企业通过技术创新来获取垄断利润，部门内各企业均会实施研发“锦标赛”，通过不断加大研发投资来提升技术水平与生产效率，而技术创新的成功率则依赖于整体创新风险的大小。此处，假定创新成功的可能性（概率）为 $\tau_{ikt,m}$，则对应创新失败的概率为 $1-\tau_{ikt,m}$（创新风险）。对于特定的地区或特定行业来说，如果本地区或本行业的 τ 越高，则说明本地区或本行业技术创新水平也越高。进一步地，在厂商成功创新后，既有的技术水平 A_{ikt}将会在下一期获得 γ_{ikt}的加成，且 $\gamma_{ikt}>0$，此时对应的概率（创新成功概率）为 $\tau_{ikt,m}$；与此对应，若本期的技术创新失败（此时概率为 $1-\tau_{ikt,m}$），则现有的技术水平将与 $t-1$期保持不变（即 $A_{ikt}=A_{ikt-1}$），此时厂商并不会获得技术加成 γ_{ikt}。这两种情况如式（4-7）所示：

$$\begin{cases} A_{ikt-1,m} \Rightarrow (1+\gamma_{ikt})\ A_{ikt-1,m}; & \tau_{ikt,m} \\ A_{ikt-1,m} \Rightarrow A_{ikt-1,m} & ;\ 1-\tau_{ikt,m} \end{cases} \tag{4-7}$$

行业 k 中，代表性中间品厂商将选择最佳的要素投入以实现利润最大化，其所面临的利润函数可以表示为：

$$\pi_{ikt,m} = p_{ikt,m} \times m_{ikt} - m_{ikt} \tag{4-8}$$

此处借鉴 Aghion 等（2016）的设定，将最终品价格 P 进行归一化处理，即假定 $P_{ikt}=1$，这对于后续推导也将有所裨益。因此式（4－9）可以重新写作：

$$\pi_{ikt,m} = p_{ikt,m} \times m_{ikt} - P_{ikt} m_{ikt} \tag{4-9}$$

将中间品价格 p，即式（4－6），代入式（4－9）中，则中间品厂商的利润函数 $\pi_{ikt,m}$ 可以进一步表示为：

$$\pi_{ikt,m} = (1-\alpha) P_{ikt} L_{ikt}^{\alpha} A_{ikt}^{\alpha} m_{ikt}^{1-\alpha} - P_{ikt} m_{ikt} \tag{4-10}$$

式（4－10）中，等号右侧，减号之前的部分表示中间品厂商的收入；等号右侧代表生产中间品的成本，这一成本依赖于厂商生产的中间品数量 m。由于最终品价格 P 已经进行了归一化处理，因此式（4－9）的值与式（4－10）相等。相应地，对式（4－10）求取关于中间品产量 m_{ikt} 的一阶导数：

$$\frac{\partial \pi_{ikt,m}}{\partial m_{ikt}} = (1-\alpha)^2 P_{ikt} L_{ikt}^{\alpha} A_{ikt,m}^{\alpha} m_{ikt}^{-\alpha} - P_{ikt} = 0 \tag{4-11}$$

处理后，即可以获得此时中间品厂商的最优产量 m^*：

$$m_{ikt}^{*} = (1-\alpha)^{\frac{2}{\alpha}} L_{ikt} A_{ikt,m} \tag{4-12}$$

可以发现，中间品厂商生产的最优规模 m^* 同样受到产出弹性 α、现有技术水平 A 以及劳动力要素投入 L 的影响，且与 $A_{ikt,m}$、L_{ikt} 均呈现出正向关联。将最优中间品生产规模 m^* 重新代入到中间品厂商的利润函数式（4－10）中，则可以得到在最优生产规模下厂商的利润 $\pi_{ikt,m}^{*}$：

$$\begin{aligned} \pi_{ikt,m}^{*} &= (1-\alpha) P_{ikt} L_{ikt}^{\alpha} A_{ikt,m}^{\alpha} (1-\alpha)^{\frac{2(1-\alpha)}{\varepsilon}} L_{ikt}^{1-\alpha} A_{ikt,m}^{1-\alpha} - P_{ikt} (1-\alpha)^{\frac{2}{\alpha}} L_{ikt} A_{ikt,m} \\ &= \alpha (1-\alpha)^{\frac{2-\alpha}{\alpha}} P_{ikt} L_{ikt} A_{ikt} \end{aligned} \tag{4-13}$$

与最优规模类似，中间品部门中代表性厂商最优利润同样受到产出弹性 α、现有技术水平 A 以及劳动力要素投入 L 的影响，且与此三者均呈正向关联。

进一步分析中间品部门的研发创新行为。为了追求垄断利润或是不落后于部门内的其他个体，每个厂商都将增加投入来进行产品研发创新活动（以下简称 R&D）。借鉴 Aghion 和 Howitt（2009）的做法，假定在 t 时刻 k 行业中厂商关于中间品 m 进行研发投入时，创新成功的概率 $\tau_{ikt,m}$ 依赖于研发投入量 $R_{ikt,m}$，此时 $\tau_{ikt,m}$ 可以表示为：

$$\tau_{ikt,m} = \phi_{ikt}\left[\frac{R_{ikt,m}}{A_{ikt,m}^{new}L_{ikt}}\right]^{\eta} \tag{4-14}$$

其中，$R_{ikt,m}/L_{ikt}$ 代表单位劳动力的 R&D 投入，这一做法的优点在于可以避免由人口扩张所产生规模效应对模型的影响；ϕ_{ikt} 表示 i 地区 k 行业在 t 时刻整体的 R&D 效率参数；$A_{ikt,m}^{new}$ 则是创新成功后新的中间品生产效率；η 则是相应的弹性系数，且 $\eta \in (0,1)$。这一设定具有逻辑合理性：首先，对于创新成功的概率 τ 而言，行业 k 本身应当具备既有的研发效率参数 ϕ；其次，遵循一般的经济学逻辑，厂商的 R&D 投入越高，最终创新成功的概率也将越高；再次，创新成功的概率与 $t+1$ 时刻的企业新的技术水平 A^{new} 成反比，这本身也与技术的特点息息相关，即更为先进的技术所面临的技术风险也越高。最后，根据式（4－14）可以推导出厂商 R&D 投入的表达式：

$$R_{ikt,m} = L_{ikt}A_{ikt,m}^{new}\left(\frac{\tau_{ikt,m}}{\phi_{ikt}}\right)^{\frac{1}{\eta}} \tag{4-15}$$

与获得最优利润类似，厂商将通过选择最优的 R&D 投入量来实现利润最大化。结合 R&D 投入，厂商所对应的利润函数为：

$$\prod_{ikt} = \pi_{ikt,m}^{*} \cdot \tau_{ikt,m} - R_{ikt,m} = \pi_{ikt,m}^{*} \cdot \tau_{ikt,m} - P_{ikt}R_{ikt,m} \tag{4-16}$$

其中，$\prod_{ikt}$ 表示利润函数；第一个等号右侧，减号左侧表示企业进行研发后所获得的收入，减号右侧对应企业进行 R&D 投入的成本。根据此前所设定的 $P_{ikt}=1$，利润函数可以进一步转化为第二个等号右侧的形式。此时，进一步结合式（4－13）、（4－14）、（4－15）与（4－16），中间品厂商的技术创新函数可以表示为：

$$\prod_{ikt} = \alpha(1-\alpha)^{\frac{2-\alpha}{\alpha}}P_{ikt}L_{ikt}A_{ikt,m}\tau_{ikt,m} - P_{ikt}L_{ikt}A_{ikt,m}\left(\frac{\tau_{ikt,m}}{\phi_{ikt}}\right)^{\frac{1}{\eta}} \tag{4-17}$$

可知，中间品厂商技术创新的利润 $\prod$ 与产出弹性 α、现有技术水平 A、劳动力要素投入 L、创新成功率 τ 以及创新效率参数 ϕ 有关。根据式（4－17），令厂商创新的利润函数 $\prod_{ikt}$ 对 $\tau_{ikt,m}$ 取一阶导数，可以得到在厂商创新利润最大化前提下，创新成功率 $\tau_{ikt,m}$ 的表达式：

$$\tau_{ikt,m} = (\alpha\eta)^{\frac{\eta}{1-\eta}}(1-\alpha)^{\frac{(2-\alpha)\eta}{\alpha(1-\eta)}}\phi_{ikt} \tag{4-18}$$

根据式（4-18），中间品部门的创新主要依赖于产出弹性 α、创新概率弹性 η 以及当前环境下技术创新的研发效率参数 ϕ，且创新成功的概率与研发效率参数 ϕ 存在直接正相关性。

从厂商角度看，进行技术创新和研发活动不仅需要厂商自身对于其中所涉及的因素进行综合、全面的评估（包括宏观经济分析、行业分析、企业自身优劣势分析以及竞争者分析等），还需要企业拥有充分的技术储备、资金规模以及人力资源，进而形成对企业研发与创新行为充分而有效的支撑体系与创新网络。此外，在创新成功后，企业还需要进行相应的技术转化，其中包括技术的商用化、品牌化以及其他市场化经营，辅以与之匹配的营销等服务。与此相关的产业包括但不限于：金融行业、IT 行业、通信行业、科研行业、交通行业等。

多行业的协同集聚不仅让企业受益于本行业集聚的正外部性，也能够让其他行业充分享受多行业集聚所带来的多元化集聚优势（Jacobs，1969）。从此角度看，空间距离的缩短以及多行业集聚所构建的综合稳定型创新环境能够充分提升不同行业主体间的创新协同性，并通过多样化的集聚效应提高创新效率。而主体间的相互学习以及知识的社会化过程可以充分提高集聚所带来的创新动态优势（Camagni 和 Capello，2002）。

从第 3 章的研究内容来看，具有较多研发活动的企业通常也处于生产性服务业相对集中的地区，这主要是由于企业在集聚区内可以快速便利地获取其所需的生产性服务产品，如金融资本、项目咨询、技术支持等。这不仅能够有效减少企业在研发创新过程中的时间成本与协调成本，同时还能够通过集聚区企业间的劳动力市场优势、知识技术溢出等效应来降低研发风险，提高技术创新成功率。

根据以上分析，同时借鉴韩峰和阳立高（2020）的做法，将当前环境下的创新研发效率参数 ϕ 描述为一个包含产业集聚变量 θ 的函数，具体形式如式（4-19）所示：

$$\phi_{ikt} = \lambda\psi_{it}(\theta_i) \tag{4-19}$$

式（4-19）中，λ 为定值参数，表示所有地区共有的外生技术进步，且 $\lambda>0$；θ_i 表示 i 地区整体的产业集聚水平，且其对 ϕ 的影响主要依赖于函数 ψ_{it}（θ_i）①。

① 此处并没有具体给出函数 ψ_{it}（θ_i）的具体形式，但后续的推导将对这一问题进行展开论述。

4.2.1.3 行业整体的技术创新（技术进步）分析

根据此前的推导，可以获得最终品 Y 以及利润最大化前提下中间品生产规模 m^*，如式（4-20）所示：

$$\begin{cases} Y_{ikt} = L_{ikt}^{\alpha}\int_0^1 A_{ikt,m}^{\alpha} m_{ikt}^{1-\alpha} dm \\ m_{ikt}^{*} = (1-\alpha)^{\frac{2}{\alpha}} L_{ikt} A_{ikt} \end{cases} \quad (4-20)$$

此时，将最优中间品生产规模 m^* 代入最终品生产函数，可以得到地区 i 行业 k 在 t 时刻的最终品总产出：

$$Y_{ikt}^{*} = L_{ikt}^{\alpha}\int_0^1 A_{ikt,m}^{\alpha}(1-\alpha)^{\frac{2(1-\alpha)}{\alpha}} A_{ikt,m}^{1-\alpha} L_{ikt}^{1-\alpha} dm = (1-\alpha)^{\frac{2(1-\alpha)}{\alpha}} L_{ikt}\int_0^1 A_{ikt,m} dm \quad (4-21)$$

其中，$\int_0^1 A_{ikt,m} dm = A_{ikt}$，表示行业 k 的中间品平均技术水平或平均生产效率水平。根据式（4-18），中间品厂商创新成功的概率依赖于行业 k 所对应的创新效率参数 ϕ_{ikt}。在整体经济趋向均衡的过程中，行业 k 内所有厂商生产中间品 m 的成功概率也将趋同，此时所有厂商所共同面临的创新成功概率均为 τ_{ikt}。因此，在均衡状态下，该经济体中最终品的最优生产规模可以进一步表示为：

$$Y_{ikt}^{*} = (1-\alpha)^{\frac{2(1-\alpha)}{\alpha}} A_{ikt} L_{ikt} \quad (4-22)$$

可以发现，最终产出取决于产出弹性 α、经济的技术创新效率 A 以及劳动力要素的投入 L，且与 A、L 成正比。进一步结合式（4-7）：在 t 时刻，区域整体所面临的期望技术水平可以表示为：

$$\begin{aligned} E(A_{ikt}) &= \int_0^1 (1+\gamma_{ik}) A_{ikt-1}\tau_{ikt,m} dm + \int_0^1 A_{ikt-1}(1-\tau_{ikt,m}) dm \\ &= (1+\gamma_{ik}) A_{ikt-1}\tau_{ikt} + A_{ikt-1}(1-\tau_{ikt}) \\ &= A_{ikt-1}(\gamma_{ik}\tau_{ikt}+1) = A_{ikt} \end{aligned} \quad (4-23)$$

可知，t 时刻行业的技术效率 A_{ikt} 依赖于 $t-1$ 时刻的技术水平（也可以看作上期的技术储备或技术积累），当期的创新效率 τ 以及创新成功后技术加成率 γ。根据式（4-23），可以最终得到行业 k 在现有条件下整体技术进步水平 T_{ikt} 的表达式：

$$T_{ikt} = \frac{A_{ikt} - A_{ikt-1}}{A_{ikt-1}} = \frac{A_{ikt-1}(\tau_{ikt} + \gamma_{ik}\tau_{ikt} + 1 - \tau_{ikt} - 1)}{A_{ikt-1}} = \gamma_{ik}\tau_{ikt} \quad (4-24)$$

结合式（4－13），将此前推导得到的创新成功率τ_{ikt}代入式（4－24），可以获得位于地区i的行业k在t时刻于区域层面的技术创新（技术进步）表达式，即：

$$T_{ikt} = \gamma_{ik}(\alpha\eta)^{\frac{\eta}{1-\eta}}(1-\alpha)^{\frac{(2-\alpha)\eta}{\alpha(1-\eta)}}\phi_{ikt} = \lambda\gamma_{ik}(\alpha\eta)^{\frac{\eta}{1-\eta}}(1-\alpha)^{\frac{(2-\alpha)\eta}{\alpha(1-\eta)}}\psi_{ikt}(\theta_i) \tag{4-25}$$

从最终结果来看，地区层面最终技术创新由以下因素决定：地区共有且固定的外生技术进步λ、创新成功后的技术加成率γ、产出弹性α、创新成功概率的弹性η以及产业集聚的影响函数$\psi_{ikt}(\theta_i)$。以式（4－25）为基础，4.2.2节将针对函数$\psi_{ikt}(\theta_i)$进行进一步分析。

4.2.2　产业集聚的影响效应分析

首先，在不确定影响函数$\psi_{it}(\theta_i)$具体形式的前提下，直接求取技术进步函数T_{ikt}关于产业集聚水平θ_i的一阶导数：

$$\frac{\partial T_{ikt}}{\partial\theta_i} = \frac{d\psi_{it}(\theta_i)}{d\theta_i}\lambda\gamma_{ik}(\alpha\eta)^{\frac{\eta}{1-\eta}}(1-\alpha)^{\frac{(2-\alpha)\eta}{\alpha(1-\eta)}} \tag{4-26}$$

根据此前模型的设定，除了$d\psi_{it}(\theta_i)/d\theta_i$外，剩余部分的具体函数值均大于零，因此，可以认为区域技术创新的整体进步水平取决于产业集聚的具体效应，其主要包含以下三种情况：

$$\left\{\frac{d\psi_{it}(\theta_i)}{d\theta_i} > 0;\ \frac{d\psi_{it}(\theta_i)}{d\theta_i} = 0;\ \frac{d\psi_{it}(\theta_i)}{d\theta_i} < 0\right\} \tag{4-27}$$

由此，根据上述分析，可以得到命题1。

命题1：在上述模型框架中，区域内整体的技术创新水平将受到产业集聚水平的影响，且具体效应依赖于产业集聚当前状态下所产生的净边际效应①。若产业集聚的净边际效应为正，则产业集聚将正向促进区域的技术创新发展；若净边际效应为零，则产业集聚不会对技术创新产生显著影响；若净边际效应为负，则产业集聚将抑制创新。

大量研究表明，产业集聚作为一种本地化的生产经营模式，可以通过本行业以及多行业的生产网络链接、资源流动以及信息共享，从而降低企业自身的创新成本与创新风险，继而对企业产生相当的正外部经济效应

① 根据前文分析，产业集聚对技术创新可能产生正负双向影响，因而此处强调了产业集聚的净效应，即正负影响相互抵消后产业集聚表象“剩余”效应。

（Rosenthal 和 Strange，2004；Mole 等，2009）。因此，依据主流文献的研究发现与结论，预计产业集聚所形成的净边际效应为正。

进一步地，本章将扩展现有的理论框架，讨论包含空间效应的模型形式。通常来说，厂商生产所需要的服务并非完全来源于本地区，部分本地区的生产性服务有时可能无法充分满足本地区技术创新活动的需求。此时，周边地区的生产性服务业供给，特别是部分“创新高地”（如北京、上海、苏州、深圳等）可以对本地的技术创新形成有效补充与支撑，让本地实现技术创新的“搭便车”，这也从侧面体现了创新高地的辐射效应。Ertur 和 Koch（2007）指出，创新存在较强的空间依赖性，换句话说，即本地区的创新能力也受到其他地区的创新能力的影响。但是，由其他地区所形成的创新辐射强度也会因地理距离、制度差异、地方保护等因素的存在而受到影响。

从信息论视角来看，Porteous（1995）认为信息可以分为两类，即“编码信息”与“默示信息”。其中，“编码信息”是指可以转化为文字、图像的标准化信息，这类信息并不受地理距离的限制，可以矢量化、远距离、低成本传输，这在一定程度上弱化了传统经济地理学中的距离摩擦。但是，以个人经验、社会关系网络、企业声誉等为代表的“默示信息”则很容易在传播过程中产生距离损耗，信息量的衰减很有可能使信息含义模糊，因而空间距离加大了此类信息的传播成本。

根据上述分析，此处对原有框架进行进一步拓展。具体来说，在技术创新环境函数 ϕ 中引入空间效应，以刻画区域间创新可能存在的空间依赖性。具体形式如式（4－28）所示：

$$\phi_{ikt} = \lambda\psi_{ikt}(\theta_i) \times \sum_{j\neq i}^{N} w_{ij}\psi_{jkt}(\theta_j)\phi_{jkt} \tag{4-28}$$

可以发现，相较于式（4－19），式（4－28）创新性地引入了空间效应函数 $\sum_{j\neq i}^{N} w_{ij}\psi_{jkt}(\theta_j)\phi_{jkt}$ 。此处的主要假设是：空间的总效应由其他地区对本地区影响效应之和进行测度；w_{ij}用于刻画地区 j 与地区 i 之间的关联程度，当然也刻画了两地间的综合摩擦因素，其中 $i\neq j$，$j\in(1,2,3,\cdots,N)$，若 i、j 两地的关联程度越高（如两地为相邻地区或是两地产业链之间存在较强关联性），w_{ij}的值越大；反之则 w_{ij}越小。$\psi_{jkt}(\theta_i)$ 与 ϕ_{jkt}分别表示在 j 地区中，制造业行业 k 所面临的产业集聚效应函数以及技术创新效率参数。

结合式（4－28），区域 i 中 k 行业在 t 时刻整体的技术升级函数 T_{ikt}也可进一步改写为：

$$T_{ikt} = \lambda\gamma_{ik}(\alpha\eta)^{\frac{\eta}{1-\eta}}(1-\alpha)^{\frac{(2-\alpha)\eta}{\alpha(1-\eta)}}\psi_{it}(\theta_i) \times \sum_{j\neq i}^{N} w_{ij}\psi_{jkt}(\theta_j)\phi_{jkt}$$
$$= \lambda\gamma_{ik}(\alpha\eta)^{\frac{\eta}{1-\eta}}(1-\alpha)^{\frac{(2-\alpha)\eta}{\alpha(1-\eta)}}\psi_{it}(\theta_i) \times \sum_{j\neq i}^{N} \lambda w_{ij}\psi_{jt}^2(\theta_j) \quad (4-29)$$

为了简化模型，假定其他所有地区的平均外生摩擦为 $\overline{W}$；同时，每个地区 $j(i\neq j)$ 的产业集聚对地区 i 的平均作用效应也改写为 $\overline{\psi}(\theta_i)$，此时区域间的空间外部性函数最终可以简化为式（4－30）；式中，N 依然表示整个经济体中包含的地区数量：

$$\sum_{j\neq i}^{N} w_{ij}\psi_{jkt}(\theta_j)\phi_{jkt} = N\,\overline{W}\,\overline{\psi}^2(\overline{\theta}) \quad (4-30)$$

结合式（4－29）与式（4－30），将简化后的空间效应表达函数代入原本的技术创新函数 T_{ikt}，即可获得当期包含空间效应的本地技术创新函数 T_{ikt}^{sp}：

$$T_{ikt}^{sp} = N\lambda^2\gamma_{ik}(\alpha\eta)^{\frac{\eta}{1-\eta}}(1-\alpha)^{\frac{(2-\alpha)\eta}{\alpha(1-\eta)}}\psi_{it}(\theta_i)\,\overline{W}\,\overline{\psi}^2(\overline{\theta}) \quad (4-31)$$

此时，借鉴已有文献做法，在仅考虑本地以及周边区域产业集聚净效应的前提下，假定 $\psi(\theta)$ 具体的函数形式为：

$$\{\psi_{it}(\theta_i) = \theta_i^{\vartheta_1};\overline{\psi}^2(\overline{\theta}) = \theta_i^{\vartheta_2}\} \quad (4-32)$$

其中，对于本地产业集聚的函数 $\psi_{jkt}(\theta_i)$ 而言，θ_i 表示本地产业集聚的具体水平，与此对应，ϑ_1 表示本地产业集聚所对应的创新效率弹性参数；同理，对其他地区产业集聚的空间效应 $\overline{\psi}^2(\overline{\theta})$ 而言，ϑ_2 表示非本地产业集聚对本地创新影响的效率弹性参数。

此处，为了简化计算，假定其也可以表示为本地集聚水平 θ_i 的表达式，具体形式参考式（4－32）。引入这一设定既有利于对问题的讨论，同时也具有一定的合理性：一方面，从空间布局来看，产业集聚也通常具有跨区域的特点，即存在数量众多的跨区域产业集聚区，因此本地区与周边地区的产业集聚水平可能具有较强的关联性；另一方面，从产业链角度看，对于产业关联度较高的地区，集聚产生的空间效应将较为明显，因而对于周边地区的企业而言，若本地区的产业规模较大、集聚水平较高，则此类处于产业链其他环节的企业将更倾向于在周边地区选址并形成关联产业的集聚，这进一步强化了本地区产业集聚与周边地区产业集聚的相关性。从以上两个方面来看，周边地区产业集聚可以在某种程度上认为是本地产业集聚的关联函数。

根据以上设定，结合式（4－32），本地区包含空间效应的技术创新（技术进步）函数可以进一步表示为：

$$T_{ikt}^{sp} = N\lambda^2\gamma_{ik}(\alpha\eta)^{\frac{\eta}{1-\eta}}(1-\alpha)^{\frac{(2-\alpha)\eta}{\alpha(1-\eta)}}\overline{W}\theta_i^{\vartheta_1+2\vartheta_2} \tag{4-33}$$

此时，对新的技术创新函数求取关于产业集聚整体水平 θ_i 的一阶导数，可得：

$$\frac{dT_{ikt}}{d\theta_i} = (\vartheta_1+2\vartheta_2)N\lambda^2\gamma_{ik}(\alpha\eta)^{\frac{\eta}{1-\eta}}(1-\alpha)^{\frac{(2-\alpha)\eta}{\alpha(1-\eta)}}\overline{W}\theta_i^{\vartheta_1+2\vartheta_2-1} \tag{4-34}$$

可以发现，产业集聚能否促进技术创新取决于产业集聚的净效应弹性系数，即（$\vartheta_1+2\vartheta_2$）。针对这一问题，虽然大部分文献认为周边地区的产业集聚，特别是生产性服务业集聚有利于本地区的技术创新，但从反面来讲，周边地区的产业集聚也可能导致要素（如创新要素）的“再分配”。例如，张克中和陶东杰（2016）以高铁开通为准自然实验，证实了新经济地理学中交通基础设施的“经济分布效应”，即高铁的开通加剧了地区间的马太效应，让经济高地、创新高地的“虹吸效应”更为明显。因此，产业集聚的具体影响应取决于本地集聚与周边地区集聚影响博弈后的净效应。根据本模型，产业集聚本地效应与其他地区空间效应的博弈结果可以分为以下三种情况：

$$\{(\vartheta_1+2\vartheta_2)>0;\ (\vartheta_1+2\vartheta_2)=0;\ (\vartheta_1+2\vartheta_2)<0\} \tag{4-35}$$

根据上述分析，可以得到命题2。

命题2：考虑空间效应后，产业集聚对技术创新的总效应受到本地与周边地区协同作用的影响。若 $\vartheta_1>-2\vartheta_2$，即本地区产业集聚的净效应至少大于其他地区空间效应的负向影响，则产业集聚能够促进本地的技术创新水平提升；若 $\vartheta_1=-2\vartheta_2$，则产业集聚对本地区的技术创新不存在显著影响；若 $\vartheta_1<-2\vartheta_2$，则产业集聚对本地区的技术创新存在显著的负向影响。

对于式（4-34）来说，（$\vartheta_1+2\vartheta_2$）项的存在，说明原有函数的一阶偏导可能存在零点，因此命题2以及式（4-35）还隐含了推论1，即：

推论1：产业集聚与技术创新之间可能存在非线性关联。

值得注意的是，由于产业集聚的具体效应取决于本地效应与周边地区效应之间的博弈，而本地以及周边地区的产业集聚水平是逐渐变化的①，因此可以认为博弈双方的力量也存在波动。此时，产业集聚对技术创新所产生的具体效应也会形成分异，即两者之间可能并不存在单一的线性关联。进一步看，过往文献肯定了产业集聚的正外部性，并讨论了包括劳动力蓄水池、产业链关联、知识技术溢出在内的正外部性传导路径，但是，产业集聚也有可能导

① 正如本书在第3章讨论的，我国各地区、各行业的产业集聚水平具有周期性波动的演化特征。

致集聚区内地价上升、过度竞争等问题（Zhao，2011；Lu 等，2014），即由产业集聚所导致的“拥挤效应”，并由此形成产业集聚的负外部性，进而抑制区域的技术创新。因此，仅局限于本地视角，产业集聚对技术创新影响的净效应也来源于其本身的正外部性与负外部性间博弈后的结果；加之地区间产业集聚存在的空间效应，进一步说明了产业集聚与技术创新间可能存在非线性关联。

因此，根据上述分析，有必要对原有的集聚效应函数做进一步分解。已有研究中，范剑勇和邵挺（2011）、王家庭等（2012）认为，中国的产业集聚对地租和公共设施拥挤的边际影响一般不会出现递减，因此本书简单地假定产业集聚对地租、拥挤效应等负向影响的边际作用是不变的，即产业集聚效应的负向效应与产业集聚水平是线性关联的，此处表示为：$n\theta_i$，其中 n 表示产业集聚对技术创新负外部性的影响参数，且 $n>0$。同时，根据一般性的经济学逻辑，产业集聚产生的正外部性对创新的正向作用应当是边际效应递减的，因而本书将产业集聚的正向效应设定为：$\delta\theta_i^p$，其中 δ 表示产业集聚影响技术创新的恒定参数，且 $\delta>0$；p 为产业集聚促进技术创新的弹性系数，考虑到产业集聚的正外部性边际效应递减，因此 $p\in(0,1)$。由此，产业集聚的整体效应的函数可以具体表示为：

$$\psi_{it}(\theta_i) = \delta\theta_i^p - n\theta_i \tag{4-36}$$

式（4-36）的设定同时考虑了产业集聚对区域技术创新正、负双向的外部性影响。根据以往文献的结论，产业集聚的正外部性相较于负外部性应当更强，因此减号左侧为正外部性函数，右侧为负外部性函数。此时，将重新设定的产业集聚影响函数式（4-36）代入式（4-31），则区域技术进步函数可以进一步表示为：

$$T_{ikt} = N\lambda^2\gamma_{ik}(\alpha\eta)^{\frac{\eta}{1-\eta}}(1-\alpha)^{\frac{(2-\alpha)\eta}{\alpha(1-\eta)}}(\delta\theta_i^p - n\theta_i)\overline{W}(\bar{\delta}\theta_i^{\bar{p}} - \bar{n}\theta_i)^2 \tag{4-37}$$

其中，为了简化计算，$\bar{\delta}$、$\bar{p}$、$\bar{n}$ 分别表示非本地产业集聚对本地技术创新所形成的止、负双向平均效应的参数与弹性。可以发现，在进一步确定了产业集聚对技术创新影响的函数形式后，本地区的技术进步不仅受到此前讨论中涉及相关因素的影响，同时也取决于由产业集聚所形成的正外部性、负外部性以及空间效应三方面的影响。为了进一步明晰其中的关联性，对式（4-37）取关于地区产业集聚水平 θ_i 一阶导数，可得：

$$\frac{\partial T_{ikt}}{\partial\theta_i} = 2N\overline{W}\lambda^2\gamma_{ik}(\alpha\eta)^{\frac{\eta}{1-\eta}}(1-\alpha)^{\frac{(2-\alpha)\eta}{\alpha(1-\eta)}}(\delta p\theta_i^{p-1} - n)(\bar{\delta}\bar{p}\theta_i^{\bar{p}-1} - \bar{n})(\bar{\delta}\theta_i^{\bar{p}} - \bar{n}\theta_i) \tag{4-38}$$

式（4－38）中，$2N\overline{W}\lambda^2\gamma_{ik}(\alpha\eta)^{\frac{\eta}{1-\eta}}(1-\alpha)^{\frac{(2-\alpha)\eta}{\alpha(1-\eta)}}$ 的各个部分均大于 0，因此可以确定式（4－38）存在三个零点，分别为：

$$\left[\theta_i=\left(\frac{\delta p}{n}\right)^{\frac{1}{1-p}},\ \theta_i=\left(\frac{\bar{\delta}\,\bar{p}}{\bar{n}}\right)^{\frac{1}{1-\bar{p}}},\ \theta_i=\left(\frac{\bar{\delta}}{\bar{n}}\right)^{\frac{1}{1-\bar{p}}}\right] \tag{4－39}$$

从结果来看，零点的位置取决于正外部性参数 δ、弹性 p、负外部性参数 n 以及其他地区产业集聚对本地区技术创新所形成的平均影响参数 $\bar{\delta}$、$\bar{p}$、$\bar{n}$。此处，考虑到区域间空间摩擦的存在，同时也为了能够进一步简化分析，假定周边地区的空间效应为正①，且主要将空间效应的整体影响设为常数 $\overline{SP}$，此时式（4－37）可以进一步简化成：

$$T_{ikt}=N\cdot\overline{SP}\cdot\lambda^2\gamma_{ik}(\alpha\eta)^{\frac{\eta}{1-\eta}}(1-\alpha)^{\frac{(2-\alpha)\eta}{\alpha(1-\eta)}}(\delta\theta_i^p-n\theta_i) \tag{4－40}$$

同样，求取式（4－40）关于产业集聚水平 θ_i 的一阶条件，可得：

$$\frac{\partial T_{ikt}}{\partial\theta_i}=2N\cdot\overline{SP}\cdot\overline{W}\lambda^2\gamma_{ik}(\alpha\eta)^{\frac{\eta}{1-\eta}}(1-\alpha)^{\frac{(2-\alpha)\eta}{\alpha(1-\eta)}}(\delta p\theta_i^{p-1}-n) \tag{4－41}$$

此时，原函数式（4－40）仅存在一个零点，即 $\theta_i=\left(\frac{\delta p}{n}\right)^{\frac{1}{1-p}}$。由于零点的存在，产业集聚对技术创新的影响将以此为界限形成分异，具体可分为以下三种情况：

$$\left\{\theta_i<\left(\frac{\delta p}{n}\right)^{\frac{1}{1-p}},\ \theta_i=\left(\frac{\delta p}{n}\right)^{\frac{1}{1-p}},\ \theta_i>\left(\frac{\delta p}{n}\right)^{\frac{1}{1-p}}\right\} \tag{4－42}$$

当 $\theta_i<(\delta p/n)^{\frac{1}{1-p}}$ 时，$\partial T_{ikt}/\partial\theta_i>0$，此时产业集聚可以显著提高本地区的技术创新水平；当 $\theta_i=(\delta p/n)^{\frac{1}{1-p}}$ 时，$\partial T_{ikt}/\partial\theta_i=0$，此时产业集聚与技术创新并不存在显著关联；当 $\theta_i>(\delta p/n)^{\frac{1}{1-p}}$ 时，$\partial T_{ikt}/\partial\theta_i<0$，此时产业集聚将负向影响本地区的技术创新。

根据上述分析，可以获得命题 3。

命题 3：产业集聚对技术创新可能存在倒 U 形影响，且存在拐点 $\theta_i^*=(\delta p/n)^{\frac{1}{1-p}}$。当即时的产业集聚水平低于拐点水平时，产业集聚对技术创新净效应为正；当处于拐点水平时，产业集聚的正、负效应相互抵消，产业集聚对创新产生的净效应不显著；当超过拐点水平时，产业集聚的净效应

① 实际上，在本章的实证检验中，产业集聚的空间效应是相对明显的，且对跨区域技术创新的空间影响显著为正。

为负①。

上述分析体现出产业集聚对技术创新的影响具有复杂性，因此，针对上述的三个命题以及相关推论，4.3 节将进一步设计相对应的计量策略，并利用对应的创新、产业集聚等数据，对上述问题进行实证分析与检验。

4.3　实证策略与指标构建

4.3.1　计量模型构建

根据上述内容，本书将重点分析考察产业集聚对创新活动的影响，因此本书主体的计量模型设定如式（4-43）所示：

$$innovation_{it} = \alpha_0 + \alpha_1 agg_{it} + \sum \lambda_i X_{it} + \sum \delta_i fixed_{it} + \varepsilon_{it} \quad (4-43)$$

其中，$innovation_{it}$表示区域层面的创新指标，其为能够描述地区创新水平的系列指标集；agg_{it}表示地区产业集聚水平指标；X_{it}为城市层面相关的控制变量，且 λ_i 为控制变量对应的估计参数；*fixed* 则包含了一系列固定效应，其中包括省份固定效应、城市（个体）固定效应以及时间（年份）固定效应；i 和 t 分别表示对应的城市和年份；ε_{it}则表示模型中的随机扰动项。

同时，根据已有研究结论，结合本书第 3 章研究，可知产业要素与创新要素可能存在较强的空间关联性。因此本章进一步构建了空间计量模型，具体形式如下：

$$innovation_{it} = \alpha_0 + \alpha_1 agg_{it} + \sum \lambda_i X_{it} + \beta_1 \sum w_{ij} agg_{jt} + \sum \eta_i \sum w_{ij} X_{jt} + \sum \delta_i fixed_{it} + \varepsilon_{it} \quad (4-44)$$

其中，除了原先已经设定的部分外，w_{ij}表示所设定的空间权重矩阵，刻画了地区间的空间关联性，一般根据区域间距离、相对经济规模等因素进行构建，具体的设定将在后续研究中详细说明，而新的估计参数 β_i、η_i 则分别表示产业集聚指标项与控制变量对应空间项的估计系数。

根据命题 3 可知，产业集聚与技术创新的影响可能存在非线性关联，且

① 产业集聚的正负双向效应、倒 U 型影响的特点不仅体现在技术创新这一问题上。部分讨论碳排放、雾霾等问题的研究中也发现了产业集聚的倒 U 型影响。如 Liu 等（2020）发现产业集聚与雾霾同样存在倒 U 型关联。

预计两者间存在倒 U 型关联。因此，本章在主体计量模型中进一步纳入产业集聚指标的二次方项。具体来看，若对应的二次方项系数显著为负，则说明产业集聚与技术创新间存在倒 U 型关联。此时，计量模型的具体形式如式（4-45）、式（4-46）所示：

$$innovation_{it} = \alpha_0 + \alpha_1 agg_{it} + \alpha_2 agg_{it}^2 + \sum \lambda_i X_{it} + \sum \delta_i fixed_{it} + \varepsilon_{it} \tag{4-45}$$

$$innovation_{it} = \alpha_0 + \alpha_1 agg_{it} + \alpha_2 agg_{it}^2 + \sum \lambda_i X_{it} + \beta_1 \sum w_{ij} agg_{jt} + \beta_2 \sum w_{ij} agg_{jt}^2 + \sum \eta_i \sum w_{ij} X_{jt} + \sum \delta_i fixed_{it} + \varepsilon_{it} \tag{4-46}$$

4.3.2 相关指标构建

4.3.2.1 被解释变量（$innovation_{it}$）

本书被解释变量主要度量区域层面的创新活动水平，因此基础数据选择尤为重要。以往文献通常利用投入、过程、产出、转化等多个维度衡量创新水平①。借鉴已有文献（Chang 等，2015），本书利用专利授权数量衡量区域技术创新水平，理由包括以下三个方面：第一，创新研发投入只能代表个体或地区的创新意愿，并不能直接体现出其创新质量与创新效率水平。考虑到不同个体或地区的创新效率存在异质性，以专利授权数量作为创新的最终产出更能够准确衡量技术创新水平。第二，从数据来看，由于研发投入数据是企业自愿披露的，样本可能存在一定的数据缺失问题，因而使用研发投入指标可能会造成一定的估计误差。第三，由于中国知网专利数据库仅收录已经获得授权并公开的专利，如果使用城市的专利申请量可能会忽略当年正在申请但是未公开的专利，这将影响数据的完整性，相较之下，专利授权数量并不存在这一问题。综上所述，本书最终使用专利授权数量作为被解释变量构建的基础。

被解释变量的具体设定如下：首先，本书将对数化后的专利授权数量作为被解释变量，主要测算方式为：$p\_a = \ln(1 + 专利授权数)$，以刻画地区的创新产出（或是创新规模）。其次，中国的专利可分为发明专利、实用型专利

① 以下一章节将要使用的工业企业数据为例，投入主要以企业的 R&D 投入、企业科研人员数量等指标衡量，而过程与产出两个环节对应的指标则主要以企业的专利申请和授权等指标进行衡量，最终的技术转化指标主要对应企业的新产品产值、新产品销售等指标。

以及外观专利三类，其中发明专利相较于另外两类专利拥有更高的创新价值，审核过程也更为严格，因此，本书将发明专利作为另一个衡量地区高质量的技术创新产出的指标，与专利授权总量类似，其主要测算方式为：$p\_a\_i = ln(1 + 发明专利授权数)$。再次，考虑到地区差异，同时为了规避城市规模对创新规模的影响，本书进一步使用该地区的人均专利授权量作为衡量地区创新效率的指标，其主要测算方式为：$m\_p\_a = ln(1 + 专利授权数/该地区人口数)$。同理，本书进一步测度人均发明专利的数量，即 $m\_p\_a\_i = ln(1 + 发明专利授权数/该地区人口数)$。最后，为了测算地区整体的创新效率，此处引入了 Dea - Malmquist 的非参数估计方法[①]。本书尽可能地引入了地区技术创新的投入指标与产出指标：其中，投入指标为地区的科研人员整体规模（*tec_emp*）与地区的科技类财政支出（*fistechexp*），而产出指标则为地区的专利授权量（*p_a*）与发明专利授权量（*p_a_i*）。其中，产出指标没有使用人均的专利授权量与发明专利授权量的原因在于考虑到投入指标与产出指标在实际上均已包含了规模效应，在进行非参数估计的时候两者的具体效应可以彼此抵消。Dea - Malmquist 方法的测算结果实际上包含纯技术效率、规模效率以及综合技术效率，其中*综合技术效率* = *纯技术效率* × *规模效率*。由于创新效率的测度应当具备一定的综合性，因此使用综合技术效率，具体表示为 *i_eff*。

在数据来源方面，本书城市层面的专利数据手工抓取自中国知网专利数据库：由于该库无法针对城市进行专利数据的统一导出，因此仅可在高级检索中，通过设定专利授权年份，根据城市名称利用专利信息中的地址项进行模糊检索，并进行逐条抓取，以获得该城市在某一年份拥有的授权专利数量，整理后本书共获得城市授权专利数据 10260 条，包含发明专利、实用新型专利及外观专利三类。在城市样本选择上，剔除了巢湖市、毕节市、三沙市等行政区划有过变更的城市以及其他数据缺失较为严重的城市。

4.3.2.2　解释变量（agg_{it}）

本书核心解释变量为城市层面生产性服务业的集聚水平，用 agg_{it} 表示。传统文献通常利用区位熵、空间基尼系数、Ellision - Glaeser 集聚指数等方法测算地区的产业集聚水平。考虑到本章主要考察本地区生产性服务业以及制造业要素的集聚水平（以下简称整合型生产性服务业），因此主要以区位熵作

---

① 部分文献也是用这一方法测算企业的全要素生产率（TFP）等指标。

为衡量产业集聚指标的基础性变量①。区位熵的具体计算方法如式（4-47）所示：

$$agg_{it} = \frac{e_{it}/e_t}{E_{ct}/E_t} \tag{4-47}$$

其中，e_{it}表示在 t 时刻（年）城市 i 整合型生产性服务业整体的就业人数；e_t 表示城市 i 的总就业人数；E_{ct}表示全国所有整合型生产性服务业的从业人数；E_t 表示全国的就业人数。从具体行业来看，参照 Ke 等（2014）、韩峰等（2014）、韩峰和阳立高（2020）等文献的做法，将“金融业”“交通运输、仓储和邮政业”“信息传输、计算机服务和软件业”“租赁和商业服务业”“批发零售业”“环境治理和公共设施管理业”“科学研究和技术服务业”这 7 个行业设定为生产性服务业，同时结合“制造业”从业人数，对产业集聚指标进行估计。在最终估计中，产业集聚指标将进行对数化处理。

4.3.2.3 其他控制变量

选择控制变量的过程考虑了相应数据的可得性以及与城市创新能力的相关性。其中，城市层面的控制变量包括：①第二产业占 GDP 比重（*ind_sec*）。由第二产业增加值占本地区 GDP 比重衡量，单位为%。②第三产业占 GDP 比重（*ind_thi*）。由第三产业增加值占本地区 GDP 比重衡量，单位为%，其与第二产业占比控制了该城市整体的产业结构。③固定资产投资比重（*fix_inv*）。由当年固定资产投资额占当年本地 GDP 比重进行衡量，单位为%。④外商投资水平（*fdi*）。由当年 GDP 平减指数以及平均后的即期动态汇率折算后的该城市使用外商资金的对数进行衡量。⑤地区财政分权水平（*fiscal*）。由当年政府预算内财政收入与预算内财政支出的比值进行衡量。⑥政府的科技类财政支出（*fistecexp*）。利用政府的科技支出与本地当年 GDP 之比进行衡量，单位为%。⑦金融发展水平（*fin_dev*），利用本地区存贷款余额（*本地区存贷款余额=存款余额+贷款余额*）占 GDP 的比重进行测度。⑧人均道路面积（*ave_roa*）。利用当年人均城市道路面积作为测度该城市基础设施水平的代理变量。⑨教育水平（*edu*）。以当年该地区在校大学生数量占本地区总人口的比重进行衡量。⑩科研人员规模（*tec_emp*）。利用对数化后的科学研究和技术服务业行业从业人员进行测度。需要说明的是，与货币相关指标均以 2000 年为基期进行了平减。

---

① 前文中所提及的 DO 指数主要应用于行业层面的集聚水平测度，因此本章的相关研究并没有使用 DO 指数这一指标。本书第 5 章研究将会使用 DO 指数，并对指数的测算方式进行详细说明。

4.3.3　数据来源总结

本书样本覆盖了中国 285 个地级市，时间跨度为 2005—2016 年，涉及有效观测值约为 3420 个。其中，被解释变量主要来源是中国知网专利数据库①，具体的处理过程在变量描述部分已经详细说明，因而此处便不再赘述。控制变量主要的数据来源为《中国统计年鉴》《中国城市统计年鉴》；汇率数据来源于中国银行官网。具体地，表 4－1 给出了主要的被解释变量、核心解释变量以及控制变量的描述性统计结果。

表 4－1　　本章相关指标描述性统计

符号	变量属性	变量描述	均值	中位数	标准差	最小值	最大值	观测值
p_a	被解释变量	专利授权数	6.2705	6.2166	1.991	0.0000	12.022	3420
p_a_i		专利发明数	4.9366	4.8081	2.0352	0.0000	11.4706	3420
m_p_a		人均专利授权	2.0305	1.9155	1.2251	0.0000	5.9102	3420
m_p_a_i		人均发明专利授权	1.143	0.885	0.9737	0.0000	5.0046	3420
i_eff		技术创新效率	2.2896	2.2053	0.9043	0.6931	5.8726	3420
agg	解释变量	产业集聚水平	0.8211	0.6585	0.7802	0.0000	11.4817	3420
ind_sec	控制变量	二产比重	0.4998	0.5033	0.1250	0.0000	0.9097	3419
ind_thi		三产比重	0.4269	0.4195	0.1129	0.0000	0.8023	3419
fix_inv		固定资产投资	0.6872	0.6396	0.3073	0.0000	5.5138	3413
fdi		外资使用情况	0.025	0.0155	0.0294	0.0000	0.2946	3393
fiscal		地区财政分权水平	0.5845	0.5769	0.2523	0.0228	2.6651	3420
fistecexp		财政科技支出	0.0248	0.0205	0.0243	0.0000	0.7293	3420
fin_dev		金融发展水平	2.7802	2.4662	1.2966	0.0000	10.153	3412
ave_roa		人均城市道路面积	10.9065	9.5175	7.7615	0.0184	108.327	3399
edu		地区整体教育水平	0.0449	0.0337	0.0397	0.0000	0.2426	3261
tec_emp		科研人员规模	0.0039	0.0029	0.0043	0.0000	0.0558	3388

注：新变量将在后文中进行详细说明，表 4－1 主要对核心被解释变量、解释变量以及控制变量进行描述性统计。

① 中国知网专利数据库的网址为 http：//cnki. cn－ki. net/kns/brief/result. aspx？dbPrefix＝SCPD。

4.4 实证结果

4.4.1 基准回归结果

表4-2报告了在没有控制变量，但是控制城市（个体）固定效应以及年份（时间）固定效应后的基准回归结果。（1）—（5）列对应不同的被解释变量。可知，产业集聚变量的估计系数均在1%统计水平上显著为正，说明在城市层面，产业集聚有利于且能够推动本地区技术创新发展。

表4-2 基准回归1：无控制变量

变量	(1) *p_a*	(2) *p_a_i*	(3) *m_p_a*	(4) *m_p_a_i*	(5) *i_eff*
agg	0.1258*** (0.0391)	0.1530*** (0.0422)	0.1916*** (0.0301)	0.1528*** (0.0298)	0.1627*** (0.0418)
控制变量	不控制	不控制	不控制	不控制	不控制
城市固定效应	控制	控制	控制	控制	控制
年份固定效应	控制	控制	控制	控制	控制
观测值	3340	3340	3340	3340	3340
R^2	0.9451	0.9338	0.9190	0.8692	0.6515

注：***、**、*分别表示在1%、5%、10%水平上显著；括号中为稳健标准误。

在表4-2结果的基础上，表4-3的Panel A引入了城市层面的控制变量，并首先控制了省份效应。此时，除了创新效率指标（*i_eff*）外，（1）—（4）列对应的产业集聚指标均在1%统计水平显著为正。表4-3中的Panel B则进一步控制了城市（个体）固定效应，并纳入了控制变量；此时，产业集聚指标的估计参数均具有统计的显著性。表4-3的回归结果反映出：在控制了众多因素之后，产业集聚依然对创新具有显著的正向促进作用。上述回归结果意味着，至少在整体上中国的产业集聚，特别是结合生产性服务业的多行业集聚所产生的集聚经济效应大于产业集聚所带来的负向效应。因此，基准回归表4-2与表4-3的结果也说明了在某种程度上产业集聚是提高区域创新水平的内在动力。

表 4 –3　　基准回归 2：控制变量、省份效应与个体效应

Panel A：加入控制变量与控制省份固定效应

变量	(1) p_a	(2) p_a_i	(3) m_p_a	(4) m_p_a_i	(5) i_eff
agg	0.4458 ***	0.5066 ***	0.3332 ***	0.2634 ***	−0.0521
	(0.0450)	(0.0485)	(0.0258)	(0.0242)	(0.0320)
控制变量	控制	控制	控制	控制	控制
省份固定效应	控制	控制	控制	控制	控制
年份固定效应	控制	控制	控制	控制	控制
观测值	3159	3159	3159	3159	3159
R^2	0.7920	0.7793	0.8442	0.8002	0.4851

Panel B：加入控制变量、控制个体效应

变量	(1) p_a	(2) p_a_i	(3) m_p_a	(4) m_p_a_i	(5) i_eff
agg	0.1987 ***	0.1646 ***	0.2066 ***	0.1099 ***	0.0861 *
	(0.0416)	(0.0474)	(0.0319)	(0.0319)	(0.0450)
控制变量	控制	控制	控制	控制	控制
城市固定效应	控制	控制	控制	控制	控制
年份固定效应	控制	控制	控制	控制	控制
观测值	3159	3159	3159	3159	3159
R^2	0.9497	0.9387	0.9244	0.8812	0.6972

注：***、**、* 分别表示在 1%、5%、10% 水平上显著；括号中为稳健标准误。

4.4.2　内生性问题处理

4.4.2.1　内生性问题与工具变量选择

本章的实证分析需要解决和处理四类可能存在的内生性问题。一是反向因果问题，根据理论分析与相关研究的实证研究，产业集聚与技术创新间存在显著的正向关联；反之，若某一区域形成突发式、跃进式的技术创新，可能会引导其他地区的产业要素流向该地区并形成新的集聚。反向因果问题的存在可能会导致估计偏误。二是自选择问题，即厂商在选址过程中可能会自发地选择创新水平较高的地区，从而形成自源性产业集聚，而不是由于产业集聚的正外部性所推动的技术创新发展。三是遗漏变量问题，尽管本书模型已经尽可能控制了一系列影响技术创新的相关因素，但仍可能存在一些遗漏

变量，导致模型的估计结果产生偏误。四是样本选择偏差，由于本书剔除了部分数据缺失的城市，因此也可能存在样本选择偏差问题。针对上述内生性问题，本书主要采用两种识别策略进行解决。

4.4.2.2 Heckman 两阶段方法

首先，针对样本选择偏差，本书运用了 Heckman 两阶段方法。此处，本书以历年各地区各类技术创新指标的中位数作为截断点，将技术创新水平高于中位数的地区标记为 1，其余则标记为 0，并据此构建高技术创新地区虚拟变量（*high_inno*），以此分析区域创新决策。上述设定存在如下假设，即认定创新水平较高的地区为选择进行创新的地区，其余地区则认定为非创新地区。完成上述整理后，利用 Probit 模型估计式（4-48）：

$$Pr(high\_inno = 1) = \sum \lambda_i X_{it} + \sum \delta_i fixed_{it} + \varepsilon_{it} \tag{4-48}$$

其中，X_{it}表示前文中所述的城市层面控制变量，$fixed_{it}$表示一系列固定效应，ε_{it}表示随机扰动项。式（4-48）可以分析影响地区创新决策的相关因素，同时可以在此基础上测算和求取各个被解释变量对应模型下的逆米尔斯比率（Inverse Mill's Ratio，IMR，变量符号表示为 *lambda*）。最终，在各回归模型中纳入逆米尔斯比率（*lambda*），即可有效控制样本选择偏差所造成的估计偏误。新的回归结果如表 4-4 所示。

表 4-4　Heckman 两阶段结果

变量	(1) *p_a*	(2) *p_a_i*	(3) *m_p_a*	(4) *m_p_a_i*	(5) *i_eff*
agg	0.3529*** (0.0643)	0.3162*** (0.0840)	0.2412*** (0.0429)	0.0781* (0.0444)	0.1081* (0.0629)
lambda_pa	0.2271 (0.1846)				
lambda_pai		0.0759 (0.3413)			
lambda_mpa			0.4311*** (0.1389)		
lambda_mpai				0.3015** (0.1186)	
lambda_ieff					-0.4201*** (0.1104)

续表

变量	(1) *p_a*	(2) *p_a_i*	(3) *m_p_a*	(4) *m_p_a_i*	(5) *i_eff*
控制变量	控制	控制	控制	控制	控制
城市固定	控制	控制	控制	控制	控制
年份固定	控制	控制	控制	控制	控制
观测值	943	1263	1380	1337	2050
R^2	0.8846	0.8511	0.8724	0.7875	0.6102

注：***、**、*分别表示在1%、5%、10%水平上显著；括号中为稳健标准误。

根据（1）—（5）列的回归结果，可以发现逆米尔斯比率的估计系数在（3）—（5）列中均至少在5%统计水平上显著，说明（3）—（5）列对应的估计模型存在较为明显的样本选择偏差问题；进一步来看，无论是否加入逆米尔斯比率，产业集聚指标的估计参数均显著为正，这意味着在考虑了样本选择偏差后，产业集聚对技术创新的正向促进效应依然显著，这也表明了基准回归结果的稳健性。

4.4.2.3　工具变量回归

为了进一步处理内生性问题，本章还运用了工具变量法对模型进行重新估计。Angrist 和 Pischke（2009）指出，适合的工具变量不仅要与内生变量相关，同时也需要满足充分的外生性条件。根据以往文献的常用做法，地区的历史变量、地理变量等能够满足外生性条件。据此，本书选择两个工具变量以缓解内生性问题。一是滞后一阶的产业集聚指标（*L. agg*）：一般而言，该地区前一期与当期的产业集聚水平存在自相关关系，但是当期的技术创新并不会影响上一期产业集聚水平，故滞后的产业集聚变量符合工具变量的相关性与外生性条件。二是本省份除该地区以外其他城市产业集聚的平均水平（*iv_around*）。选择该工具变量的理由如下：首先，基于地理学第一定律（Tobler，1970），同一行政区内其他城市与本市产业集聚水平存在较大的相关性，满足了工具变量的相关性条件；其次，由于其他地区的产业集聚水平在很大程度上无法直接对本地区的技术创新水平产生直接影响，进一步说明该变量可以满足外生性条件。表 4-5 报告了工具变量的回归结果。

表 4-5 中，（1）列汇报了一阶段回归的估计结果。具体来看，两个工具变量的估计系数均显著为正，说明滞后一期的产业集聚指标以及同省其他城市产业集聚的均值与当期的产业集聚指标间均存在显著的正向关联，这与前

文的理论分析预期一致。在两阶段回归中，（2）—（6）列对应的 Anderson LM 检验值均为725.913，拒绝了模型存在识别不足问题的原假设（满足 *p-value* <0.1），说明所选工具变量与内生变量相关。Cragg - Donald Wald F 检验的统计值均为433.221，显著大于 Stock - Yogo - 10% 的统计临界值19.93，说明工具变量不存在弱工具变量问题。Sargan 检验的统计值分别是0.890、2.409、0.790、4.843、34.455，除了（5）列、（6）列的估计结果外，其余列对应的 *p* 值均大于0.1，说明本书选定的工具变量组在一定程度上能够满足外生性假设。

模型（2）—（6）列中的二阶段估计结果表明，产业集聚对技术创新的影响依然在1%水平上显著为正，说明产业集聚对区域技术创新存在正向影响的结论依然稳健。需要强调的是，两阶段最小二乘法（2SLS）所估计的产业集聚系数均大于基准模型的估计结果，说明内生性问题的存在有可能会低估产业集聚对技术创新的影响程度。同时，本书进一步采用了广义矩估计（GMM）与有限信息极大似然估计（LIML）方法进行重新估计，实证结果与两阶段最小二乘法（2SLS）估计结果基本一致①，说明原有的结论依然稳健。

表4-5　　工具变量回归结果

变量	(1) *agg*	(2) *p_a*	(3) *p_a_i*	(4) *m_p_a*	(5) *m_p_a_i*	(6) *i_eff*
L. agg	0.4225*** (0.0486)					
iv_around	0.1216*** (0.0427)					
agg		0.2330*** (0.0770)	0.2184** (0.0867)	0.2626*** (0.0593)	0.1668*** (0.0602)	0.2364*** (0.0868)
Anderson LM (p-value)		725.913 (0.0000)	725.913 (0.0000)	725.913 (0.0000)	725.913 (0.0000)	725.913 (0.0000)
Cragg - Donald Wald F		433.221	433.221	433.221	433.221	433.221
Stock - Yogo - 10%		19.93	19.93	19.93	19.93	19.93
Sargan Test (p-value)		0.890 (0.3454)	2.409 (0.1206)	0.790 (0.3740)	4.843 (0.0278)	34.455 (0.0000)

① LIML、GMM的具体估计结果可以参考附录中的表A1与表A2。

续表

变量	(1) *agg*	(2) *p_a*	(3) *p_a_i*	(4) *m_p_a*	(5) *m_p_a_i*	(6) *i_eff*
控制变量	控制	控制	控制	控制	控制	控制
城市固定	控制	控制	控制	控制	控制	控制
年份固定	控制	控制	控制	控制	控制	控制
观测值	2895	2895	2895	2895	2895	2895
R^2	0.9402	0.9511	0.9418	0.9271	0.8861	0.6974

注：***、**、*分别表示在1%、5%、10%水平上显著；括号中为稳健标准误。

4.4.3　其他稳健性检验

针对上述结果，本章还从如下六个方面进行了一系列稳健性检验（Robustness Check）。

4.4.3.1　变量滞后处理

将产业集聚指标（*L. agg*、*L2. agg*）以及一系列控制变量（*L. 控制变量*、*L2. 控制变量*）进行滞后一阶、滞后二阶处理并重新回归，具体结果如表4－6中的Panel A与Panel B所示。与工具变量组选择依据的原则类似，使用这一方法依然延续了变量在时间序列上存在自相关性，但是当期指标并不会对前一期指标造成影响的逻辑。从结果来看，滞后一阶、滞后二阶的产业集聚指标均在10%统计水平以上显著为正，说明在进一步考虑了其他变量的内生性问题后，产业集聚依然有利于促进技术创新发展。

表4－6　稳健性检验1：所有变量滞后一阶、二阶

Panel A 所有变量滞后一阶

变量	(1) *p_a*	(2) *p_a_i*	(3) *m_p_a*	(4) *m_p_a_i*	(5) *i_eff*
L. agg	0.1759***	0.1913***	0.1781***	0.1169***	0.0793*
	(0.0444)	(0.0481)	(0.0340)	(0.0338)	(0.0459)
L. 控制变量	控制	控制	控制	控制	控制
城市固定	控制	控制	控制	控制	控制
年份固定	控制	控制	控制	控制	控制
观测值	2918	2918	2918	2918	2918
R^2	0.9502	0.9424	0.9258	0.8873	0.6739

续表

Panel B 所有变量滞后二阶					
变量	(1) p_a	(2) p_a_i	(3) m_p_a	(4) m_p_a_i	(5) i_eff
L2. agg	0.1444*** (0.0459)	0.2098*** (0.0510)	0.1674*** (0.0376)	0.1731*** (0.0379)	0.0677 (0.0487)
L2. 控制变量	控制	控制	控制	控制	控制
城市固定	控制	控制	控制	控制	控制
年份固定	控制	控制	控制	控制	控制
观测值	2658	2658	2658	2658	2658
R^2	0.9507	0.9444	0.9277	0.8930	0.6614

注：***、**、*分别表示在1%、5%、10%水平上显著；括号中为稳健标准误。

4.4.3.2 替换被解释变量

此前分析中已经提到，专利主要被分为发明专利、实用型专利以及外观专利三类。考虑到专利的整体规模和价值，本章在基准回归中仅使用了专利授权总数（*p_a*）以及发明专利授权总数（*p_a_i*）这两个指标。此处的稳健性进一步引入了实用型专利授权数（*p_u*）与外观专利授权数（*p_d*），以及人均实用型专利授权数（*m_p_u*）和人均外观专利授权数（*m_p_d*）作为被解释变量的替代变量进行重新回归。同样的，对应的指标均进行了对数化处理。具体结果参考表4-7中的（1）—（4）列。此外，表4-7中的（5）—（6）列还进一步引入了省份层面的技术创新指标，其中包括省级层面的R&D投入（*p_rd_inv*）与新产品销售值（*p_np_s*），具体的数据来源为《中国统计年鉴》。（1）—（6）列回归结果与基准回归结果类似，产业集聚指标的估计系数均显著为正，说明产业集聚与技术创新存在正向关联的结论依然可靠。

表4-7　稳健性检验2：替换被解释变量

变量	(1) p_u	(2) p_d	(3) m_p_u	(4) m_p_d	(5) p_rd_inv	(6) p_np_s
agg	0.1440*** (0.0392)	0.0965* (0.0527)	0.1204*** (0.0259)	0.1257*** (0.0290)	0.0478** (0.0198)	1.3861** (0.6077)
控制变量	控制	控制	控制	控制	控制	控制
城市固定	控制	控制	控制	控制	控制	控制
年份固定	控制	控制	控制	控制	控制	控制

续表

变量	(1) p_u	(2) p_d	(3) m_p_u	(4) m_p_d	(5) p_rd_inv	(6) p_np_s
观测值	3199	3199	3199	3199	2128	2128
R^2	0.9456	0.8970	0.9028	0.8371	0.9349	0.7365

注：***、**、*分别表示在1%、5%、10%水平上显著；括号中为稳健标准误。

4.4.3.3　替换估计模型

从数据属性来看，未经过对数化处理的专利数据为离散型数据，因此可以进一步引入负二项回归模型或泊松回归模型对原有数据进行重新估计。此处，选择泊松模型或是负二项模型的依据在于因变量的方差与期望（均值）。若方差大于指标期望，则拒绝泊松回归模型，选择负二项回归；反之，若方差小于指标期望，则接受泊松回归模型。此处，四类专利指标的方差均大于均值，因此选择负二项回归模型，且具体的回归结果如表4-8所示。从回归结果可知，产业集聚指标的估计系数依然在1%统计水平上显著为正，与基准回归结果保持一致。

表4-8　稳健性检验3：替换估计模型

变量	(1) p_a	(2) p_i	(3) p_d	(4) p_u
agg	0.1250*** (0.0275)	0.0833*** (0.0317)	0.2482*** (0.0362)	0.1642*** (0.0280)
控制变量	控制	控制	控制	控制
城市固定	控制	控制	控制	控制
年份固定	控制	控制	控制	控制
观测值	3159	3159	3159	3159
Num of City	284	284	284	284

注：***、**、*分别表示在1%、5%、10%水平上显著；括号中为稳健标准误。

4.4.3.4　替换核心解释变量

本书的核心解释变量为基于生产性服务业以及制造业的整合型产业集聚变量。此处，为了进一步探究单一行业，即制造业本身集聚对技术创新的净效应，同时也参考传统文献的基本做法，此处构建了仅使用制造业从业人数重新测度的区位熵指标，指标符号表示为 *agg_mau*，并将新的解释变量重新纳入回归，对应的被解释变量则保持不变，主要结果如表4-9所示。表中，*agg_man* 指标的估计系数至少在5%显著性水平上为正，说明产业集聚对技术创新的正效应依然明显且结论稳健。

表4-9　稳健性检验4：替换核心解释变量

变量	(1) *p_a*	(2) *p_a_i*	(3) *m_p_a*	(4) *m_p_a_i*	(5) *i_eff*
agg_ mau	0.1981*** (0.0731)	0.1769** (0.0773)	0.2283*** (0.0609)	0.1610*** (0.0587)	0.1745** (0.0882)
控制变量	控制	控制	控制	控制	是
城市固定	控制	控制	控制	控制	是
年份固定	控制	控制	控制	控制	是
观测值	3198	3198	3198	3198	3198
R^2	0.9494	0.9388	0.9236	0.8815	0.6952

注：***、**、*分别表示在1%、5%、10%水平上显著；括号中为稳健标准误。

4.4.3.5 剔除特殊城市样本

考虑到中国的行政区划，北京、上海、天津和重庆作为直辖市具有特殊的地位，其行政级别与其他省份相同；同时，广州与深圳也存在类似的特殊性，因此在此处的稳健性检验剔除了上述城市样本，新的回归结果如表4-10所示。可知，产业集聚指标的估计系数依然显著为正。

表4-10　稳健性检验5：剔除特殊城市样本

变量	(1) *p_a*	(2) *p_a_i*	(3) *m_p_a*	(4) *m_p_a_i*	(5) *i_eff*
agg	0.1368*** (0.0353)	0.1182*** (0.0388)	0.1437*** (0.0274)	0.0867*** (0.0263)	0.0875** (0.0381)
控制变量	控制	控制	控制	控制	控制
城市固定	控制	控制	控制	控制	控制
年份固定	控制	控制	控制	控制	控制
观测值	3132	3132	3132	3132	3132
R^2	0.9449	0.9320	0.9209	0.8714	0.6975

注：***、**、*分别表示在1%、5%、10%水平上显著；括号中为稳健标准误。

4.4.3.6　进一步控制省份—年份的交乘固定效应

从省份层面来看，可能存在一些因素会随着时间（年份）的变化而对估计结果造成影响。因此，为了有效避免这一问题的发生，在回归过程中本书进一步控制了省份与年份的交乘固定效应，以排除上述因素可能产生的影响。具体结果如表4-11所示。从结果来看，除了创新效率以外，(1)—(4)列结果对应集聚指标的估计系数均显著为正，与前文结果保持一致。

表4-11　　稳健性检验6：进一步控制省份—年份交乘固定效应

变量	(1) *p_a*	(2) *p_a_i*	(3) *m_p_a*	(4) *m_p_a_i*	(5) *i_eff*
agg	0.1406*** (0.0323)	0.0928** (0.0385)	0.1427*** (0.0237)	0.0439* (0.0260)	-0.0137 (0.0389)
控制变量	控制	控制	控制	控制	控制
省份×年份固定	控制	控制	控制	控制	控制
观测值	3101	3101	3101	3101	3101
R^2	0.9680	0.9625	0.9608	0.9393	0.7753

注：***、**、*分别表示在1%、5%、10%水平上显著；括号中为稳健标准误。

4.4.4　异质性分析

前文从整体上分析了产业集聚如何影响区域技术创新，但是尚未对具有不同特征的地区进行异质性分析。因此，本节将从城市的区位异质性、规模异质性以及基础设施异质性三个视角出发，深入探讨产业集聚对技术创新的异质性影响。

4.4.4.1　城市的区位异质性

中国区域发展的不平衡是当前亟待克服的重要难题，而中国各地区的产业集聚水平和技术创新也存在较大差异。具体而言，东部地区产业集聚与创新水平均处于头部，单位面积内城市数量更多，同一级别行政区划分布也更为密集。与此相对，中西部地区城市间地理距离间隔较大，产业集聚、技术创新水平也相对较低。因此，在经验分析过程中，需要重点考察区位的异质性特征。

由此，本书进一步在基本回归模型（4-43）的基础上，引入了是否为东部地区的虚拟变量（*east*）与产业集聚指标的交乘项（$east \times agg$），并对结果进行重新回归。其中，东、中、西、东北部的分类标准参考国家统计局《东西中部和东北地区划分方法》①。回归结果如表4－12所示。可知，产业集聚变量的回归系数依然显著为正，这与前文结论类似，但是交乘项的估计系数出现了分异。具体来看，针对发明专利、人均发明专利以及创新效率指标，产业集聚的效应在东部地区与非东部地区并未存在显著差异。然而，对于专利授权量以及地区专利人均授权量来说，交乘项的估计系数显著为负，反映出东部地区的产业集聚对技术创新的正向效应更弱；换句话说，即非东部地区的产业集聚相对于东部地区对技术创新具有更强的促进作用。导致这一问题可能的原因在于：产业集聚自身即具有正负双向的外部性，而产业集聚在区域层面的净效应取决于两类外部性的博弈，因此对于不同地区，集聚可能存在最优水平。正因如此，东部地区虽然具有更高的产业集聚水平，但是过度集聚后产生"拥挤效应"可能反向抑制了产业集聚对技术创新的推动作用，这一结果也为后续关于非线性关联的讨论提供了侧面证据。

表4－12　　异质性分析：区位异质性

变量	(1) *p_a*	(2) *p_a_i*	(3) *m_p_a*	(4) *m_p_a_i*	(5) *i_eff*
agg	0.3110*** (0.0581)	0.2151*** (0.0657)	0.2639*** (0.0424)	0.0862** (0.0434)	0.0440 (0.0567)
east × agg	−0.2646*** (0.0776)	−0.1190 (0.0810)	−0.1349** (0.0596)	0.0560 (0.0593)	0.0993 (0.0879)
控制变量	控制	控制	控制	控制	控制
城市固定	控制	控制	控制	控制	控制
年份固定	控制	控制	控制	控制	控制
观测值	3159	3159	3159	3159	3159
R^2	0.9499	0.9388	0.9246	0.8813	0.6974

注：***、**、*分别表示在1%、5%、10%水平上显著；括号中为稳健标准误。

4.4.4.2 城市规模的异质性

部分研究指出，产业集聚的创新效应也有可能随着城市规模的不同而表现出差异。因此，本节进一步针对城市规模进行了异质性分析。城市规模根

① 参考：http://www.stats.gov.cn/ztjc/zthd/sjtjr/dejtjkfr/tjkp/201106/t20110613_71947.htm.

据地级市市辖区人口数划分，划分标准参考《关于调整城市规模划分标准的通知》①。在设置大城市（*large*）虚拟变量过程中，本节将大型城市及以上规模城市样本统一设定为大型城市样本。表 4－13 汇报了相应的回归结果。

表 4－13　　　　异质性分析：城市规模异质性

变量	(1) *p_a*	(2) *p_a_i*	(3) *m_p_a*	(4) *m_p_a_i*	(5) *i_eff*
agg	0.1566***	0.1236***	0.1110***	0.0405	0.0453
	(0.0397)	(0.0462)	(0.0309)	(0.0292)	(0.0423)
large × *agg*	－0.0700	－0.0186	0.1060***	0.1572***	0.1178*
	(0.0513)	(0.0646)	(0.0332)	(0.0333)	(0.0651)
控制变量	控制	控制	控制	控制	控制
城市固定	控制	控制	控制	控制	控制
年份固定	控制	控制	控制	控制	控制
观测值	3199	3199	3199	3199	3199
R^2	0.9497	0.9389	0.9243	0.8823	0.6957

注：***、**、* 分别表示在 1%、5%、10% 水平上显著；括号中为稳健标准误。

根据表中结果，除了（1）—（2）列中专利授权数与发明专利授权数这两个规模性指标对应回归模型的交乘项外，（3）—（5）列中，交乘项的估计系数均显著为正。这一结果表明，相对于中小型城市，大型城市的产业集聚对技术创新可能具有更强的推动作用。这实际上也反映出目前中国城市发展过程中一个重要的阶段性特征，即由当前城市化所引致的产业集聚依然存在一定的创新红利，使产业集聚与技术创新之间的正向关联性依然显著。此外，从产业集聚正负双向外部性博弈视角看，对于中国的大型城市，产业集聚的正外部性依然大于负外部性，进而令产业集聚表现出显著的正效应。

4.4.4.3　基础设施的异质性

基础设施对于发挥产业集聚外部性同样具有较强的作用。其中，铁路作为陆地交通网络中的一个重要组成部分，其对地价、企业生产率、经济增长等均存在重要影响（Dave 和 Richard，2013；周玉龙等，2018）。随着中国高铁网络不断发展，作为各类要素流通集聚的重要路径，是否拥有高铁站是一个城市或是区域能否成为全国交通网络重要节点的关键因素。鉴于此，本书

① 参考：http：//www.gov.cn/zhengce/content/2014－11/20/content_9225.htm.

进一步区分了高铁城市与非高铁城市，对产业集聚影响技术创新的作用机制进行异质性讨论。其中，高铁开通数据主要整理自《中国铁道年鉴》以及各类公开资料，资料中包含了各个地级市的高铁开通时间、线路信息等，并基于此设定了是否为高铁城市的虚拟变量以及交乘项（*hsr*）。由于不同城市开通高铁的时间不同，为了充分考虑高铁这一基础设施的影响和结论的稳健性，本书将在 2011 年前便已经开通高铁的城市设定为高铁城市样本①，具体的回归结果如表 4－14 所示。

表 4－14　　异质性分析—基础设施（高铁）差异

变量	(1) p_a	(2) p_a_i	(3) m_p_a	(4) m_p_a_i	(5) i_eff
agg	0.1942***	0.1241**	0.1927***	0.0546	0.0434
	(0.0483)	(0.0563)	(0.0358)	(0.0360)	(0.0484)
hsr×*agg*	0.0169	0.1530*	0.0525	0.2089***	0.1614*
	(0.0818)	(0.0803)	(0.0706)	(0.0611)	(0.0885)
控制变量	控制	控制	控制	控制	控制
城市固定	控制	控制	控制	控制	控制
年份固定	控制	控制	控制	控制	控制
观测值	3159	3159	3159	3159	3159
R^2	0.9497	0.9388	0.9244	0.8817	0.6975

注：***、**、*分别表示在 1%、5%、10% 水平上显著；括号中为稳健标准误。

从结果来看，虽然专利授权以及人均专利授权对应模型中的交乘项并不显著，但是在（2）（4）（5）列中，高铁城市虚拟变量与集聚变量的交乘项估计系数均显著为正，说明至少在创新效率②层面，高铁城市更能激发产业集聚对技术创新的正向推动作用。这可能可以归结于两个方面原因：一方面，高铁城市自身可能已经具有较高的经济发展水平，经济基础以及良好的基础设施能够更好地加强产业集聚的创新效应。另一方面，高铁城市相较于非高

① 实际上，考虑到高铁在不同年份开通所产生的影响可能存在差异，因此本书还截取了不同时间点，选择该时间点前开通高铁的城市作为高铁城市，并重新设计虚拟变量。回归结果与高铁效应与表 4－15 类似。

② 从被解释变量的属性对其进行分类，可以将专利授权数、发明专利授权数作为技术创新的规模性指标，其可能受到城市整体规模（如 GDP、人口等因素）的影响。相对应地，人均专利授权数、人均发明专利授权数以及基于 Dea－Malmquist 测度的技术创新效率指标则可认定为效率型指标。

铁城市具有更好的要素流动通道，使区域间能够更好地进行要素的互换与流通，进而加强了以知识技术溢出、劳动力蓄水池为路径的产业集聚正外部性，并最终强化了产业集聚对技术创新的推动效应。

4.4.5　调节效应分析

4.4.5.1　地区的整体制度环境

理论上，地区整体的宏观制度环境可能会影响企业技术创新的进程与效率：良好的制度环境将有效提升企业的生产经营效率，例如在“简政放权”、解决“最后一公里”问题的背景下，良好的制度环境与不断优化的制度架构将令企业创立更为便捷、项目审批更为迅速、提供服务更为优质，同时也将更加注重对知识产权保护，对重点创新型项目提供充裕的财政补贴等。从此角度来看，讨论地区制度环境如何调节产业集聚对技术创新的影响具有现实意义。

此处，本书在模型中引入了制度环境变量（*inst_envi*）以及这一变量与产业集聚指标的交乘项（*inst_envi* × *agg*）。其中，制度环境指标主要基于王小鲁等（2017）测算的、历年各省的市场化指数。这一指数具体包含了政府与市场、产品市场、要素市场、市场中介组织、非国有经济以及法律制度环境等若干个维度，具有较强的综合性。回归的具体结果如表 4 - 15 所示。可以发现，虽然地区制度环境指标的估计系数并不显著，但是（4）、（5）列中交乘项的估计系数显著为正，这在一定程度上表明良好的制度环境依然可以强化集聚对创新的正向效应，且主要体现在对创新效率层面的促进作用。从另一个角度看，这也体现了产业集聚与当地的制度环境存在一定程度的互补性关联。

表 4 - 15　　调节效应：地区整体的制度环境

变量	(1) *p_a*	(2) *p_a_i*	(3) *m_p_a*	(4) *m_p_a_i*	(5) *i_eff*
agg	0.5498 *** (0.1549)	0.2993 * (0.1610)	0.2406 *** (0.0724)	0.1028 * (0.0613)	0.2634 ** (0.1065)
inst_envi × *agg*	-0.0153 (0.0200)	0.0263 (0.0209)	0.0107 (0.0100)	0.0469 *** (0.0085)	0.0236 * (0.0130)
inst_envi	-0.0517 (0.0609)	-0.0275 (0.0648)	-0.0154 (0.0326)	0.0220 (0.0282)	0.0224 (0.0427)

续表

变量	(1) *p_a*	(2) *p_a_i*	(3) *m_p_a*	(4) *m_p_a_i*	(5) *i_eff*
控制变量	控制	控制	控制	控制	控制
城市固定	控制	控制	控制	控制	控制
年份固定	控制	控制	控制	控制	控制
观测值	3101	3101	3101	3101	3101
R^2	0.8075	0.7979	0.8815	0.8609	0.5688

注：***、**、*分别表示在1%、5%、10%水平上显著；括号中为稳健标准误。

4.4.5.2 地区的知识产权保护水平

由于市场化指数包含制度环境的多个维度，因此可以对原有描述制度环境的市场化指数进行进一步细化。考虑与被解释变量的相关性，本章选取了市场化指数中的知识产权保护指数（*inno_prot*）作为影响地区技术创新的更为具体的制度环境指标。在市场化指数的指标体系中，知识产权保护指数的具体位置为：市场化指数中的分项指数→知识产权保护，对应编号为5c。此处在模型中引入了产业集聚与知识产权保护指数的交乘项，具体的回归结果参考表4-16。

表4-16 调节效应—地区知识产权保护水平

变量	(1) *p_a*	(2) *p_a_i*	(3) *m_p_a*	(4) *m_p_a_i*	(5) *i_eff*
agg	0.4610*** (0.0545)	0.4143*** (0.0584)	0.3139*** (0.0264)	0.1417*** (0.0229)	0.1195* (0.0645)
inno_prot × *agg*	-0.0024 (0.0036)	0.0076** (0.0038)	0.0006 (0.0020)	0.0098*** (0.0018)	0.0087** (0.0038)
inno_prot	0.0020 (0.0101)	0.0105 (0.0120)	-0.0015 (0.0069)	0.0044 (0.0057)	0.0073 (0.0049)
控制变量	控制	控制	控制	控制	控制
城市固定	控制	控制	控制	控制	控制
年份固定	控制	控制	控制	控制	控制
观测值	3101	3101	3101	3101	3101
R^2	0.8074	0.7981	0.8814	0.8613	0.7758

注：***、**、*分别表示在1%、5%、10%水平上显著；括号中为稳健标准误。

可以发现，知识产权保护指数的估计系数虽然基本为正，但是不具备统计意义上的显著性；进一步观察（2）列、（4）列与（5）列结果，交乘项的系数显著为正，说明若本地区拥有更高的知识产权保护水平，则可以更为有效地强化产业集聚对技术创新的促进作用，且这一强化效应体现在技术创新的规模与效率两个方面。

4.4.5.3　要素结构的调节效应[①]

本书已经在控制变量层面对要素结构进行了控制（第二、第三产业比重）。为了分析细分维度下要素结构与集聚间对创新的协同影响，此处进一步构建了其他基础设施要素指标（oth_inf）与产业集聚指标的交乘项，以及服务开放程度（$open$）与产业集聚之间的交乘项。在指标构建上，借鉴许和连与成丽红（2015）的做法，将各省 2005—2016 年基础设施投资的统计范围界定为经济中用于“电力、燃气及水的生产和供应业”“交通运输、仓储和邮政业”“信息传输、计算机服务与软件业”“水利、环境和公共设施管理业”这四个科目，运用永续盘存法估算出以 2000 年不变价表示的各省基础设施资本存量。服务开放程度指标则使用各省市服务进出口总额与地区生产总值之比表示。相关数据来源于《中国统计年鉴》与《中国商务统计年鉴》，具体结果如附录表 A10、表 A11 所示。从结果看，交乘项的估计系数基本保持为正且具有统计显著性，说明充分且完备的基础设施要素与开放要素可以强化产业集聚对区域技术创新的正向推动作用。

4.4.6　空间效应分析

本章的前述部分主要聚焦于区域产业集聚对本地区技术创新产出和效率的影响作用，同时也从实证层面分析与论证了命题 1。进一步依循理论模型的分析逻辑，本部分将空间要素纳入产业集聚对技术创新的研究框架中，以此来分析产业集聚对周边地区技术创新的空间溢出效应。

4.4.6.1　空间权重矩阵的设定

在空间计量分析中，需要首先设置空间权重矩阵。空间权重矩阵设置的合理性主要在于刻画地理距离对经济活动关联性的影响。借鉴以往文献（Elhorst，2014；王鹤和周少君，2017），同时为保证结果的稳健性，本书

---

① 注：此处感谢论文匿名评审专家提出的宝贵意见。

构建三类空间权重矩阵：邻接矩阵（W_{ij}^{binary}）、逆距离矩阵（$W_{ij}^{dis\_sq}$）以及引力矩阵（$W_{ij}^{gravity}$）。首先，从理论上进行分析，地理距离更为接近的地区，其进行合作与交流的概率更高，鉴于此，本书依据两个城市是否相邻以及相隔距离，构建邻接矩阵及逆距离矩阵，具体形式如式（4－49）、式（4－50）所示。

$$W_{ij}^{binary} = \begin{cases} 1 & 相邻 \\ 0 & 不相邻 \end{cases}; W^{s-binary} = \frac{W_{ij}^{binary}}{\sum W_{ij}^{binary}},\ i \neq j \tag{4-49}$$

$$W_{ij}^{dis\_squ} = \frac{1}{D_{ij}^2};\ W^{s-distance} = \frac{W_{ij}^{dis\_squ}}{\sum W_{ij}^{dis\_squ}},\ i \neq j \tag{4-50}$$

式（4－49）—式（4－50）中，D_{ij}表示 i、j 两市的相隔距离。此外，为了避免权重过小时造成的估计误差，最终得到的空间权重矩阵均为标准化后的空间权重矩阵，在式（4－49）、式（4－50）式中，分号后半部分即为标准化后的空间权重矩阵。其次，考虑到地区间关联度与地区间经济发展水平同样有较强相关性，因此本书在逆距离矩阵的基础上，以地区人均 *GDP* 为基准，进一步引入了引力矩阵，如式（4－51）所示。

$$W_{ij}^{gravity} = \frac{E_i \times E_j}{D_{ij}^2};\ W^{s-gravity} = \frac{W_{ij}^{dis\_gra}}{\sum W_{ij}^{dis\_gra}},\ i \neq j \tag{4-51}$$

式中，$Ei(j)$ 表示 $i(j)$ 市人均 GDP，人均 GDP 同样以 2000 年为基期进行平减调整；i、j 分别表示不同城市 i、j。同样，最终得到的空间权重矩阵为标准化后的空间权重矩阵。

最后，本部分将检验利用空间矩阵研究空间效应的必要性。基于每一年的截面数据，以产业集聚指标以及技术创新代表性指标为主要变量，利用三类空间权重矩阵测算产业集聚指标与创新指标的 Moran 指数（Moran's I Value）。表 4－17 的结果显示，产业集聚指标与技术创新指标的 Moran's I 指数均在 1% 统计水平上显著为正。同时，为了进一步识别产业集聚与创新间的关联性，图 4－1 绘制了两个指标历年 Moran' I 指数的变化趋势。可以发现，两者的 Moran's I 指数变动趋势表现出相当的一致性，说明地区的产业集聚水平与技术创新水平存在显著空间关联。换句话说，若忽略了产业集聚与技术创新自身的空间效应，有可能导致模型的估计偏误。当然，为了保证结果的稳健性，模型中涉及的五个创新指标均进行了 Moran'I 指数的测度，各自结果保持了较强的一致性。

表 4-17　　各年度 Moran 指数

Panel A 技术创新指标

矩阵＼年份	2005	2006	2007	2008	2009	2010
$W^{s-binary}$	0.204*** (10.907)	0.208*** (11.080)	0.214*** (11.423)	0.214*** (11.415)	0.228*** (12.112)	0.258*** (13.688)
$W^{s-distance}$	0.293*** (11.843)	0.304*** (12.246)	0.314*** (12.648)	0.311*** (12.509)	0.333*** (13.399)	0.360*** (14.457)
$W^{s-gravity}$	0.292*** (11.828)	0.302*** (12.224)	0.311*** (12.596)	0.308*** (12.471)	0.330*** (13.344)	0.356*** (14.374)

矩阵＼年份	2011	2012	2013	2014	2015	2016
$W^{s-binary}$	0.350*** (18.528)	0.377*** (19.913)	0.359*** (18.988)	0.369*** (19.472)	0.374*** (19.741)	0.389*** (20.519)
$W^{s-distance}$	0.416*** (16.678)	0.417*** (16.755)	0.405*** (16.262)	0.414*** (16.616)	0.407*** (16.326)	0.430*** (17.231)
$W^{s-gravity}$	0.410*** (16.547)	0.411*** (16.579)	0.399*** (16.103)	0.410*** (16.540)	0.403*** (16.258)	0.428*** (17.240)

Panel B 产业集聚指标

矩阵＼年份	2005	2006	2007	2008	2009	2010
$W^{s-binary}$	0.106*** (5.718)	0.100*** (5.422)	0.113*** (6.121)	0.100*** (5.446)	0.124*** (6.692)	0.129*** (6.966)
$W^{s-distance}$	0.147*** (6.011)	0.153*** (6.233)	0.188*** (7.631)	0.184*** (7.477)	0.192*** (7.812)	0.210*** (8.517)
$W^{s-gravity}$	0.148*** (6.071)	0.154*** (6.305)	0.187*** (7.607)	0.182*** (7.420)	0.191*** (7.772)	0.209*** (8.492)

矩阵＼年份	2011	2012	2013	2014	2015	2016
$W^{s-binary}$	0.130*** (6.979)	0.150*** (8.051)	0.120*** (6.490)	0.140*** (7.529)	0.126*** (6.812)	0.161*** (8.626)

续表

年份 矩阵	2011	2012	2013	2014	2015	2016
$W^{s-distance}$	0.209 *** (8.464)	0.216 *** (8.753)	0.254 *** (10.270)	0.263 *** (10.635)	0.256 *** (10.359)	0.278 *** (11.203)
$W^{s-gravity}$	0.208 *** (8.468)	0.217 *** (8.826)	0.253 *** (10.258)	0.262 *** (10.619)	0.254 *** (10.312)	0.274 *** (11.126)

注：此表以人均专利授权量和产业集聚指标为例，此后的表格、图例均以这两个变量作为事例；当然，替换成其他技术创新变量后，结果保持了一致性。

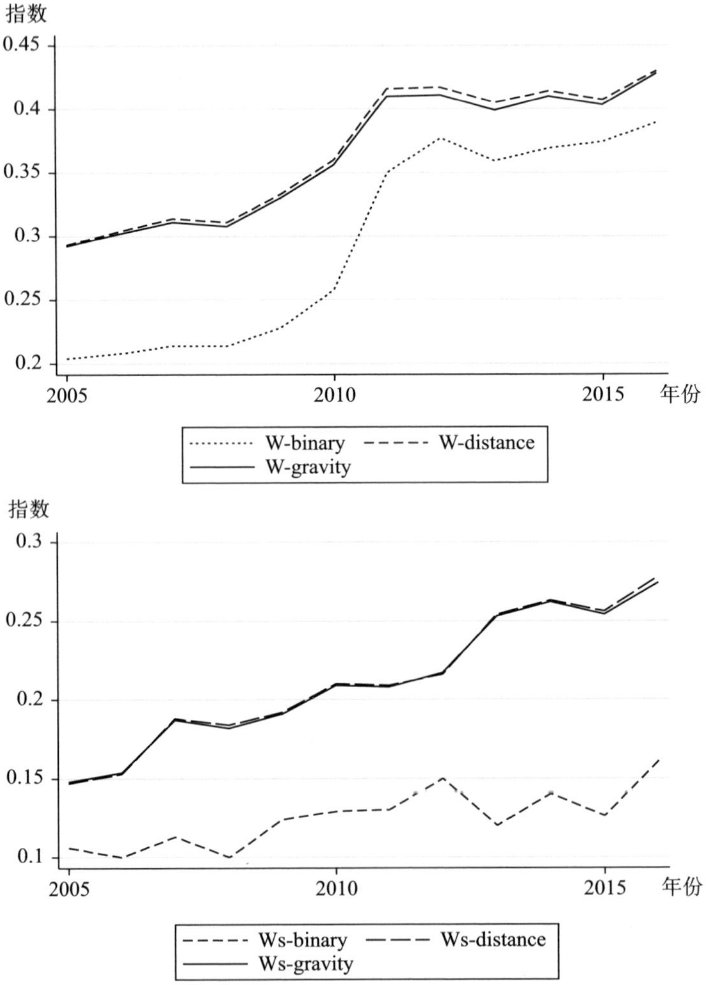

图 4－1　Moran 指数历年的变化趋势

注：上图为对应的技术创新指标、下图为对应的产业集聚指标。

同时，本书还分别绘制了部分代表性年份产业集聚变量与技术创新变量的 Moran 散点图，具体如图 4－2、图 4－3 所示。Moran 散点图以散点图的形式描述变量与空间滞后向量间的相关关系。其中，图 4－2 主要描绘了部分代表性年份中国 285 个地级市的局部 Moran's Ⅰ指数和 Moran 散点图。根据散点图可知，各地区间的产业集聚具有显著的空间正相关性，且大多数城市位于第一象限与第三象限，说明在引力矩阵下中国城市的产业集聚在空间分布上呈现出"高—高"（High－High）、"低—低"（Low－Low）的集聚特征。这表明当前中国的产业集聚在空间分布上是非均匀的，也从侧面验证了中国区域间产业发展的非平衡性。图 4－3 与图 4－2 类似，说明创新要素的空间分布与产业集聚之间表现出较强的相似性与协同性。

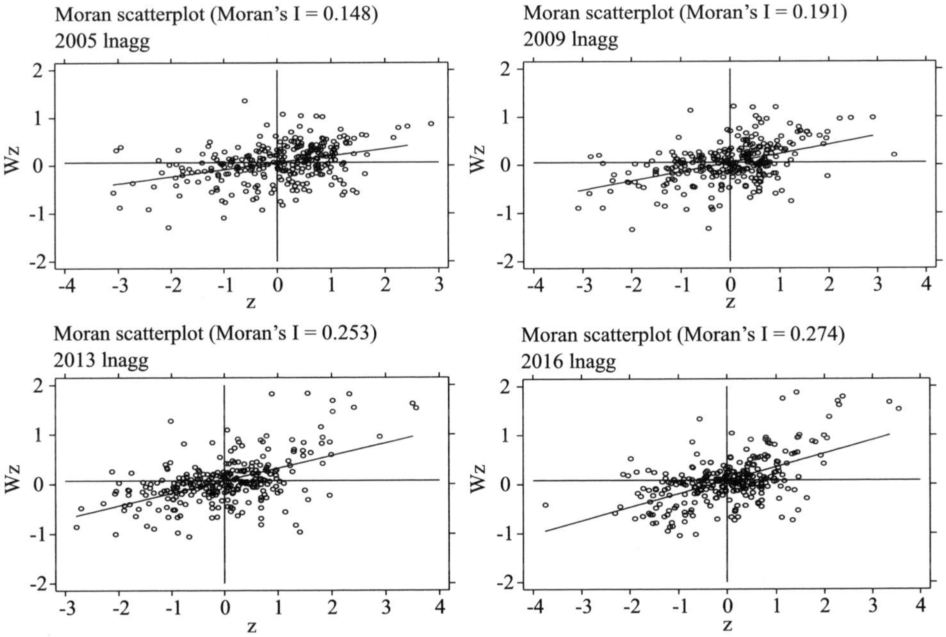

图 4－2 Moran 散点图：产业集聚

4.4.6.2 空间计量模型的选择

为了有效识别产业集聚对技术创新的空间溢出效应，需要筛选和运用适合数据样本的空间估计模型。这里，参考 Elhorst（2014）的方法，本书利用四类检验来识别和选择有效的空间计量模型，表 4－18 给出了具体的检验结果①。

① 测算相关检验的主要 Matlab 工具箱以及代码同样来源于 Elhorst（2014）。

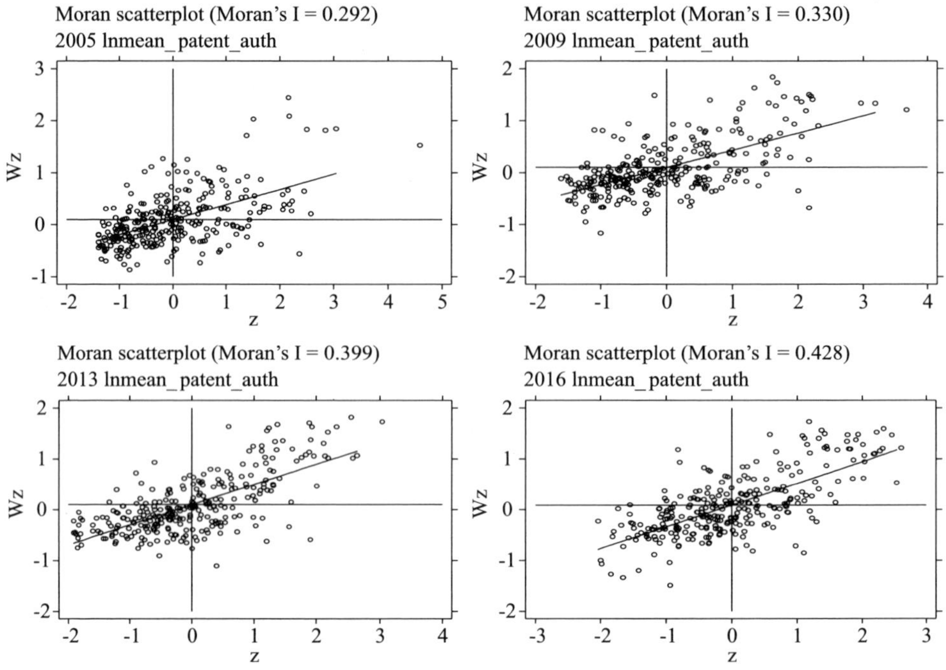

图 4-3　Moran 散点图：技术创新①

表 4-18　　空间计量模型选择：相关检验

检验类型	统计指标	$W^{s-binary}$		$W^{s-distance}$		$W^{s-gravity}$	
		统计值	p - value	统计值	p - value	统计值	p - value
SAR、SEM 模型检验	LM - lag	7758.5521	0.0000	5680.2159	0.0000	4824.3085	0.0000
	R - LM - lag	742.1025	0.0000	699.0509	0.0000	561.5031	0.0000
	LM - err	9834.1661	0.0000	5942.5568	0.0000	4773.1567	0.0000
	R - LM - err	2817.7165	0.0000	961.3918	0.0000	510.3514	0.0000
FE 检验	Hausman	537.3670	0.0000	406.1311	0.0000	6974.1194	0.0000
固定类型检验	LR - S	3193.3588	0.0000	2972.7681	0.0000	2779.2120	0.0000
	LR - T	243.8368	0.9630	185.1394	1.0000	101.0040	1.0000
	LR - ST	3325.0135	0.0000	3194.2421	0.0000	3534.0810	0.0000

① 图 4-2 与图 4-3 均基于空间引力矩阵，其中对应的年份依次是 2005 年、2009 年、2013 年、2016 年；使用邻接矩阵与逆距离矩阵、替换创新指标后，Moran's I 指数与 Moran 散点图与图 4-2、图 4-3 结果类似。

续表

检验类型	统计指标	$W^{s-binary}$		$W^{s-distance}$		$W^{s-gravity}$	
		统计值	p - value	统计值	p - value	统计值	p - value
SDM 模型简化检验	Wald - lag	41.3451	0.0000	21.5954	0.0057	95.5045	0.0000
	LR - lag	43.2414	0.0000	21.3679	0.0062	103.3416	0.0000
	Wald - error	30.8375	0.0000	16.6906	0.0335	84.3449	0.0000
	LR - error	17.2348	0.0693	16.6906	0.0335	79.8793	0.0000

注：此表同样以人均专利授权数为被解释变量的模型作为基础进行相关检验分析；相对应地，其他创新指标的检验结果与本表结果类似。

可以发现，在 SAR（空间滞后模型）、SEM（空间误差模型）模型检验中，LM - lag、R - LM - lag、LM - err、R - LM - err 检验对应的 p 值均接近 0，说明模型存在显著的空间相关性，直接使用 OLS 方法分析可能会忽略地区的空间相关性从而导致模型估计偏误。在考虑 SDM 模型（空间杜宾模型）的固定效应与随机效应检验后，三类矩阵均通过了 Hausman 检验，说明应当使用固定效应的 SDM 模型进行经验分析。由于固定效应存在三种类型，即时间固定效应、空间（个体）固定效应以及时间—空间双向固定效应，本章进一步利用 LR 检验来选择使用哪一种固定效应。检验结果发现，在同时考虑时间效应与空间效应时，LR 检验统计量对应的 p 值接近 0，因此本书采用时间—空间双向效应的 SDM 模型。此外，在 SDM 模型简化检验中，Wald - lag、LR - lag、Wald - err、LR - err 统计值对应的 p 值同样接近 0，通过检验标准，这进一步说明双向固定效应的 SDM 模型无法简化为 SAR 或 SEM 模型。因此，本书最终选择双向固定效应的 SDM 模型作为模型估计的主要方法。

4.4.6.3　空间计量回归结果

本书采用空间面板最大似然估计法（MLE）对主要变量进行回归，且根据上述检验，在模型中进一步控制了个体（城市）效应与时间效应，具体结果如表 4 - 20 中的 Panel A、Panel B 以及 Panel C 所示。其中 Panel A 回归模型所使用的为邻接矩阵，Panel B 为逆距离矩阵，Panel C 为引力矩阵。

根据表中结果可知，从整体来看，对于空间滞后变量的参数 ρ，其估计系数为正，且在 1% 统计水平上显著，说明原本的基准回归模型存在较强的空间相关性，因而在原有模型中纳入空间效应分析是必要的。进一步看，无论基于何种空间权重矩阵，产业集聚指标自身（agg）的估计参数基本为正，且在统计上显著，说明在控制了空间效应之后，产业集聚对技术创新的正向促进作用依然较为明显。同时，产业集聚的空间滞后项（*W_agg*）估计参数也显著为正，意味着产业集聚存在着正向的空间关联效应或交互效应，这与此前基于 Moran' I 指数的分析保持了结论的一致性。通过与基准模型结果（表 4－2 与表 4－3）进行比较可知，若是忽视基准模型涉及变量自身所具备的空间效应，可能会导致对产业集聚估计系数的高估。

空间模型可以进一步分析产业集聚在空间上的溢出效应。从结果看，产业集聚指标对应间接效应（*Indirect Effect*）的估计系数均为正，且都具有统计意义，说明本地区的产业集聚对周边地区的技术创新存在正向的空间溢出效应，即本地区的产业集聚也将促进周边地区的技术创新水平的提升，且这一溢出效应在三类空间权重矩阵下均呈显著正向。值得注意的是，各模型直接效应（*Direct Effect*）的估计系数均大于模型中产业集聚指标（*agg*）的回归系数，说明直接效应中可能包含了“反馈效应”，即某一城市产业集聚在产生空间溢出效应的同时，其他地区产业集聚的反向溢出效应也促进了本地创新水平的提升。因此，上述结论验证了命题 2 中涉及的问题：至少从目前来看，本地区产业集聚对技术创新的效应 $\vartheta_1>0$，其他地区产业集聚的空间效应 $\vartheta_2>0$，产业集聚对技术创新的整体效应 $\vartheta_1+2\vartheta_2>0$，即在综合考虑了空间效应后，产业集聚能够正向推动区域技术创新发展这一结论依然稳健。

表 4－19　　空间计量回归结果

Panel A：基于邻接矩阵

变量	(1) *p_a*	(2) *p_a_i*	(3) *m_p_a*	(4) *m_p_a_i*	(5) *i_eff*
agg	0.0117	0.0292	0.0375**	0.0250	0.1107***
	(0.0233)	(0.0263)	(0.0167)	(0.0169)	(0.0302)
W_agg	0.2705***	0.3381***	0.2354***	0.2295***	0.2102
	(0.0994)	(0.1123)	(0.0718)	(0.0726)	(0.1283)
ρ	0.7189***	0.7191***	0.7830***	0.7634***	0.4114***
	(0.0226)	(0.0228)	(0.0189)	(0.0205)	(0.0389)
Direct Effect	0.0344	0.0584*	0.0649***	0.0487**	0.1190***
	(0.0266)	(0.0301)	(0.0199)	(0.0199)	(0.0317)
Indirect Effect	0.9565***	1.2354***	1.1824***	1.0167***	0.4194**
	(0.3350)	(0.3785)	(0.3115)	(0.2885)	(0.2065)
Total Effect	0.9909***	1.2938***	1.2472***	1.0655***	0.5384**
	(0.3486)	(0.3938)	(0.3228)	(0.2994)	(0.2167)
R^2	0.0026	0.0942	0.0229	0.0295	0.0254

续表

Panel B：基于逆距离矩阵					
变量	(1) *p_a*	(2) *p_a_i*	(3) *m_p_a*	(4) *m_p_a_i*	(5) *i_eff*
agg	0.0295 (0.0238)	0.0471 * (0.0267)	0.0529 *** (0.0171)	0.0325 * (0.0168)	0.1029 *** (0.0300)
W_agg	0.2392 *** (0.0822)	0.1986 ** (0.0923)	0.1280 ** (0.0591)	0.1164 ** (0.0581)	0.1091 (0.1039)
ρ	0.6422 *** (0.0248)	0.6501 *** (0.0245)	0.7465 *** (0.0208)	0.7638 *** (0.0207)	0.3951 *** (0.0334)
Direct Effect	0.0517 * (0.0272)	0.0674 ** (0.0306)	0.0720 *** (0.0206)	0.0495 ** (0.0204)	0.1101 *** (0.0320)
Indirect Effect	0.6915 *** (0.2250)	0.6253 ** (0.2566)	0.6341 *** (0.2296)	0.5722 ** (0.2413)	0.2342 (0.1642)
Total Effect	0.7433 *** (0.2398)	0.6927 ** (0.2735)	0.7062 *** (0.2421)	0.6217 ** (0.2540)	0.3443 * (0.1775)
R^2	0.0088	0.0047	0.2870	0.2969	0.0065

Panel C：基于引力矩阵					
变量	(1) *p_a*	(2) *p_a_i*	(3) *m_p_a*	(4) *m_p_a_i*	(5) *i_eff*
agg	0.0272 (0.0238)	0.0449 * (0.0267)	0.0517 *** (0.0171)	0.0313 * (0.0168)	0.1032 *** (0.0300)
W_agg	0.2494 *** (0.0841)	0.2069 ** (0.0945)	0.1282 ** (0.0605)	0.1100 * (0.0594)	0.1225 (0.1064)
ρ	0.6426 *** (0.0248)	0.6487 *** (0.0246)	0.7462 *** (0.0208)	0.7604 *** (0.0208)	0.3964 *** (0.0336)
Direct Effect	0.0501 * (0.0272)	0.0655 ** (0.0306)	0.0706 *** (0.0206)	0.0472 ** (0.0204)	0.1109 *** (0.0320)
Indirect Effect	0.7161 *** (0.2298)	0.6413 ** (0.2608)	0.6303 *** (0.2337)	0.5339 ** (0.2424)	0.2568 (0.1683)
Total Effect	0.7662 *** (0.2445)	0.7068 ** (0.2775)	0.7008 *** (0.2461)	0.5811 ** (0.2550)	0.3677 ** (0.1814)
R^2	0.0135	0.0059	0.3220	0.2987	0.0066

续表

变量	(1) p_a	(2) p_a_i	(3) m_p_a	(4) m_p_a_i	(5) i_eff
控制变量	控制	控制	控制	控制	控制
城市固定	控制	控制	控制	控制	控制
年份固定	控制	控制	控制	控制	控制
观测值	3420	3420	3420	3420	3420
Num of City	285	285	285	285	285

注：***、**、*分别表示在1%、5%、10%水平上显著；括号中为稳健标准误。此处，由于基于极大似然估计的双向固定空间SDM模型回归不允许存在缺省值，因此在回归设定中将缺省值统一设定为0。

尽管产业集聚对周边地区技术创新的间接效应大于直接效应，但是对于某一城市而言，本地技术创新受到其他地区金融集聚的溢出效应依然会明显小于本地区产业集聚的直接效应。具体而言，以表4－19中（5）列结果为例，假设本市的产业集聚对剩下284个市均产生相同的空间溢出效应，那么对应每个城市的平均溢出效应系数等于0.4194/284≈0.0015，这远小于产业集聚直接效应的估计系数，即0.1107。

4.4.7 产业集聚与技术创新的非线性关联

正如理论分析部分中命题3所示，产业集聚自身的外部性分为两个方面：一是以Marshall外部性、Jacobs外部性以及Porter外部性为代表的正外部性，其可以通过单一行业或多行业的劳动力蓄水池、产业上下游关联、知识技术溢出以及充分竞争等效应正向促进区域创新水平的提升；二是以拥挤效应为代表的负外部性，其中的影响因素包括过度的产业集聚减少了本地区企业拥有的平均公共基础设施、行业拥挤导致过度竞争、集聚区高地价挤出新企业等。

根据上述分析可知，产业集聚对技术创新的影响效应实际上取决于产业集聚自身所形成的净效应，即正外部性与负外部性相互抵消后的净效应。从本章前文结论来看，目前中国城市层面的产业集聚对技术创新的净效应，无论是否考虑了空间效应的影响，均显著为正。但是，在分析中也不能忽视过度集聚所可能造成的负向影响，例如，Combes（2002）、Brulhart和Sbergami（2009）等发现产业集聚实际上与经济发展效率之间并没有显著的正向关联，部分结果还显示集聚可能会阻碍一些地区的经济增长与生产效率的提升。国内文献中，孙慧和朱俏俏（2016）发现资源型集聚与 TFP 增长呈现倒 U 型关联，陈旭等（2016）则发现企业的空间集聚与企业的二元出口边际同样存在显著的倒 U 型关联。

基于上述考虑，此处将重点考察产业集聚与技术创新间的非线性关联。在原有估计模型的基础上，本书引入产业集聚指标的平方项（*agg_sq*）。主要结果如表 4－20 所示。从结果来看，产业集聚对技术创新的正向效应依然显著；与之对应，在（1）—（3）列结果中，产业集聚指标的二次方项显著为负，说明产业集聚与技术创新之间可能存在一定的非线性关联，并呈现出清晰的倒 U 形特征。

表 4－20　　产业集聚与技术创新的非线性关联检验

变量	(1) *p_a*	(2) *p_a_i*	(3) *m_p_a*	(4) *m_p_a_i*	(5) *i_eff*
agg	0.0655 (0.0399)	0.0728* (0.0389)	0.1092*** (0.0306)	0.1017*** (0.0298)	0.0910** (0.0455)
agg_sq	－0.0660*** (0.0229)	－0.0430* (0.0241)	－0.0345** (0.0164)	0.0103 (0.0169)	0.0311 (0.0231)
控制变量	控制	控制	控制	控制	控制
城市固定	控制	控制	控制	控制	控制
年份固定	控制	控制	控制	控制	控制
观测值	3199	3199	3199	3199	3219
R^2	0.9498	0.9390	0.9242	0.8817	0.7067

注：***、**、*分别表示在 1%、5%、10% 水平上显著；括号中为稳健标准误。

此外，由于需要考虑模型可能存在的空间效应，因而此处在原有模型中进一步引入了空间效应模型，相关检验的结果表明，应当同样使用双向固定的 SDM 模型进行估计。主要的估计结果如表 4－21 所示。可以发现，ρ 的估计系数依然在 1% 统计水平上显著为正，说明模型本身具有较强的空间相关性，应当使用空间计量模型进行估计。进一步分析可以发现，产业集聚指标的平方项在（1）、（2）两列中显著为负，但是在（3）—（5）列中，产业集聚平方项的系数并不显著，说明产业集聚与技术创新的规模型指标之间存在倒 U 型关联，但是与创新的效率型指标间，这一关联并不显著，且产业集聚更多地表现出对技术创新效率的净正向促进作用。上述针对产业集聚与技术创新之间非线性关联的讨论进一步论证了理论模型部分中的命题 3，即产业集聚从本质上存在正负双向外部性，且其最终产生的影响取决于正负外部性的净效应。

表 4-21　产业集聚与技术创新的非线性关联检验—纳入空间效应

变量	(1) *p_a*	(2) *p_a_i*	(3) *m_p_a*	(4) *m_p_a_i*	(5) *i_eff*
agg	-0.0483 (0.0305)	-0.0240 (0.0343)	0.0075 (0.0217)	0.0268 (0.0220)	0.1358 *** (0.0383)
agg_sq	-0.0380 *** (0.0144)	-0.0307 * (0.0163)	-0.0168 (0.0103)	0.0083 (0.0104)	0.0211 (0.0182)
W_agg	0.0933 (0.1384)	0.2011 (0.1562)	0.0785 (0.0988)	0.0966 (0.1002)	0.3344 * (0.1752)
W_agg_sq	-0.0485 (0.0702)	0.0039 (0.0789)	-0.0430 (0.0500)	-0.0002 (0.0505)	0.1036 (0.0884)
ρ	0.6810 *** (0.0249)	0.6810 *** (0.0251)	0.7432 *** (0.0213)	0.7129 *** (0.0233)	0.4331 *** (0.0378)
控制变量	控制	控制	控制	控制	控制
城市固定	控制	控制	控制	控制	控制
年份固定	控制	控制	控制	控制	控制
观测值	3420	3420	3420	3420	3420
R^2	0.1035	0.0126	0.3693	0.0948	0.0325
Num of City	285	285	285	285	285

注：***、**、* 分别表示在 1%、5%、10% 水平上显著；括号中为稳健标准误。

4.5　本章小结

本章从理论与实证两个层面探讨了产业集聚对区域技术创新的影响效应。

在理论层面，本章基于熊彼特框架，构建了包含集聚经济与空间影响的内生增长模型，并推导得到了三个命题，即：①产业集聚对技术创新的具体影响取决于集聚外部性形成的净效应。②这一净效应不仅包含本地区产业集聚的影响，同时也需要考虑其他地区产业集聚所形成的空间溢出效应。③从本质看，产业集聚的净效应取决于自身正负双向外部性之间的博弈。根据已有文献的研究结果，本书预计产业集聚对地区创新的净效应依然显著为正，但是两者间可能存在非线性关联。

在实证层面，本章进一步结合手工抓取的专利数据、《中国城市统计年鉴》《中国统计年鉴》的地级市各类指标数据，构建了中国 285 个地级市 2005—2016 年面板数据，探讨产业集聚对技术创新具体的影响效应。研究结果发现：①整体上，产业集聚对技术创新存在显著的正向推动作用，且这一作用在考虑了内生性问题及一系列检验后依然稳健。②异质性分析发现，产业集聚对技术创新的正向效应在非东部地区、大型城市以及高铁城市样本中更强。③调节效应分析发现，良好的制度环境、基础设施要素与开放要素能够更好地发挥产业集聚对技术创新的推动作用。④空间计量分析结果显示，在考虑了空间效应后，既有结论依然稳健。同时，产业集聚在空间上存在正向的空间溢出效应与反馈效应。⑤非线性关联分析发现，产业集聚与技术创新存在较为明显的倒 U 形关联，且这一关联对于规模性创新指标更为显著。

根据上述结果，可以认为，区位层面产业集聚对技术创新的净效应依然显著为正，且结论稳健，表明中国历年来推动实施的构建产业集聚区这一宏观政策导向具有较强的理论依据与经验支撑。值得注意的是，产业集聚的负向效应在某种程度上已开始显现，这主要体现在产业集聚与技术创新之间存在的倒 U 形关联。由此，探讨如何充分利用集聚优势推动技术创新发展，化解潜在的集聚负效应具有重要的意义。

第5章　企业视角下的进一步探讨：兼论创新的模式与质量

根据第3章与第4章的分析和总结可知：在区域层面，无论是在理论或是实证上，产业集聚对技术创新整体上呈现出正向的推动作用，且这一作用在考虑了内生性以及其他相关检验后依然稳健。本章将在前两章的基础上将研究对象细化，主要基于企业层面数据对这一主题进行探讨。其中，本章主体的实证策略与第4章类似，同样包含相应的内生性、稳健性检验、异质性分析以及非线性效应分析等多层次分析。可以认为，本章既检验了前述章节结论的稳健性，同时也顺延了从宏观到微观这一逻辑路径，当然也力求在更深层次有新的研究发现。进一步地，相较于现有文献，本章将对集聚与创新两个维度进行进一步扩充，引入基于企业间距离测算的DO指数以及企业自身的创新模式和创新质量指标，更为深入地探讨产业集聚对技术创新的综合影响效应，论证产业集聚是否加剧了企业创新的低端锁定问题，有效补充了集聚对创新影响的相关研究。

5.1　引言

企业作为产业中的微观主体，是经济的基本细胞，因此将研究视角从宏观层面深入到企业层面具有重要的现实意义。根据已有理论，产业集聚通常能够为企业提供以Marshall、Jacobs以及Porter为代表的多层次正外部性，而这些正外部性可以通过劳动力蓄水池、中间品市场共享、知识技术溢出以及企业间竞争等路径有效提升企业整体的经营水平、生产效率与创新水平。前几章内容已经对产业集聚的相关理论进行了较为全面的分析，因此本章主要强调对前述章节内容的深层论证。

从目前来看，在企业层面上现有研究集中讨论了产业集聚所产生的具体效应，其中主要涉及企业的全要素生产率（TFP）、企业动态、企业规模、组织模式、商业信用以及出口产品质量等方面（如陆毅等，2010；Martin 等，2011；邵宜航与李泽扬，2017；苏丹妮等，2018 等）。在企业创新上，De 和 Beveren（2010）基于比利时本地数据，简要探讨了产业集聚水平与企业产品创新的关联性；Hemert 等（2013）则基于荷兰的中小企业数据，发现了企业创新过程中集聚所形成竞争外部性对提升企业的创新绩效的重要意义。在国内的相关研究中，沈能与赵增耀（2014）利用中国制造业普查数据，分析了产业集聚的动态外部性（主要讨论了 Marshall 外部性与 Jacobs 外部性）对企业创新的影响；杜威剑和李梦洁（2015）等则基于 1998—2007 年的中国工业企业数据，同样讨论了产业集聚对企业产品创新的影响，并发现以中国城市化为代表的经济集聚能够显著促进企业的技术创新，且此效应存在异质性。

国内基于企业创新这一主题的研究集群已具规模，且涉及视角丰富，如蔡庆丰等（2020）探讨了信贷资源可得性对企业创新的影响；刘诗源等（2020）则基于企业的生命周期理论分析了税收激励对企业创新的影响。但是，从企业层面分析产业集聚对企业创新影响的研究依然存在一定的拓展空间，这一“空间”主要体现在两个方面：

第一，对技术创新视角的拓展。首先，从创新的全生命周期来看，企业的技术创新涉及创新意愿（如 R&D 投入）、创新的中间品产出（如专利）以及创新的转化（企业的新产品产值等）。其次，企业创新还涉及创新模式以及创新的中间品（专利）、最终品（新产品）质量，这就进一步引出了企业是否进行持续性创新，或是企业是否更偏向于高质量创新等问题。国内针对创新模式的研究学者主要有胡彬和万道侠（2017、2019），其主要基于 2012 年世界银行对中国营商环境的调查数据以及中国工业企业数据分析产业集聚与企业创新模式之间的关联性。从逻辑上看，企业的创新模式与创新质量之间本身即具有较强的关联性。可以认为，两者在整体上一以贯之、一脉相承。具体而言，选择高端创新模式的企业也更易于进行高质量创新，例如，申请高引用专利，产出高附加值产品等；反之，低端创新模式也往往与低质创新息息相关。但是，创新的模式与质量间也并非存在必然联系，这主要表现在高质量创新的偶发性、稀有性上。因此，将模式与质量两者进行分类讨论具有一定意义。在专利质量的估计上，张杰和郑文平（2018）利用专利的知识宽度对企业的创新质量进行评估；诸竹君等（2020）与国外大量文献的做法类似，通过专利引用量构建专利质量指标，并将其作为企业创新质量的代理变量，探讨外资进入对中国企业创新的影响。

第二，对产业集聚指标的拓展。目前学术界具有代表性的产业集聚指标包含区位熵、空间基尼系数、EG 指数、DO 指数等。其中，由于区位熵、空间基尼系数和 EG 指数等指标的构建相对简单，因而被大量文献所采用；相对而言，由于指标构建以及计算的复杂性，DO 指数在文献中使用频率较低。国内研究主要利用 DO 指数分析各类行业的集聚水平或是产业集聚的影响因素：例如，袁海红等（2014）讨论了北京市不同产业的集聚水平与发展趋势；孟美侠等（2019）则利用 DO 指数讨论了开发区政策如何影响中国整体的产业空间集聚情况。考虑到 DO 指数主要基于企业间的空间距离数据进行测算，因此，其相对于其他指标可以有效排除 MAUP 问题，使在研究中使用 DO 指数具有较强的理论意义与实践优势。

由此，相较于已有文献，本章内容主要作出了如下拓展与创新：在创新指标上，本章首先基于创新的生命周期理论构建了从 R&D 投入、专利到新产品产值的创新指标体系。同时，本章构建了企业创新模式指标，探讨产业集聚如何影响企业的创新模式选择。此外，本书进一步利用了企业发明专利申请数据，从谷歌专利数据库（Google Patent）中爬取企业发明专利对应的被引数与引用数等专利质量的相关数据，并进一步纳入知识宽度指标，构建了多维企业创新质量指标体系。在产业集聚的测度上，本章首先使用了以往文献中广泛使用的产业集聚指标（包括区位熵、空间基尼系数、EG 指数等），同时，通过百度地图开发者 API 以及 xGeocoding 软件，解析各工业企业的精确经纬度坐标，并由此测算工业企业数据库中三位数行业历年的 DO 指数。产业集聚与技术创新的双维指标扩充不仅满足了本章研究的稳健性要求，同时也保证了本书研究的全面性，也是对现有研究的有效补充。

本章主要探讨的依然是产业集聚对技术创新的影响效应，并没有讨论产业集聚具体的影响机制。这与本书的主体结构有关，第 6 章将结合动态外部性理论，基于正负双向视角讨论产业集聚对技术创新具体的影响路径与作用机制。由此，本章的主要结构如下：5.2 节主要描述了基于企业层面数据的实证策略，其中包括具体的指标构建、数据来源以及对应指标的描述性统计；5.3 节报告了实证结果，其中包含相对应的稳健性检验、异质性分析以及产业集聚影响的非线性效应分析；5.4 节、5.5 节为进一步分析，其中 5.4 节主要研究产业集聚对企业创新模式的影响；5.5 节则基于企业创新质量分析产业集聚的主要效应；5.6 节则是本章小结。

5.2 实证策略与指标构建

5.2.1 计量模型的构建

本章内容的核心依然在于考察产业集聚如何影响技术创新，因此具体的计量模型构建与第 4 章类似。但是，由于本章研究主要基于企业层面数据，因此分析过程所对应的主要指标与第 4 章存在较大差异。总体来看，与第 4 章构建的计量模型类似，本章的核心基准模型如式（5－1）所示：

$$innovation_{ijct} = \alpha_0 + \alpha_1 agg_{ijct} + \sum \lambda_i X_{ijct} + \sum \chi_i Y_{ct} + \sum \delta F + \varepsilon_{it} \tag{5-1}$$

式（5－1）中，i、j、c、t 分别表示企业、行业、地区以及年份；*innovation* 表示企业层面的创新变量，包含企业的 R&D 投入强度、企业的专利申请授权情况以及以新产品产值为代表的企业技术创新转化情况等各类企业创新指标；*agg* 则表示经过企业层面数据调整的产业集聚指标；X 表示企业层面的控制变量；Y 则表示区域层面的控制变量；F 表示模型中涉及的一系列控制变量，此处考虑到产业集聚依然为基于企业数据构建的区域性指标，因此控制效应主要包含了区域效应、行业效应以及年份效应，其中行业效应主要为工业企业数据中所涉及的 2 位数行业[①]；ε_{it}则表示模型中的随机扰动项。当然，考虑到产业集聚的正负双向外部性，与第 4 章的做法类似，本章在模型中加入了产业集聚指标的平方项，在企业层面进一步验证了产业集聚与技术创新之间非线性关联，具体模型如式（5－2）所示：

$$innovation_{ijct} = \alpha_0 + \alpha_1 agg_{ijct} + \alpha_2 agg\_sq_{ijct} + \sum \lambda_i X_{ijct} + \sum \chi_i Y_{ct} + \sum \delta F + \varepsilon_{it} \tag{5-2}$$

可以预计，如果第 4 章的研究结论稳健，则 α_2 的系数估计应当显著为负。同时，本章的后续内容还将讨论产业集聚对企业创新模式与创新质量的关联性，因此，在式（5－1）基础上，本章进一步构建了如下基准估计模型：

$$inno\_m_{ijct} = \alpha_0 + \alpha_1 agg_{ijct} + \sum \lambda_i X_{ijct} + \sum \chi_i Y_{ct} + \sum \delta F + \varepsilon_{it} \tag{5-3}$$

---

① 在实证分析中，为了保证结果的稳健性，本书还控制了三位数行业的固定效应，结果与二位数行业类似，具体结果可以参考附录表 A3 中的结果。

$$inno\_qua_{ijct} = \alpha_0 + \alpha_1 agg_{ijct} + \sum \lambda_i X_{ijct} + \sum \chi_i Y_{ct} + \sum \delta F + \varepsilon_{it} \quad (5-4)$$

式（5－3）中，*inno_m* 表示企业所涉及的各类创新模式指标，本书将根据企业的创新强度与创新的持续性将企业的创新模式设定为具体的四类；式（5－4）中，*inno_qua* 则表示企业各类创新质量指标。创新模式与创新质量指标的测度构建方式将在下一节中进行详细阐述；i、j、c、t 下标以及 ε_{it} 表示的含义与式（5－1）相同。

5.2.2 相关指标构建

5.2.2.1 被解释变量

式（5－1）、式（5－2）中的被解释变量（*innovation*）主要涉及企业层面创新活动，因此在指标选择上既要保证相关性，又要考虑指标的综合性。因此，借鉴已有文献，同时结合技术创新的全生命周期理论，本章在创新投入端选择了企业的 R&D 投入指标（*rnd*），使用对数化后的企业 R&D 投入规模进行刻画[①]；在企业创新的中间品环节上，考虑到样本量问题，本章主要使用了企业的专利申请数据，其中包含了一系列指标，包括：企业的专利申请数（*pat_app*）、发明专利申请数（*pat_appi*）、累积发明专利申请数[②]（*accui*）以及人均累积发明专利申请数（*m_accui*），同样，每项指标均经过对数化处理；在企业的最终品产出环节上，本书则主要使用对数化后的企业新产品产值（*np*）这一指标进行衡量。

式（5－3）中被解释变量主要为企业的创新模式，实际上，在政府干预和市场诱导的双重效应之下，产业集聚本身为企业发展提供了不同的“租金”来源，其主要可以概括为“政策租”和“集聚租”两个方面，并由此引发企业对不同创新战略的偏向性，而偏向性的不同可能会导致企业创新战略的分层，即形成低端、不可持续的创新模式与高端、可持续的创新模式。基于这一思想，同时借鉴胡彬与万道侠（2017）的做法，本书简要设计了四个层次的企业创新模式，皆为（0，1）虚拟变量，且创新层次由高到低依次递减。具体来说：①高端创新模式的虚拟变量（*inno_m3*）。将 R&D 投入（*rnd*）、新产品产值（*np*）、专利申请（*pat_app*）均大于零，且下一年度这三类指标同

① 为了保证稳健性，本书还使用了其他文献中使用较多的研发强度指标，利用企业的 R&D 投入与企业的销售额之间的比值进行测度；回归结果与本书的结果类似，即产业集聚同样显著促进了企业的研发强度。

② 考虑到样本量，同时兼顾企业在整体生命周期内的技术创新情况，累计发明专利申请数的起止年份为 1985 年，这也是该数据平台提供数据的起始年份。

样大于零的企业样本，设定为高端创新模式，其对应的指标为 $inno\_m3=1$，其余企业样本 $inno\_m3=0$。②中端创新模式的虚拟变量（$inno\_m2$）。将企业当期 R&D 投入、新产品产值、专利申请均大于零的企业设定为中端创新及以上企业，其对应指标为 $inno\_m2=1$。③低端创新模式的虚拟变量（$inno\_m1$）。仅需企业当期 R&D 投入、新产品产值、专利申请这三类指标中的某一项指标大于零，即将该企业设定为低端及以上创新模式企业，其对应的指标 $inno\_m1=1$。④剩下企业则为无创新企业，其对应指标为 $inno\_m1=0$（或 $inno\_m0=1$）。

式（5-4）所涉及的被解释变量主要考察企业的创新质量。实际上，关于专利质量这一问题，学术界仍然缺少具有代表性的代理变量。本章借鉴以往文献的做法，将专利质量作为企业创新质量的代理变量。参考已有文献，本章引入了专利引用量与专利知识宽度两个指标对专利质量进行测度。

本章首先基于专利公开号对每个发明专利的引用情况进行爬取，并构建了“企业—申请年—专利编号—专利引用情况”的面板数据。借鉴以往文献的做法（如 Chemmanur 等，2014；Brav 等，2018），本章在企业层面构建了各企业专利的平均他引数指标（m_cited）与平均引他（本专利引用其他专利）数指标（m_cita）。引他数指标部分反映了专利创新的交叉性，其与 Acharya 和 Xu（2017）等文献中使用的专利原创程度（*originality*）指标具有较强的关联性①。同时，为了避免极端值的影响，本章进一步在企业层面构建了专利他引中位数指标（md_cited）以及引他中位数指标（md_cita）。当然，由于专利的被引用存在右侧的“断尾”问题，因此本章仅考察了专利申请后5年内的专利被引用量。

除了利用专利引用数据构建创新质量指标以外，本章进一步借鉴 Aghion 等（2015）、Akcigit 等（2016）等文献的做法，利用专利的知识宽度法测算专利质量。知识宽度法主要描述了专利的广泛度与复杂度，进而反映专利质量。这一指标与专利的引用量类似，有利于弥补传统文献基于数量维度测度企业创新能力方法的不足。具体来说，专利的复杂性越高，其可复制性、可模仿性以及可替代性也就越低，这势必会影响企业在市场中的创新垄断能力，

① 在 Acharya 和 Xu（2017）的研究中，专利的原创性公式为：

$$originality_i = 1 - \sum_j \left(\frac{num_j^c}{total_i^c} \right)^2$$

其中，$total_i^c$ 表示企业 i 申请专利中引用其他前置专利总量；num_j^c 表示行业 j 中的引用专利的数量。这一指标反映特定专利引用前置专利的宽度。该指标值越大，表示专利的创新交叉性越强，原创程度越高。

也进一步体现了专利价值。为了测度专利的知识宽度，本书主要使用中国国家知识产权局专利文件中的 IPC 分类号数据。

不同专利对应的 IPC 分类号存在较大差异。具体来看，发明专利与实用型专利中，IPC 分类号的格式一般采用“部—大类—小类—大组—小组”的格式，例如，中兴通讯股份有限公司在 2009 年申请的专利号为 CN101986725A 的发明专利，其 IPC 号为 H04W4/06I；H04W76/02I；H04W84/08I[①]。其中，IPC 分类号中，第一个字母的取值范围为 A—H，表示专利对应的 8 个大部。其中，A 表示生活必需品类（农业、轻工业、医药业）；B 表示作业和运输业；C 表示化学、冶金业；D 表示纺织业与造纸业；E 表示固定建筑物；F 表示机械工程、照明、采暖、爆破、武器等；G 表示物理；H 表示电技术行业。第二与第三个数字则表示大类，第四个字母表示小类；大组和小组之间则用“/”符号进行分隔。基于以上信息，本章主要基于小组层面的 IPC 分类（例如 H04W4/06I），对每个发明专利的 IPC 号分类数量在企业层面进行统计核算与加总，最终得到每个发明专利的知识宽度指标[②]，且单个专利的知识宽度指标对应的值越大，表明专利可能的质量也就越高。同时，与专利引用指标构建的方法类似，本章设计了企业平均专利知识宽度水平（m_kn_wid）以及知识宽度水平（md_kn_wid）的中位数这两类指标。

需要指出的是，本章主要测度了发明专利的专利质量，没有估计实用型专利以及外观专利的专利质量，这主要基于两方面考虑。一方面，毛昊等（2018）指出，过度膨胀的实用型专利可能已经对中国的经济与 TFP 产生了负向冲击，实用型专利的制度使用陷阱问题凸显。因此，从专利质量或是专利价值视角上看，考虑发明专利的质量更具有研究意义。另一方面，外观设计的专利分类号体系与发明专利和实用型专利存在较大差异，所以无法有效估计其知识宽度，因而本章进一步排除了外观专利，仅使用发明专利数据。此外，通过前文构建的一系列企业创新质量指标，本章进一步通过主成分分析的方法构建了企业综合创新质量指标（$comp\_qual$）。

5.2.2.2 核心解释变量

区位熵指标（agg）。从指标性质而言，区位熵不受区域规模要素的影响，因此能够较好地体现要素在空间上的整体分布情况，同时也为了保证核心变

---

① 原始 IPC 号为 H04W4/06（2009.01）I；H04W76/02（2009.01）I；H04W84/08（2009.01）I，本书为了说明问题进行了简化处理。

② 此处对知识宽度指标同样进行了对数化处理。

量的一致性与统一性，借鉴 Rosenthal 和 Strange（2004）、范剑勇等（2014）、苏丹妮（2018）的做法，本章在企业层面构建如下的产业集聚指标：

$$agg_{ijct} = \frac{(L_{jct} - L_{ijct})/L_{ct}}{L_{jt}/L_t} \tag{5-5}$$

其中，i 表示企业；L_{jct}为地区 c 产业 j 在 t 年的就业人数；L_{ct}为该地区整体的就业规模；L_{jt}则表示行业 j 在 t 年的就业总人数；L_t 为全国的就业人数。需要说明的是，在计算上述指标的过程中，本章通过剔除企业自身的就业人数对指标进行调整，以避免由企业自身规模所导致的估计偏误。同时，考虑数据的可得性，本章使用基于城市层级的二位数行业数据测算产业集聚中涉及的其他指标（包括空间基尼系数、EG 指数等）。

DO 指数（*do_index*）。在进一步分析中，本章还将基于行业层面数据进行检验，因此有必要阐明如何测度 Duranton 和 Overman（2005）所提出的 DO 指数。具体来说，测算 DO 指数可以分为以下三步：

第一步，计算企业距离的核密度函数。假定行业 A 中共有 n 家企业，通过 Geocoding 技术获得企业的经纬度数据后，计算出 $n(n-1)/2$ 个两两企业之间的距离对。这一估计虽然与企业间实际的距离存在偏差，但是 Duranton 和 Overman（2005）认为，这一偏差对估计结果的影响有限。基于距离对数据，构建如下的核密度函数：

$$K(d) = \frac{1}{n(n-1)h}\sum_{i=1}^{n-1}\sum_{j=i+1}^{n} f\left(\frac{d-d_{ij}}{h}\right) \tag{5-6}$$

其中，d 表示两两企业之间彼此的空间距离；d_{ij}表示企业 i 与企业 j 之间的距离值；f 表示高斯核密度函数；h 表示窗（带）宽，借鉴 Silverman（1986）的做法，设置窗宽为：$h = (1/25) \times std(K) \times (4/3n)^{(1/5)}$。考虑到企业自身的规模大小会影响企业的分布特征，因此本章基于 Duranton 和 Overman（2005）的做法，利用企业的从业人员作为规模的权重纳入原本的核密度函数，式（5-6）可以进一步转变为：

$$K^e(d) = \frac{1}{h\sum_{i=1}^{n-1}\sum_{j=i+1}^{n}(e_i \cdot e_j)}\sum_{i=1}^{n-1}\sum_{j=i+1}^{n}(e_i \cdot e_j) f\left(\frac{d-d_{ij}}{h}\right) \tag{5-7}$$

其中，e_i 与 e_j 分别表示企业 i 与企业 j 的从业人数。

第二步，构建反事实实验（Counterfactual Experiment）。此处，为了识别行业 A 的空间分布情况，在构建了上述核密度函数之后，再将其与反事实实验中，无约束条件下企业随机分布的核密度函数进行对比。具体来说，即在假定该行业所有企业在设定区域内随机分布，在该种情况下的式（5－7）进行重新测算，获得的反事实实验下的核密度函数，并将获得的反事实核密度函数与原函数进行对比。与以往文献的做法类似，本书对每个三位数行业进行1000次的蒙特卡洛模拟。

第三步，构建置信区间。根据距离 d，对所获得行业 A 的反事实实验所对应的1000个核密度函数按照升序进行高低排列，并最终选择5%与95%作为置信区间的下限 $K^e_{A,down}(d)$ 和上限 $K^e_{A,up}(d)$。此时，随着 d 的增加，可以得到距离的置信带，这一置信带被称为局部置信区间。对于固定的距离 d 来说，若是 $K^e_A(d)>K^e_{A,up}(d)$，则说明 A 行业在距离 d 上在95%的置信区间内呈现出集聚状态；若 $K^e_A(d)<K^e_{A,down}(d)$，则说明行业 A 在距离 d 上以95%的置信水平呈现出离散状态；若 $K^e_{A,down}(d)\leqslant K^e_A(d)\leqslant K^e_{A,up}(d)$，则说明行业呈现出随机分布的状态。如果用 $\phi_A(d)$ 与 $\theta_A(d)$ 分别表示行业 A 的局部的集聚指数与分散指数，则两者可以分别表示为：

$$\phi_A(d)=Max[K^e_A(d)-K^e_{A,up}(d),0]$$
$$\theta_A(d)=Max[K^e_{A,down}(d)-K^e_A(d),0] \quad (5-8)$$

当然，运用局部置信区间识别行业 A 的空间分布特征，必须要对 d 进行相应的限制，因为有时会出现 d 较大，同时 $\phi_A(d)>0$ 的情况。例如，$\phi_A(1000km)>0$，此时并不能认为行业 A 是集聚，因为这可能是存在两个距离为1000千米的集聚中心所导致的。因此，选取 d 的截断距离非常重要，Brakman等（2017）使用企业间距离的中位数作为 d 的截断距离，但是对于中国这个幅员辽阔的国家来说，使用中位数有可能会错误地将存在相距较远的两个集聚区的行业判定为集聚型行业。为了避免此种错误，本章参考Duranton和Overman（2005）、孟美侠等（2019）的做法，选取了200千米这一较小的地理尺度作为判定行业是否集聚的截断距离。

进一步地，为了识别行业 A 的集聚模式，还需要判断本行业在0—200千米的全局集聚模式。同样，当 $d\in[0,200km]$ 时，若 $K^e_A(200km)>K^e_{A,up}(200km)$，则认为该行业具有全局集聚特征；反之则认为该行业存在全局分散特征；其余情况则认为该行业为全局随机分布。此时对应的 $\phi_A(d)$ 即可以认为是行业 A 的DO指数（*do_index*）。本书在DO指数的测算过程中主要基于三位数行业企业的经纬度数据。

为了更好地理解DO指数，此处利用图例分别举例说明集聚、分散以及随机分布此三类集聚模式。图5－1分别给出了三位数为224、089与221，即玩

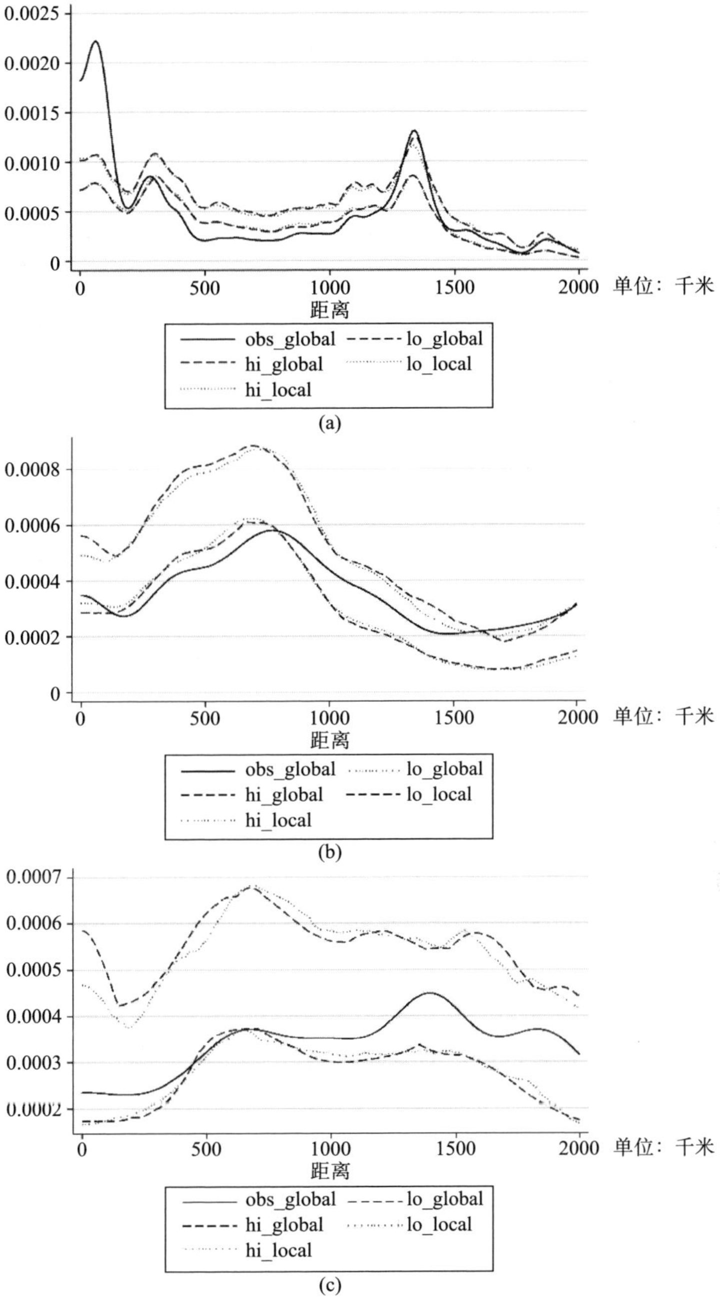

图 5-1　行业的核密度函数估计以及置信区间

注：图 5-1（a）、图 5-1（b）和图 5-1（c）对应的三位数行业分别为 244、089 和 221；对应行业分别是玩具制造业、其他黑色金属矿采选业以及纸浆制造业。

具制造业、其他黑色金属矿采选业以及纸浆制造业在 2007 年 0—2000 千米范围内的核密度估计函数（$K^e(d)$）、局部（*local*）以及全局（*global*）的置信区间。图中，实线代表测算得到的核密度函数，点线（Dot）代表局部置信区间，而虚线（Dash）代表全局置信区间。对于玩具制造业而言，其在 200 千米以内核密度函数突破了虚线和点线的上限，显示出这一行业在 200 千米内存在高度集聚；在 300—1200 千米，实线低于点线以及虚线的下限，说明在这一距离内，本行业表现出分散特征；距离突破 1300 千米后，实线再次突破置信带。此处，本书认为这一现象并不属于全局集聚，而表示存在两个集聚中心，且两个突破点间的距离表示两个集聚中心之间的距离。其他黑色金属矿采选业在 200 千米内则呈现出均匀分散特征；纸浆制造业的核密度函数整体上处在置信带内，呈现出随机分布的特征。

需要说明的是，由于 DO 指数的测算方式令其存在大量的 0 值，因此无法比较同为 0 值（非集聚）行业的相对集聚程度。为了解决这一问题，本章进一步构建了基于原核密度函数测算的新集聚指标（*agg_200km*），并将其作为行业层面测度产业集聚影响的核心解释变量，具体的计算方式为：

$$agg\_200km = CDF(200km) = \frac{\sum_{d=0}^{d=200km} K^e(d)}{\sum_{d=0}^{d=2000km} K^e(d)} \tag{5-9}$$

此处，考虑到中国整体国土面积的大小，本章设定估计核密度函数中 d 的全局取值范围为 $d \in [0,2000km]$；同时，本章还将使用对数化后的 DO 指数（*do_index*），以及在 100 千米、300 千米范围内构建的 *agg_100km*、*agg_300km*，作为 *agg_200km* 这一指标的替代变量进行补充分析，以保证结论的稳健性。

5.2.2.3 其他控制变量

企业层面的控制变量。①企业规模（*size*），使用对数化后的企业总资产进行测度。②企业年龄（*age*），使用企业指标所处当前年份与企业成立年份之差加 1 后取对数进行测算。③企业获得的政府补贴（*subs*），使用企业所获得政府补贴与企业自身的销售额之间的比值进行衡量。④资本密集度（*cap_den*），采用企业的实际固定资产存量与企业的总从业人数之间的比值进行衡量；其中，企业的实际固定资产存量的估计主要借鉴 Brandt 等（2012）的做法，以分行业、分省份的资本增长率近似替代企业自身的资本存量增长率。⑤企业的盈利能力（*prof_rate*），使用企业的总利润与销售额之间的比值进行测度。⑥企业的薪酬水平（*wage*），使用企业的总薪酬与企业就业人数间的比值进行测度。⑦企业的生产效率（*productivity*），使用企业的工业总产值与企业总就业人数之间的比值进行测度。⑧赫芬达尔指数（*hhi*）以及其平方项（*hhi_sq*），基于城市层面的二位数行业对赫芬达尔指数进行估计；考虑到这一指数对可能存在的非线性影响，因此进一步纳入了其平方项。

区域层面的控制变量。考虑到产业集聚更多地体现了企业在区域层面的空间分布情况，因此控制区域层面的相应情况对充分识别产业集聚对技术创新的具体效应具有重要意义。据此，本书在区域层面设计了如下的控制变量。①第二产业占 GDP 比重（*ind_sec*）。由第二产业增加值占本地区 GDP 比重衡量，单位为%。②第三产业占 GDP 比重（*ind_thi*）。由第三产业增加值占本地区 GDP 比重衡量，单位为%，其与二产占比控制了该城市整体的产业结构。③外商投资水平（*fdi*）。由当年 GDP 平减指数以及平均后的当期动态年均汇率折算后的该城市使用外商资金进行衡量，变量同样进行对数化处理。④地区财政分权水平（*fiscal*）。由当年政府预算内财政收入与预算内财政支出的比值进行衡量。⑤政府的科技类财政支出（*fistecexp*）。利用政府的科技支出与当年 GDP 之比进行衡量，单位为%。⑥金融发展水平（*fin_dev*）。利用本地区存贷款余额（*本地区存贷款余额 = 存款余额 + 贷款余额*）占 GDP 的比重进行测度。需要说明的是，与货币相关指标均以 1995 年为基期进行平减。

5.2.3　相关数据来源

5.2.3.1　中国工业企业数据库

本书在匹配工业企业数据库的过程中，主要借鉴了 Brandt 等（2012）的贯序匹配法，但同时为了匹配更多的数据样本，对原有的方法进行了一定的调整。首先阐述本书匹配数据的原则：①企业代码（ID）相同的样本被认定为是同一家企业，并以企业代码设定为匹配的最高标准[①]。②对于无法通过企业代码进行匹配的观测样本，使用企业名称进行匹配。③对于企业 ID 与企业名称均无法匹配的样本，使用“企业法人名称 + 邮编”的第三套匹配标准；此处，本书认定若企业 ID 与企业名称改变，但企业法人名称与企业地址没有

---

① 当然也存在部分企业的 ID 相同但是企业不同的情况，一般来说，此时是子公司使用了母公司的企业代码，但是相对来说此种情况较为少见，因此在匹配的过程中本章依然认为两者为同一企业。

发生变更，则认为两个企业为同一个企业。反之，则认为不为同一企业。

本书匹配工业企业数据的过程如下：首先，根据企业 ID 匹配 1998 年、1999 年的数据；ID 无法匹配的剩余样本使用企业名称进行匹配；剩余依然无法匹配的样本则使用“企业法人名称 + 企业邮编”再次进行匹配，并保存根据上述三种方法匹配成功的样本，最终数据在 Stata 中转化为长面板数据样本。此后，根据这一匹配原则匹配相邻年份样本并进行转化保存。值得注意的是，迭代匹配的方法将一直持续到 2007 年，在此后的 2008 年、2009 年、2010 年三年的数据中，由于企业法人指标名称信息是缺失的，因此这三年匹配方式需要退化为原则①和原则②。2011 年后数据开始完善，因此自 2012 年起，继续沿用上述的三重匹配方法，合并后的工业企业数据约有 420 万条观测值。需要说明的是，在进行行业分析的过程中，通过借鉴 Brandt 等（2012）的做法，同时通过行业的逐项比对，合并数据集中的行业代码最终被统一为《国民经济行业分类代码（2002 版）》（GB/T 4754—2002），以方便后续研究。

本章还进一步借鉴杨汝岱（2015）、聂辉华等（2018）的建议与做法，对合并后数据进行整理和清洗。具体做法是：剔除了总资产、工业总产值、固定资产净值、销售额、实收资本等指标存在缺失值或小于零的样本；剔除了企业职工人数存在缺失值或是小于 8 人的样本；剔除了不符合会计准则的样本；剔除了存在重复的企业样本等。

5.2.3.2 工业企业专利数据

工业企业的专利数据主要来源于 He 等（2016）的中国专利数据项目、谷歌专利数据库与中国工业企业专利平台。其中，He 等（2016）的中国专利数据项目将中国国家知识产权局的专利数据与工业企业数据库进行了较为科学的匹配。从结果来看，He 等（2016）数据的时间跨度为 1998—2009 年，匹配成功的外观专利数据共有 387250 条，发明专利数据共 317268 条，实用型专利数据 409070 条。由于研究涉及的时间跨度为 1998—2013 年，因此基于 He 等（2016）构建的数据集无法有效满足本书的数据需求。为了对专利数据进行补充，本章进一步引入了中国工业企业专利平台的专利数据集。该数据集主要包含法人代码、年份、企业名称、邮政编码、行业类别、登记注册类型、地区代码、累计发明专利、外观专利申请数量、实用新型专利申请数量、专利申请总数、授权发明专利数量等指标。同时，为了保证稳健性，本书进一步通过企业名称进行模糊搜索方式，在谷歌专利数据库中抓取相应企业的外观专利、发明专利以及实用型专利数量，并与该数据集进行比对。最终结果显示，两者之间保持了较强的一致性。

5.2.3.3 专利引用数据来源

专利引用数据主要来源于谷歌专利数据库（Google Patent）。此前，谷歌专利数据库主要收录了来自USPTO（美国专利局）和EPO（欧洲专利局）的已授权专利数据。随着数据库的不断发展，谷歌专利数据库添加了来自中国、加拿大、德国等国家的专利数据。专利数据的搜索仅需在Google搜索栏中输入相应的专利编号即可，且搜索结果内容详尽，包含专利编号、发明者（Inventor）、申请区域（Worldwide Application）、申请年份、申请过程与对应事件（Application Events）、专利的相关信息以及专利摘要（Abstract）等。其中，专利的相关信息包含了专利引用其他专利的情况（Patent Citations）、专利的他引（被引用）情况（Cited by）、相似的专利文件（Similar Documents）等，测度专利质量所需要的数据也主要源自此部分。

需要指出的是，由于谷歌专利数据库具有较强的反爬虫机制，为了避免禁用IP等处罚措施，在数据的爬取过程中，本书混用了延时、IP代理、混用IP池等多种反爬虫策略，以保证数据爬取过程的持续性，但也相应延长了最终所花费的时间。最终，本书爬取了超过78万条发明专利引用与被引用数据。

5.2.3.4 企业的经纬度数据

由于测算DO指数需要获得企业间的相对距离，因此本书通过解析企业的经纬度坐标，进而以此测度企业间的相对距离。工业企业数据库拥有对应企业的具体地址，因此需要使用Geocoding技术对企业的经纬度坐标进行解析。由于企业数量众多，为了提高整体的解析效率，本书整合了两种方法进行地址解析。一是使用xGeocoding软件，以预先申请的百度地图API作为软件入口，通过导入企业的具体地址获得企业相应的经纬度坐标。二是直接使用Python编程，在导入企业地址的基础上，通过引用request库以及json库，结合百度地图API申请所得的Key，获得企业地址对应的精确经纬度坐标，精确度满足小数点后6位。

5.2.3.5 其他变量数据来源与描述性统计

其他控制变量主要来源于历年的《中国统计年鉴》《中国城市统计年鉴》；汇率数据来源于中国银行官网。主要的被解释变量、解释变量以及控制变量的描述性统计如表5-1所示。

表 5 -1　　本章相关指标—描述性统计

符号	变量属性	变量描述	均值	中位数	标准差	最小值	最大值	观测值
rnd	被解释变量	R&D 投入规模	5.6213	5.5413	2.2040	0.6931	15.7816	90728
pat_app		专利申请量	1.3814	1.0986	0.7971	0.6931	12.9496	48961
pat_appi		发明专利申请量	1.0995	0.6931	0.6368	0.6931	8.4627	18141
accui		累积发明专利申请量	1.3304	1.0986	0.8657	0.6931	12.9504	35035
m_accui		人均累积发明专利	0.0222	0.0086	0.0914	0.0000	8.7909	39328
np		新产品产值	9.0748	9.0909	2.1119	0.6931	18.5159	139217
inno_m4		高端创新模式	0.0087	0.0000	0.0927	0.0000	1.0000	2077709
inno_m3		中端创新模式	0.0105	0.0000	0.1019	0.0000	1.0000	2077709
inno_m2		低端创新模式	0.1113	0.0000	0.3145	0.0000	1.0000	2077709
inno_m1		无创新模式	0.8887	1.0000	0.3145	0.0000	1.0000	2077709
m_cited		专利平均被引量	1.4425	1.4403	0.7402	0.0000	5.7104	23778
m_cita		专利平均引用量	0.6426	0.4054	0.7129	0.0000	6.5147	23778
m_kn_wid		专利平均知识宽度	1.2019	1.0986	0.3867	0.6931	3.2581	23778
md_cited		专利被引中位数	1.3892	1.3863	0.7488	0.0000	5.7104	23778
md_cita		专利引用中位数	0.5677	0.0000	0.7256	0.0000	6.5147	23778
md_kn_wid		专利知识宽度中位数	1.1836	1.0986	0.3939	0.6931	3.2581	23778
comp_qual		专利综合质量	0.0000	-0.2032	0.5862	-0.7287	4.6848	23778
agg	解释变量	经过调整的区位熵	2.0013	1.3681	2.9849	0.0000	78.3087	2077709
agg_200km		基于 K^e（200km）函数测算的集聚指标	0.1182	0.0960	0.0727	0.0049	0.4676	2991
do_index		DO 指数	0.5473	0.0000	1.5385	0.0000	17.2817	2991
size	企业层面控制变量	企业规模指标	9.7289	9.5590	1.4643	0.6931	20.1521	2077709
age		企业年龄	2.0369	1.9459	0.9056	0.0000	7.6044	2075984
subs		政府补贴	0.0032	0.0000	0.0357	-7.5000	12.6145	2013307
cap_den		资本密度	3.1126	1.4136	36.5627	0.0000	23440.0	2077709
wage		企业薪酬水平	0.1556	0.1169	0.6744	0.0000	750.23	2077709
prof_rate		企业的利润水平	0.0296	0.0228	0.6448	0.0000	767.54	2077373
productivity		企业生产效率	4.0220	1.9533	15.2124	0.0100	7441.66	2077709
hhi		赫芬达尔指数	0.1221	0.0595	0.1659	0.0021	1.0000	2077709

注：部分后续新加入的变量将在后文中进行详细描述，表 5 -1 主要对核心被解释变量、解释变量以及控制变量进行描述性统计；除了创新模式，其余创新指标的描述统计值一般为本指标为非零样本时的描述性统计；需要指出的是，由于本章所用的城市层面控制变量与第 4 章基本一致，因此本表并没有汇报城市层面控制变量的描述性统计结果，相关变量的具体情况可以参考表 4 -1。

5.3 实证结果与分析讨论

5.3.1 基准回归结果

表5-2中的Panel A报告了在控制区域、行业与年份效应后，没有加入企业层面与区域层面控制变量的基准回归结果，(1)—(6)列对应不同的被解释变量。根据结果可知，产业集聚的估计系数至少在10%统计水平上显著为正，说明在企业层面，产业集聚有利于且能够推动企业技术创新水平的提升，且产业集聚的正向效应在企业的创新意愿、创新的中间品产出以及创新转化这三个维度均有体现。

在Panel A估计结果的基础上，表5-2中的Panel B与Panel C中进一步引入了企业层面与城市层面的控制变量，并固定了各类效应。此时，(1)—(6)列对应的产业集聚指标均在1%统计水平显著为正。表5-2的3个Panel对应的回归结果反映出：在控制了众多因素之后，产业集聚依然对企业创新具有显著的正向促进作用。上述回归结果也意味着，至少在企业的创新规模层面（这一规模即包含了企业的创新投入规模、中间品产出规模以及最终创新转化产出规模），产业集聚对企业创新所带来的正外部性强于负外部性，进而在整体上表征为正向促进作用。因此可以认为，至少在创新规模层面，产业集聚可以作为提高企业创新水平的内在动力。

表5-2　　基准回归

Panel A：不加入企业层面的控制变量

变量	(1) *rnd*	(2) *pat_app*	(3) *pat_appi*	(4) *accui*	(5) *m_accui*	(6) *np*
agg	0.0087 ** (0.0042)	0.0091 *** (0.0027)	0.0121 *** (0.0037)	0.0147 *** (0.0031)	0.0005 * (0.0003)	0.0362 *** (0.0032)
控制变量—企业	不控制	不控制	不控制	不控制	不控制	不控制
控制变量—区域	不控制	不控制	不控制	不控制	不控制	不控制
区域固定效应	控制	控制	控制	控制	控制	控制
行业固定效应	控制	控制	控制	控制	控制	控制
年份固定效应	控制	控制	控制	控制	控制	控制
观测值	90723	48950	18115	35024	39317	139209
R^2	0.1281	0.0641	0.0764	0.2623	0.2227	0.1409

续表

Panel B：加入企业层面的控制变量						
变量	(1) *rnd*	(2) *pat_app*	(3) *pat_appi*	(4) *accui*	(5) *m_accui*	(6) *np*
agg	0.0094 *** (0.0033)	0.0076 *** (0.0025)	0.0108 *** (0.0033)	0.0125 *** (0.0030)	0.0008 *** (0.0003)	0.0287 *** (0.0026)
控制变量—企业	控制	控制	控制	控制	控制	控制
控制变量—区域	不控制	不控制	不控制	不控制	不控制	不控制
区域固定效应	控制	控制	控制	控制	控制	控制
行业固定效应	控制	控制	控制	控制	控制	控制
年份固定效应	控制	控制	控制	控制	控制	控制
观测值	90708	47359	17198	33798	37997	139019
R^2	0.4188	0.1560	0.1916	0.3379	0.2654	0.4779
Panel C：同时加入企业层面与区域层面的控制变量						
变量	(1) *rnd*	(2) *pat_app*	(3) *pat_appi*	(4) *accui*	(5) *m_accui*	(6) *np*
agg	0.0125 *** (0.0036)	0.0087 *** (0.0027)	0.0122 *** (0.0035)	0.0140 *** (0.0032)	0.0009 *** (0.0003)	0.0324 *** (0.0028)
控制变量—企业	控制	控制	控制	控制	控制	控制
控制变量—区域	控制	控制	控制	控制	控制	控制
区域固定效应	控制	控制	控制	控制	控制	控制
行业固定效应	控制	控制	控制	控制	控制	控制
年份固定效应	控制	控制	控制	控制	控制	控制
观测值	87779	45661	16614	32654	36675	132528
R^2	0.4191	0.1555	0.1917	0.2343	0.2656	0.4779

注：***、**、*分别表示在1%、5%、10%水平上显著；括号中为稳健标准误。

5.3.2 内生性问题处理

在第4章内容中，本书已经讨论了模型中可能存在的内生性问题以及解决内生性问题的具体方法。此处，与第4章做法类似，本章同样基于企业层面数据，使用Heckman两阶段方法与工具变量法处理内生性问题。

5.3.2.1 Heckman两阶段方法

首先，针对样本选择偏差问题，本章运用了Heckman两阶段方法。此处，由于本书在基准回归中仅使用了对应被解释变量大于零的样本，因此可能存在较为严重的样本选择偏差。据此，针对每个企业创新的被解释变量，本章构建了企业是否进行创新的虚拟变量（*inno_dum*），若企业该指标对应的值大于零，则认为 $inno\_dum = 1$。考虑到不同的被解释变量间可能存在差异，此处将针对每个被解释变量设定不同的虚拟变量。对应虚拟变量设置完毕后，利用Probit模型估计式（5－10）：

$$Pr(inno\_dum = 1) = \sum \lambda_i X_{ijct} + \sum \chi_i Y_{ct} + \sum \delta F + \varepsilon_{it} \quad (5-10)$$

其中，*X*表示前文中所述的企业层面控制变量；*Y*表示前文中所述的区域层面的控制变量；*F*表示一系列固定效应；ε_{it}则表示随机扰动项。通过式（5－10）可以分析影响企业是否进行创新活动的相关因素，同时可以在此基础上测算和求取各个被解释变量对应模型下的逆米尔斯比率（*lambda*）。最终，在各回归模型中纳入*lambda*这一变量，即可充分控制样本选择偏差所造成的估计偏误。Heckman两阶段法回归的具体结果如表5－3所示。

可以发现，在（1）—（6）列中，逆米尔斯比率的估计系数均在1%统计水平上显著为正，说明原估计模型的确存在较为明显的样本选择问题。进一步看，除了（5）列对应的回归结果①，其余模型中无论是否加入逆米尔斯比率，产业集聚指标的估计参数均在1%统计水平上显著为正，这意味着在考虑了样本选择偏差这一问题后，产业集聚对企业创新的正向促进效应依然显著，这也体现了基准回归结果的稳健性。

表5－3　　内生性问题处理：Heckman两步法回归

变量	(1) *rnd*	(2) *pat_app*	(3) *pat_appi*	(4) *accui*	(5) *m_accui*	(6) *np*
agg	0.0133*** (0.0036)	0.0077*** (0.0026)	0.0111*** (0.0034)	0.0132*** (0.0031)	0.0009 (0.0006)	0.0319*** (0.0028)
lambda_rnd	2.4336*** (0.1318)					
lambda_pa		6.2024*** (0.2740)				
lambda_pai			5.9134*** (0.3955)			

① 实际上（5）列对应的结果已经较为接近10%的显著性水平。

续表

变量	(1) *rnd*	(2) *pat_app*	(3) *pat_appi*	(4) *accui*	(5) *m_accui*	(6) *np*
lambda_ai				2.3143*** (0.2755)		
lambda_mai					0.0914*** (0.0242)	
lambda_np						3.8465*** (0.1421)
控制变量	控制	控制	控制	控制	控制	控制
区域固定效应	控制	控制	控制	控制	控制	控制
行业固定效应	控制	控制	控制	控制	控制	控制
年份固定效应	控制	控制	控制	控制	控制	控制
观测值	87779	45661	16614	32654	36675	132528
R^2	0.4222	0.1800	0.2298	0.2391	0.2663	0.4833

注：***、**、*分别表示在1%、5%、10%水平上显著；括号中为稳健标准误；控制变量同时包含企业层面的控制变量与区域层面的控制变量。

5.3.2.2 工具变量回归

为了进一步处理内生性问题，本章还运用了工具变量法对模型进行重新估计。根据第4章中提及的工具变量筛选原则，此处进一步选择了两个工具变量以构建工具变量组。一是滞后一阶的产业集聚指标（*l.agg*）：一般而言，该企业前一期与当期的产业集聚水平存在自相关关系，但是当期的集聚水平并不会影响前一期的集聚水平，故滞后的产业集聚变量符合工具变量的相关性与外生性条件。二是上一期本地区的企业数量（*l.iv_fnum*），这一工具变量的选择也借鉴了苏丹妮等（2018）在设置产业集聚工具变量的基本思路。工具变量回归的结果如表5-4所示。

表5-4　　内生性问题处理：工具变量法

变量	(1) *agg*	(2) *rnd*	(3) *pat_app*	(4) *pat_appi*	(5) *accui*	(6) *m_accui*	(7) *np*
agg		0.0118** (0.0047)	0.0097*** (0.0032)	0.0113*** (0.0043)	0.0115*** (0.0038)	0.0009** (0.0004)	0.0387*** (0.0039)
iv_fnum	0.0245*** (0.0040)						

续表

变量	(1) agg	(2) rnd	(3) pat_app	(4) pat_appi	(5) accui	(6) m_accui	(7) np
l. agg	0.9589 *** 0.0028						
Anderson canon. corr. LM (p - value)		5.2e +04 (0.0000)	2.8e +04 (0.0000)	1.1e +04 (0.0000)	2.0e +04 (0.0000)	2.3e +04 (0.0000)	7.5e +04 (0.0000)
Cragg - Donald Wald F		3.2e +05	8.2e +04	3.7e +04	7.3e +04	9.0e +04	3.5e +05
Stock - Yogo - 10%		19.93	19.93	19.93	19.93	19.93	19.93
Sargan Test (p - value)		0.173 (0.6773)	4.164 (0.0413)	1.005 (0.3161)	9.188 (0.0024)	2.189 (0.1390)	40.654 (0.0000)
控制变量	控制	控制	控制	控制	控制	控制	控制
区域固定	控制	控制	控制	控制	控制	控制	控制
行业固定	控制	控制	控制	控制	控制	控制	控制
年份固定	控制	控制	控制	控制	控制	控制	控制
观测值	1180231	56104	33759	12805	23632	26547	83934
R^2	0.9127	0.3344	0.1057	0.1298	0.0999	0.0225	0.4094

注：***、**、* 分别表示在 1%、5%、10% 水平上显著；括号中为稳健标准误；控制变量同时包含企业层面的控制变量与区域层面的控制变量。

从结果来看，两个工具变量的估计系数均显著为正，说明滞后一期的产业集聚指标以及滞后一阶的地区企业数量均与当期的产业集聚指标存在明显的正向关联。在两阶段回归中，（2）—（7）列对应的 Anderson LM 检验值为 5.2e +04、2.8e +04、1.1e +04、2.0e +04、2.3e +04、7.5e +04，其对应的 p 值均小于 0.01，拒绝了模型存在识别不足问题的原假设。Cragg - Donald Wald F 检验的统计值分别为 3.2e + 05、8.2e + 05、3.7e + 05、7.3e + 05、9.0e +05、3.5e +05，显著大于 Stock - Yogo - 10% 的统计临界值 19.93，说明工具变量与内生变量存在很强的相关性，即工具变量组不存在弱工具变量问题。Sargan 检验的统计值分别是 0.173、4.164、1.005、9.118、2.189、40.654，对应的 p 值分别为 0.6773、0.0413、0.3161、0.0024、0.1390、0.0000，可见除了（5）、（7）列的估计结果外，其余 Sargan 检验的结果所对应的 p 值均接近或大于 0.1，说明本书选定的工具变量组在一定程度上能够满足外生性假定。

（2）—（7）列所表示的二阶段估计结果显示，产业集聚对企业创新的影响依然至少在5%水平上显著为正，说明产业集聚对企业创新存在正向促进效应的结论依然稳健。需要强调的是，两阶段最小二乘法（2SLS）所估计的产业集聚系数均大于基准模型的估计结果，说明模型内生性问题的存在将低估产业集聚对技术创新的影响水平。同时，本书进一步采用了广义矩估计（GMM）与有限信息极大似然估计（LIML）方法进行重新估计，实证结果与两阶段最小二乘法（2SLS）的估计结果基本一致。

5.3.3 其他稳健性检验

针对上述结果，本章还从如下7个方面对稳健性进行了进一步检验：

5.3.3.1 替换核心解释变量（*agg2*）

本章的核心解释变量为基于企业数据调整的区位熵指标（*agg*）。此处，借鉴 Duranton 和 Puga（2001）的做法，采用企业所在“地区—行业”的就业人数（不包含企业自身的从业人数）占该地区总就业人数的比重测度；其余变量则保持不变，主要结果如表5-5中的（1）—（6）列所示。可见，新产业集聚指标（*agg2*）至少在10%显著性水平上为正，说明产业集聚对企业创新的正向效应明显，基准回归结果稳健。

表5-5 其他稳健性检验1：替换核心解释变量1

变量	(1) *rnd*	(2) *pat_app*	(3) *pat_appi*	(4) *accui*	(5) *m_accui*	(6) *np*
agg2	0.4906*** (0.0882)	0.4305*** (0.0694)	0.4912*** (0.0969)	0.4223*** (0.0851)	0.0148* (0.0078)	0.6453*** (0.0694)
控制变量	控制	控制	控制	控制	控制	控制
区域固定效应	控制	控制	控制	控制	控制	控制
行业固定效应	控制	控制	控制	控制	控制	控制
年份固定效应	控制	控制	控制	控制	控制	控制
观测值	87779	45661	16614	32654	36675	132528
R^2	0.4192	0.1561	0.1928	0.2346	0.2655	0.4778

注：***、**、*分别表示在1%、5%、10%水平上显著；括号中为稳健标准误；控制变量同时包含企业层面的控制变量与区域层面的控制变量。

5.3.3.2 替换核心解释变量（*EG_2*）

本书进一步使用了基于城市——两位数行业所测算的EG指数（*EG_2*），并将其作为核心解释变量的替代变量，具体的测算方法可以参考本书第3章中的描述，于此便不再赘述。主要的回归结果则如表5-6中的（1）—（6）列所示。从结果来看，虽然EG指数对于企业的创新投入、专利产出等指标影响有限，但是对强调企业创新效率的人均累积发明专利申请量以及新产品产值的影响显著为正，这也在一定程度上说明了产业集聚对企业创新存在正向的推动作用。

表5-6　　其他稳健性检验2：替换核心解释变量2

变量	(1) *rnd*	(2) *pat_app*	(3) *pat_appi*	(4) *accui*	(5) *m_accui*	(6) *np*
EG_2	-0.0716 (0.2643)	-0.2641 (0.1612)	-0.4147 (0.3586)	0.1279 (0.1773)	0.0318*** (0.0115)	0.4215** (0.1953)
控制变量	控制	控制	控制	控制	控制	控制
区域固定效应	控制	控制	控制	控制	控制	控制
行业固定效应	控制	控制	控制	控制	控制	控制
年份固定效应	控制	控制	控制	控制	控制	控制
观测值	87779	45672	16629	32663	36683	132533
R^2	0.4190	0.1439	0.1788	0.1433	0.0366	0.4648

注：***、**、*分别表示在1%、5%、10%水平上显著；括号中为稳健标准误；控制变量同时包含企业层面的控制变量与区域层面的控制变量。

5.3.3.3 替换核心解释变量（*agg_p*）

此前本章主要基于城市层面数据刻画集聚指标*agg*，此处则基于省份层面数据对该指标进行重新估计，指标表示为*app_p*，主要的回归结果如表5-7中的（1）—（6）列所示。可见，除了在（1）、（5）列的结果中新集聚指标的估计系数不显著外，其余回归中新变量均在1%的统计水平上显著为正，说明产业集聚与企业创新之间的正向关联具有稳健性。

表5-7　　其他稳健性检验3：基于省份层面重新测度核心解释变量

变量	(1) *rnd*	(2) *pat_app*	(3) *pat_appi*	(4) *accui*	(5) *m_accui*	(6) *np*
agg_p	0.0062 (0.0083)	0.0196*** (0.0053)	0.0246*** (0.0072)	0.0216*** (0.0064)	0.0010 (0.0007)	0.0485*** (0.0070)
控制变量	控制	控制	控制	控制	控制	控制
区域固定效应	控制	控制	控制	控制	控制	控制

续表

变量	(1) *rnd*	(2) *pat_app*	(3) *pat_appi*	(4) *accui*	(5) *m_accui*	(6) *np*
行业固定效应	控制	控制	控制	控制	控制	控制
年份固定效应	控制	控制	控制	控制	控制	控制
观测值	87779	45672	16629	32663	36683	132533
R^2	0.4003	0.1441	0.1790	0.1436	0.0366	0.4650

注：***、**、*分别表示在1%、5%、10%水平上显著；括号中为稳健标准误；控制变量同时包含企业层面的控制变量与区域层面的控制变量。

5.3.3.4 替换被解释变量

为了保证结论的稳健性，除了基本回归中涉及的专利类被解释变量外，此处进一步引入了如下的被解释变量：不包含已终止专利的累积发明授权量（*accu_i_e*）、外观专利申请量（*pat_appd*）、实用型专利申请量（*pat_appu*）、专利授权量（*pat_sq*）、发明专利授权量（*pat_sqi*）、外观专利授权量（*pat_sqd*）以及实用型专利授权量（*pat_squ*）。上述指标与基准回归中的被解释变量经过了同样的对数化处理。具体结果如表5-8所示。可知，在（1）—（7）列的回归结果中，产业集聚指标的估计系数基本为正，且存在较为一致的统计显著性，说明产业集聚存在正向推动企业创新的作用。

表5-8　其他稳健性检验4：替换其他被解释变量

变量	(1) *accu_i_e*	(2) *pat_appd*	(3) *pat_appu*	(4) *pat_sq*	(5) *pat_sqi*	(6) *pat_sqd*	(7) *pat_squ*
agg	0.0292*** (0.0072)	0.0111** (0.0044)	0.0135* (0.0075)	-0.0025 (0.0031)	0.0177* (0.0100)	0.0118 (0.0652)	-0.0031 (0.0335)
控制变量	控制	控制	控制	控制	控制	控制	控制
区域固定	控制	控制	控制	控制	控制	控制	控制
行业固定	控制	控制	控制	控制	控制	控制	控制
年份固定	控制	控制	控制	控制	控制	控制	控制
观测值	9940	16805	8571	22078	1815	267	565
R^2	0.1490	0.1552	0.2637	0.2598	0.3491	0.5051	0.5219

注：***、**、*分别表示在1%、5%、10%水平上显著；括号中为稳健标准误；控制变量同时包含企业层面的控制变量与区域层面的控制变量。

5.3.3.5　变量滞后处理

将产业集聚指标以及一系列控制变量均进行滞后一阶处理并重新回归，具体结果如表 5 - 9 所示。与工具变量组选择依据的原则类似，使用这一方法依然延续了变量在时间序列上的自相关性，但是当期指标并不会对历史指标造成影响的逻辑。从结果来看，滞后一阶的产业集聚指标依然在 5% 统计水平及以上为显著为正，这进一步说明产业集聚有利于加速企业创新。

表 5 - 9　　其他稳健性检验 5：所有变量滞后

变量	(1) *rnd*	(2) *pat_app*	(3) *pat_appi*	(4) *accui*	(5) *m_accui*	(6) *np*
l. agg	0. 0103 ** (0. 0046)	0. 0086 *** (0. 0032)	0. 0104 *** (0. 0038)	0. 0116 *** (0. 0034)	0. 0008 ** (0. 0003)	0. 0366 *** (0. 0037)
L. 控制变量	控制	控制	控制	控制	控制	控制
区域固定效应	控制	控制	控制	控制	控制	控制
行业固定效应	控制	控制	控制	控制	控制	控制
年份固定效应	控制	控制	控制	控制	控制	控制
观测值	55828	35138	13662	24684	27717	83654
R^2	0. 4033	0. 1570	0. 1899	0. 1988	0. 3071	0. 4547

注：***、**、* 分别表示在 1%、5%、10% 水平上显著；括号中为稳健标准误；控制变量同时包含企业层面的控制变量与区域层面的控制变量。

5.3.3.6　替换估计模型

从数据值域来看，对数化后指标所属值域均大于或等于零，即变量值域范围受限，因此本书引入 Tobit 模型对 *rnd*、*m_accui* 以及 *np* 进行重新估计。从数据属性来看，未经过对数化处理的专利数据为离散型数据，因此可以进一步引入负二项回归模型与泊松回归模型对原有数据进行重新估计。此处，三类专利指标的方差均大于均值，因此使用负二项回归模型，其中 *apply* 表示专利申请量、*applyi* 为发明专利申请量、*i_num* 为累积发明专利授权量。具体的回归结果如表 5 - 10 所示。从回归结果可知，产业集聚指标的估计系数依然在 1% 统计水平上显著为正，与基准回归结果保持了一致。

表 5-10　　其他稳健性检验 6：使用其他估计模型

变量	(1)	(2)	(3)	(4)	(5)	(6)
	Tobit 回归模型估计			负二项回归模型估计		
	rnd	*m_accui*	*np*	*apply*	*applyi*	*i_num*
agg	0.0125***	0.0009***	0.0324***	0.0167***	0.0424***	0.1075***
	(0.0035)	(0.0003)	(0.0028)	(0.0041)	(0.0060)	(0.0048)
控制变量	控制	控制	控制	控制	控制	控制
区域固定效应	控制	控制	控制	控制	控制	控制
行业固定效应	控制	控制	控制	控制	控制	控制
年份固定效应	控制	控制	控制	控制	控制	控制
观测值	87779	36684	132533	45673	16630	36684

注：***、**、*分别表示在1%、5%、10%水平上显著；括号中为稳健标准误；控制变量同时包含企业层面的控制变量与区域层面的控制变量。

5.3.3.7 进一步控制各类交乘固定效应

具体来看，一些未被观察到的区域因素或行业因素可能会随着时间（年份）的变化而对本章的估计结果产生影响。为了充分控制这一问题，此处在回归过程中控制了区域×年份、行业×年份，以及同时控制区域×年份和行业×年份的交乘固定效应。具体回归结果如表 5-11 中的 Panel A、Panel B 与 Panel C 所示。从结果看，所有产业集聚指标的估计系数均在 5% 统计水平及以上显著为正，这与已有的结果保持一致，体现了前文结论的稳健性。

表 5-11　　其他稳健性检验 7：控制各类交乘固定效应

Panel A：控制行业×年份交乘固定效应						
变量	(1) *rnd*	(2) *pat_app*	(3) *pat_appi*	(4) *accui*	(5) *m_accui*	(6) *np*
agg	0.0128***	0.0083***	0.0134***	0.0167***	0.0009***	0.0307***
	(0.0036)	(0.0028)	(0.0036)	(0.0032)	(0.0003)	(0.0028)
控制变量	控制	控制	控制	控制	控制	控制
区域固定效应	控制	控制	控制	控制	控制	控制
行业×年份	控制	控制	控制	控制	控制	控制
观测值	87778	45645	16585	32645	36665	132525
R^2	0.4196	0.1645	0.2010	0.2398	0.2700	0.4806

续表

Panel B：控制区域×年份交乘固定效应						
变量	(1) *rnd*	(2) *pat_app*	(3) *pat_appi*	(4) *accui*	(5) *m_accui*	(6) *np*
agg	0.0083** (0.0033)	0.0069*** (0.0026)	0.0107*** (0.0037)	0.0128*** (0.0029)	0.0006** (0.0003)	0.0266*** (0.0026)
控制变量	控制	控制	控制	控制	控制	控制
区域×年份	控制	控制	控制	控制	控制	控制
行业固定效应	控制	控制	控制	控制	控制	控制
观测值	90684	46964	16733	33356	37578	138884
R^2	0.4259	0.1833	0.2202	0.3704	0.3820	0.4980
Panel C：控制行业×年份和区域×年份的交乘固定效应						
变量	(1) *rnd*	(2) *pat_app*	(3) *pat_appi*	(4) *accui*	(5) *m_accui*	(6) *np*
agg	0.0117*** (0.0036)	0.0075*** (0.0028)	0.0137*** (0.0039)	0.0157*** (0.0031)	0.0006** (0.0003)	0.0281*** (0.0028)
控制变量	控制	控制	控制	控制	控制	控制
区域×年份	控制	控制	控制	控制	控制	控制
行业×年份	控制	控制	控制	控制	控制	控制
观测值	87776	45412	16227	32356	36403	132477
R^2	0.4253	0.1902	0.2288	0.2730	0.3848	0.4989

注：***、**、*分别表示在1%、5%、10%水平上显著；括号中为稳健标准误；控制变量同时包含企业层面的控制变量与区域层面的控制变量。

5.3.4　异质性分析

前文从整体上对产业集聚对企业创新的影响效应进行了考察，但是尚未探讨产业集聚对不同特征企业影响的差异性。因此，这一部分将从企业年龄差异、企业股权性质差异以及所处行业属性差异这三个方面深入探讨产业集聚对企业创新的异质性影响。

5.3.4.1　基于企业年龄

依据 Adizes（1989）的企业的生命周期理论，企业的发展过程主要包含了发展、成长、成熟以及衰退这四个阶段，每个阶段企业自身的特点以及涉及要素禀赋也存在差异。因此，本书在基准回归模型（1）的基础上，引入企业是否在成熟企业的虚拟变量（*mature*）以及其与产业集聚指标的交乘项（*mature*×*agg*），并对模型重新进行回归分析。考虑到行业存在差异，因此本书依据“行业—年份”设置企业年龄的中位数（*median_age*），若该企业的年龄大于 *median_age*，则认为该企业为较成熟企业，此时 *mature*=1，其余情况则 *mature*=0。构建好对应指标后，主要回归结果如表 5-12 所示。

表 5-12　　　　异质性分析：基于企业的生命周期视角

变量	(1) *rnd*	(2) *pat_app*	(3) *pat_appi*	(4) *accui*	(5) *m_accui*	(6) *np*
agg	0.0032 (0.0044)	0.0079 ** (0.0033)	0.0052 (0.0043)	0.0123 *** (0.0038)	0.0001 (0.0004)	0.0191 *** (0.0033)
mature×*agg*	0.0158 *** (0.0050)	0.0015 (0.0038)	0.0134 ** (0.0054)	0.0034 (0.0047)	0.0015 *** (0.0004)	0.0270 *** (0.0039)
控制变量	控制	控制	控制	控制	控制	控制
区域固定效应	控制	控制	控制	控制	控制	控制
行业固定效应	控制	控制	控制	控制	控制	控制
年份固定效应	控制	控制	控制	控制	控制	控制
观测值	87779	45661	16614	32654	36675	132528
R^2	0.4149	0.1551	0.1896	0.2336	0.2649	0.4779

注：***、**、* 分别表示在 1%、5%、10% 水平上显著；括号中为稳健标准误；控制变量同时包含企业层面的控制变量与区域层面的控制变量。

从回归结果看，产业集聚指标的回归系数基本保持了正显著，这与前文结论类似。进一步观察交乘项系数可以发现，除了（2）、（4）列结果中交乘项系数不存在统计性显著，其余回归模型中交乘项 *mature*×*agg* 的回归系数均显著为正，这说明相对于行业内的年轻企业，产业集聚对较成熟企业的技术创新具有更强的推动作用。这可能是由于成熟企业具有更为完善的管理架构与创新体系，能更好地利用产业集聚所带来的正外部性。相对而言，年轻企业虽然也可受益于产业集聚所产生的“集聚租”，但是相对于成熟企业，年轻企业可能并形成一套完善的管理系统与创新体系，这在某种程度上阻碍了“集聚租”在企业创新层面的“正向发挥”。

5.3.4.2　基于企业的股权性质

董晓庆等（2014）指出，国有企业存在较为明显的创新效率损失问题；李政和陆寅宏（2014）则提出反对意见，认为中国制造业上市公司的创新效率明显高于民营企业。可见，学术界对于国有企业是否存在创新能力不足的问题依然有分歧。鉴于此，本书进一步纳入企业是否为国有企业的虚拟变量（*unsoe*）以及该虚拟变量与产业集聚指标的交乘项（$unsoe \times agg$）。具体来看，若该企业为国有企业，则 $unsoe=0$；反之则 $unsoe=1$。表 5－13 给出了新模型的估计结果。

表 5－13　　　　　异质性分析：国有企业 vs 非国有企业

变量	(1) *rnd*	(2) *pat_app*	(3) *pat_appi*	(4) *accui*	(5) *m_accui*	(6) *np*
agg	0.0126* (0.0068)	－0.0024 (0.0050)	0.0104 (0.0063)	0.0236*** (0.0085)	0.0006 (0.0005)	0.0265*** (0.0058)
$unsoe \times agg$	－0.0001 (0.0068)	0.0148*** (0.0050)	0.0025 (0.0067)	－0.0121 (0.0089)	0.0004 (0.0005)	0.0708*** (0.0059)
控制变量	控制	控制	控制	控制	控制	控制
区域固定效应	控制	控制	控制	控制	控制	控制
行业固定效应	控制	控制	控制	控制	控制	控制
年份固定效应	控制	控制	控制	控制	控制	控制
观测值	87779	45661	16614	32654	36675	132528
R^2	0.4191	0.1557	0.1917	0.2345	0.2657	0.4787

注：***、**、*分别表示在 1%、5%、10%水平上显著；括号中为稳健标准误；控制变量同时包含企业层面的控制变量与区域层面的控制变量。

可以发现，（2）列、（6）列的交乘项系数显著为正，其余并不显著。这一结果部分说明：相对于国有企业，产业集聚对非国有企业的技术创新可能具有更强的推动作用。这可能是由于国有企业通常具有更强的政企关联性与更低的融资约束水平与融资成本，因此产业集聚对推动国有企业创新的边际效应有限。与此对应，非国有企业则可以更好地运用产业集聚所带来的正外部性，进而推动自身创新水平的发展。

5.3.4.3　基于行业属性分析

考虑到各行业的要素结构与要素密度存在较大差异，产业集聚在影响不同行业企业的技术创新上可能存在差异。鉴于此，此处参考谢建国（2003）的设定，基于不同行业间的要素密度差异，设置劳动密集型行业（*LD*）、资本密集型行业（*CD*）以及技术密集型行业（*TD*）的虚拟变量，同时构建这些虚拟变量与产业集聚指标的交乘项。为了避免虚拟变量陷阱问题，在回归中仅引入了 TD、CD 与产业集聚的交乘项。具体结果如表 5 - 14 所示。

表 5 - 14　　异质性分析：行业属性

变量	(1) rnd	(2) pat_app	(3) pat_appi	(4) accui	(5) m_accui	(6) np
agg	-0.0191***	0.0071**	-0.0070*	-0.0093**	0.0006*	0.0239***
	(0.0036)	(0.0031)	(0.0036)	(0.0038)	(0.0003)	(0.0033)
TD × agg	0.2131***	0.0167***	0.0524***	0.0501***	-0.0002	0.0232***
	(0.0067)	(0.0041)	(0.0058)	(0.0051)	(0.0005)	(0.0075)
CD × agg	-0.0020	0.0154***	0.0332***	0.0219***	0.0005	0.0282***
	(0.0072)	(0.0050)	(0.0061)	(0.0055)	(0.0006)	(0.0078)
控制变量	控制	控制	控制	控制	控制	控制
区域固定效应	控制	控制	控制	控制	控制	控制
行业固定效应	控制	控制	控制	控制	控制	控制
年份固定效应	控制	控制	控制	控制	控制	控制
观测值	87779	45662	16615	32655	36676	132528
R^2	0.3997	0.1355	0.1818	0.2234	0.2603	0.4780

注：***、**、*分别表示在 1%、5%、10% 水平上显著；括号中为稳健标准误；控制变量同时包含企业层面的控制变量与区域层面的控制变量。

从中可知，除（5）列结果外，产业集聚与资本密集型行业以及技术密集型行业虚拟变量交乘项的估计系数均显著为正，且在（1）—（4）列中，*TD × agg* 的估计系数大于 *CD × agg*，说明产业集聚对技术密集型行业企业创新的推动作用最大，资本密集型行业次之，劳动密集型行业最小。这也从侧面反映出相较于劳动密集型行业，资本密集型行业以及技术密集型行业受到产业集聚的正外部性更强。出现上述现象可能的原因在于，劳动密集型行业所生产的产品差异性较小，更易于出现过度竞争的问题，并最终抑制产业集聚正外部性的发挥。

5.3.4.4　基于集聚的自发性分析

本书所使用的 DO 指数着重强调企业的自然集聚，相对来说由开发区政策所主导的产业集聚则更加偏向于“非自发型”集聚。由此，本书进一步基于集聚的自主性差异进行异质性分析。识别开发区企业的方法主要借鉴了向宽虎与陆铭（2015），利用工业企业数据库中企业地址变量是否出现“开发区”“工业园”等字段来进行判断。若出现上述词条则定义为开发区企业，反之则反。主要回归结果参考附录表 A12。可以发现，集聚指标的估计系数依然显著为正，但是交乘项系数并不显著，仅有（6）列结果中交乘项系数在 10% 统计水平上显著为负。这就说明，自发型集聚与非自发型集聚对创新的影响差异在开发区这一视角下并不明显。当然，（6）列结果也说明非自发型集聚对创新的推动作用可能弱于自发型集聚。

5.3.5　对产业集聚与企业创新间非线性关联的再讨论

前文的理论分析阐明了产业集聚的两面性。从本章的基准回归分析以及后续的一系列分析结果来看，产业集聚对企业创新的净效应依然显著为正，这与第 4 章的研究结论形成了映照与统一。同时，基于对产业集聚双向外部性的考虑，本章还将进一步使用企业层面数据，检验产业集聚与企业创新间的非线性关联。首先，本章在“区域—年份—行业”层面设置了产业集聚的中位数指标，以此构建高集聚水平企业与低集聚水平企业样本，并简要地进行了分样本回归，具体结果如表 5－15 所示。

表 5－15　　非线性关联的再检验：分样本回归

集聚水平	变量符号		*agg*	控制变量	各类效应	观测值	R^2
高集聚水平	(1)	*rnd*	0.0090 (0.0059)	控制	控制	40620	0.4561
	(2)	*pat_app*	－0.0022 (0.0043)	控制	控制	21419	0.1803
	(3)	*pat_appi*	0.0066 (0.0056)	控制	控制	7498	0.2288
	(4)	*accui*	0.0027 (0.0049)	控制	控制	14368	0.2916
	(5)	*m_accui*	－0.0000 (0.0003)	控制	控制	16191	0.8241
	(6)	*np*	0.0124 *** (0.0043)	控制	控制	62893	0.4995

续表

集聚水平	变量符号		agg	控制变量	各类效应	观测值	R^2
低集聚水平	(7)	*rnd*	0.0420** (0.0193)	控制	控制	47086	0.3963
	(8)	*pat_app*	0.0458*** (0.0122)	控制	控制	24196	0.1462
	(9)	*pat_appi*	0.0316** (0.0150)	控制	控制	9082	0.1789
	(10)	*accui*	0.0247* (0.0144)	控制	控制	18242	0.2219
	(11)	*m_accui*	0.0023 (0.0015)	控制	控制	20436	0.1266
	(12)	*np*	0.1136*** (0.0151)	控制	控制	69505	0.4703

注：***、**、*分别表示在1%、5%、10%水平上显著；括号中为稳健标准误；控制变量同时包含企业层面的控制变量与区域层面的控制变量。

根据（1）—（6）行结果，在高集聚水平下，集聚仅对企业的新产品产值有正向促进作用，而对企业R&D投入、专利等其余创新指标均未体现出明显的关联性；反之，低集聚水平样本中，产业集聚指标基本维持了正的统计显著性，且新产品产值对应产业集聚的估计系数也明显大于高集聚水平样本。由此可知，当产业集聚水平较低时，其对企业创新的促进作用更强，这也从侧面展现出产业集聚与企业创新间同样存在倒U型关联。

为了分析产业集聚与技术创新的倒U型关联，与第4章做法类似，本章在基本回归模型中进一步纳入了产业集聚指标的平方项（*agg_sq*），回归结果如表5－16所示。（1）—（6）列中，产业集聚指标的估计系数依然显著为正；其二次方项的系数则主要在（2）、（3）与（6）列中为负，这一结果部分说明了产业集聚与企业创新间的倒U型关联，同时也从侧面表明了产业集聚可能存在正负双向外部性。上述结果也为第6章构建正负双向外部性机制分析框架提供了重要的经验支持。

表 5－16　非线性关联的再检验：加入二次方项

变量	(1) *rnd*	(2) *pat_app*	(3) *pat_appi*	(4) *accui*	(5) *m_accui*	(6) *np*
agg	0.0175 *** (0.0049)	0.0190 *** (0.0033)	0.0207 *** (0.0049)	0.0124 ** (0.0049)	0.0012 *** (0.0004)	0.0426 *** (0.0047)
agg_sq	－0.0003 (0.0002)	－0.0007 *** (0.0002)	－0.0007 *** (0.0003)	0.0001 (0.0003)	－0.0000 (0.0000)	－0.0007 ** (0.0003)
控制变量	控制	控制	控制	控制	控制	控制
区域固定效应	控制	控制	控制	控制	控制	控制
行业固定效应	控制	控制	控制	控制	控制	控制
年份固定效应	控制	控制	控制	控制	控制	控制
观测值	87779	45661	16614	32654	36675	132528
R^2	0.4191	0.1558	0.1919	0.2343	0.2657	0.4780

注：***、**、*分别表示在 1%、5%、10% 水平上显著；括号中为稳健标准误；控制变量同时包含企业层面的控制变量与区域层面的控制变量。

5.4　进一步分析 1　产业集聚与技术创新：基于创新模式视角

5.4.1　基于创新模式的基准回归

大量研究表明，以开发区为代表的产业集聚有利于企业创新水平的提升（王永进和张国峰，2016；Howell，2017；周茂等，2018；邱洋冬，2020）。但是，基于“政策租”优势形成的大规模产业集聚是否有可能基于“拥挤效应”以及“政策租”衰减等问题的出现而形成不良的创新生态，进而令企业偏向低端创新，忽视创新质量，最终形成企业创新的低端锁定问题呢？

从理论上看，在政府与市场的协同影响下，由产业集聚所产生的“政策租”与“集聚租”实际上为企业竞争战略的选择提供了不同激励，并由此引发企业对技术创新模式的不同偏好。相较于单纯的市场化行为，政府主导的“政策租”激励产业集聚发展的做法在某种程度上破坏了产业集聚的自我强化效应，抑制了产业的内源性增长，弱化了企业进行差异化竞争战略的激励作用，这可能会降低企业实施高端创新战略的意愿。同时，“政策租”还为企业的低端创新战略提供了政策兜底，造成企业创新时对低端创新模式的路径依赖，进而引发企业创新的低端锁定问题。

需要说明的是，企业的创新模式实际上与本章前文研究中所涉及的创新指标间没有必然关联。企业进行低端创新并不意味着企业将不进行 R&D 投入、不申请专利或是不进行新产品生产，只是企业在进行创新活动的过程中，可能更加偏向低质的、重复的、持续性差的创新。此时，从规模上看，产业集聚可能推动了企业的创新投入以及创新的中间品、最终品产出，但实际上企业的创新模式与创新战略可能并非为高端创新模式或是差异化的创新战略。

由此可见，探讨产业集聚对企业创新模式选择的影响具有重要的研究意义。本章借鉴胡彬和万道侠（2017）的思路，基于工业企业数据库的企业数据，由高至低设计了四类创新模式指标，具体的指标构建方式可以参考 5.2.2 节中的内容。从指标本身来看，四类创新模式指标既考虑了企业创新的可持续性，同时也兼顾了企业的创新意愿、创新产出以及自身的创新效率。此处，由于被解释变量为（0，1）虚拟变量，因此利用 Probit 模型进行回归分析①，具体的回归结果如表 5－17 所示。

表 5－17　　进一步分析 1：创新模式视角—基准回归

变量	(1) *inno_m3*	(2) *inno_m2*	(3) *inno_m1*	(4) *inno_m0*
agg	－0.0102 *** (0.0030)	－0.0131 *** (0.0027)	－0.0067 *** (0.0010)	0.0067 *** (0.0010)
控制变量	控制	控制	控制	控制
区域固定效应	控制	控制	控制	控制
行业固定效应	控制	控制	控制	控制
年份固定效应	控制	控制	控制	控制
观测值	1838918	1843727	851266	851266

注：***、**、* 分别表示在 1%、5%、10% 水平上显著；括号中为稳健标准误；控制变量同时包含企业层面的控制变量与区域层面的控制变量。

与前文结果不同，在（1）—（3）列中，产业集聚指标的估计系数均在 1% 的统计水平上显著为负，而在（4）列中显著为正。这一结果从两方面体

① 利用 Logit 模型回归的结果与 Probit 十分接近，因而此处仅报告了 Probit 模型的回归结果。

现了产业集聚可能加速或推动了企业创新模式的低端锁定。一方面，（4）列中的结果表明，产业集聚显著提高了企业选择非创新模式的可能性。另一方面，在（1）列、（2）列中，产业集聚指标的估计系数明显大于（3）列中的结果，说明产业集聚对中、高端创新模式的抑制作用显著强于对低端创新的抑制作用，这也就表明随着产业集聚水平的提升，企业实施高端创新模式的可能性也将不断降低。基准回归的结果直接给出了产业集聚对企业创新模式层级选择的影响，也为产业集聚可能诱导形成企业的低端锁定提供了相应的经验支持。

5.4.2　制度环境的调节效应分析

在产业集聚发展过程中，政府干预的影响效应究竟如何？相关研究表明，政府对产业集聚的正向作用不容忽视（焦勇和杨蕙馨，2017 等）。理论上，有效的政府干预能够为产业发展营造良好的竞争环境，有利于提高企业对高端创新模式的偏向性。当市场经济体系并不完善时，有效的市场管制具有非常重要的意义（吴超鹏和唐药，2016）。换言之，不同的制度环境将直接影响产业集聚对企业技术创新模式的影响。具体来看，若制度环境良好，则市场中剽窃、抄袭、山寨等遏制企业创新动力的行为将有效减少，这有利于培育良性的市场竞争环境，提高企业选择高端创新模式的可能性；反之，若制度环境较差，则易发生“劣币驱逐良币”的现象，选择高端创新模式的企业易被实施低端创新战略的企业不断“挤出”。因此，有效的制度环境在理论上能够有效削弱企业对低端创新的偏好。据此，本章进一步引入了制度环境指标（*inst_envi*）与产业集聚交乘项（*inst_envi* × *agg*），制度环境指标依然基于王小鲁等（2017）测算的、历年各省的市场化指数，表 5 – 18 汇报了具体的回归结果。

表 5 – 18　　进一步分析 1：创新模式视角—制度环境的调节效应

变量	(1) *inno_m3*	(2) *inno_m2*	(3) *inno_m1*
agg	0.0101 (0.0115)	0.0048 (0.0112)	−0.0298*** (0.0047)
inst_envi × *agg*	0.0032* (0.0017)	0.0026* (0.0015)	−0.0028*** (0.0006)

续表

变量	(1) *inno_m3*	(2) *inno_m2*	(3) *inno_m1*
inst_envi	0.0113 (0.0129)	0.0015 (0.0110)	0.1917*** (0.0114)
控制变量	控制	控制	控制
区域固定效应	控制	控制	控制
行业固定效应	控制	控制	控制
年份固定效应	控制	控制	控制
观测值	1151099	1158095	851266

注：***、**、*分别表示在1%、5%、10%水平上显著；括号中为稳健标准误；控制变量同时包含企业层面的控制变量与区域层面的控制变量。

具体来看，虽然制度环境指标的估计系数并不存在统计的显著性，但是(1)、(2)列中交乘项的估计系数均在10%的统计水平上显著为正，而(3)列中交乘项系数则显著为负。这一结果表明，良好的制度环境的确有利于缓解产业集聚所产生的低端创新导向。进一步看，(1)列中交乘项系数(0.0032)大于(2)列(0.0026)，这意味着制度环境对高端创新模式的正向调节效应更强，也从侧面体现出前文中理论分析的合理性与有效性。

5.5 进一步分析2 产业集聚与技术创新：基于创新质量视角

5.5.1 基于创新质量的基准回归

在5.4节中，实证分析结果说明产业集聚可能会抑制企业实施高端创新模式的可能性，加剧企业的低端创新倾向，即产业集聚将诱发企业创新的低端锁定问题。本节将在此基础上，从企业的创新质量维度，进一步分析产业集聚与企业创新低端锁定的关联性。概念上，低层次的创新模式与低创新质量是企业创新低端锁定的一体两面。换句话说，创新的低端锁定不仅体现在企业对低层次创新模式的偏好，同样也体现在企业创新的中间品以及最终品质量上。需要说明的是，企业的创新质量与创新规模间不存在必然的关联性。

例如，毛昊等（2018）发现，企业对实用新型专利制度的使用将导致“实用新型专利制度使用陷阱”，即企业可能申请大量实用型专利而回避申请具有更高创新性、申请周期更长的发明专利，此时，可以观测到企业可能存在较大的创新投入与较多的创新产出，但是整体的创新质量却依然较低。

鉴于此，本书以专利质量指标作为企业创新质量的代理变量，变量的主要设定以及数据来源可以具体参考5.2节，表5－19汇报了基于企业专利质量指标的基准回归结果。可以发现，(3)、(4) 以及 (6) 列对应的回归结果中，产业集聚指标的系数显著为负，而其余回归中，产业集聚指标的估计系数并不显著。这一结果至少在一定程度上提供了产业集聚存在抑制企业创新质量，诱发企业创新低端锁定的证据。结合5.4节，产业集聚不仅诱发提升了企业实施低端或是无创新模式的可能性，还降低了企业创新的质量，即产业集聚从企业的战略与产品（此处以专利作为创新的中间品）两个层面引发了自身创新的低端锁定。

表5－19　　进一步分析2：创新质量视角—基准回归

变量	(1) *m_cited*	(2) *m_cita*	(3) *m_kn_wid*	(4) *md_cited*	(5) *md_cita*	(6) *md_kn_wid*	(7) *comp_qual*
agg	－0.0655 (0.0723)	0.1155 (0.0802)	－0.0768** (0.0390)	－0.1349* (0.0814)	0.0665 (0.0796)	－0.0938** (0.0399)	0.0560 (0.0633)
控制变量	控制	控制	控制	控制	控制	控制	控制
区域固定	控制	控制	控制	控制	控制	控制	控制
行业固定	控制	控制	控制	控制	控制	控制	控制
年份固定	控制	控制	控制	控制	控制	控制	控制
观测值	20037	11775	21807	21807	21807	21807	21807
R^2	0.0569	0.1230	0.1641	0.0552	0.0971	0.1554	0.1192

注：***、**、*分别表示在1%、5%、10%水平上显著；括号中为稳健标准误；控制变量同时包含企业层面的控制变量与区域层面的控制变量。

5.5.2 创新质量视角下产业集聚低端锁定效应的持续性分析

此处将进一步探讨产业集聚对企业创新低端锁定影响的持续性问题。考虑到样本量问题，本书将 $(t+1)$、$(t+2)$ 以及 $(t+3)$ 年的企业专利质量相关数据与本年度的产业集聚指标进行分别匹配，并基于匹配获得的新样本进行重新回归，而不是简单地在原数据集中将产业集聚指标进行滞后处理，表 5 -20 汇报了具体的回归结果。从结果看，无论是（$t+1$）年还是（$t+2$）年，产业集聚在多项回归中对知识宽度均值（*m_kn_wid*）、专利引用中位数（*md_cited*）、知识宽度中位数（*md_kn_wid*）以及综合创新质量（*comp_qual*）等指标均存在显著的负向抑制作用；到了（$t+3$）年，虽然产业集聚指标的估计系数均为负数，但是均已不存在统计上的显著性。这一结果表明，产业集聚造成企业创新的低端锁定现象具有较强持续性。就本书的数据样本来看，预计产业集聚对创新质量的负向效应可以持续两年以上。

表 5 -20　进一步分析 2：创新质量视角—低端锁定的持续性

Panel A：对 t+1 年创新质量的影响							
变量 (t+1)	(1) *m_cited*	(2) *m_cita*	(3) *m_kn_wid*	(4) *md_cited*	(5) *md_cita*	(6) *md_kn_wid*	(7) *comp_qual*
agg	-0.0348 (0.0637)	0.0843 (0.0690)	-0.0739** (0.0351)	-0.1389* (0.0725)	-0.0079 (0.0706)	-0.0846** (0.0361)	-0.0243 (0.0557)
Panel B：对 t+2 年创新质量的影响							
变量 (t+2)	(1) *m_cited*	(2) *m_cita*	(3) *m_kn_wid*	(4) *md_cited*	(5) *md_cita*	(6) *md_kn_wid*	(7) *comp_qual*
agg	-0.0606 (0.0590)	0.0508 (0.0537)	-0.0604 (0.0375)	-0.1365** (0.0677)	0.0068 (0.0610)	-0.0601** (0.0293)	-0.0992*** (0.0383)
Panel C：对 t+3 年创新质量的影响							
变量 (t+3)	(1) *m_cited*	(2) *m_cita*	(3) *m_kn_wid*	(4) *md_cited*	(5) *md_cita*	(6) *md_kn_wid*	(7) *comp_qual*
agg	-0.0189 (0.0543)	-0.0027 (0.0423)	-0.0685 (0.0425)	-0.0861 (0.0621)	-0.0635 (0.0522)	-0.0346 (0.0225)	-0.0502 (0.0437)
控制变量	控制	控制	控制	控制	控制	控制	控制
区域固定	控制	控制	控制	控制	控制	控制	控制
行业固定	控制	控制	控制	控制	控制	控制	控制
年份固定	控制	控制	控制	控制	控制	控制	控制

注：***、**、*分别表示在 1%、5%、10% 水平上显著；括号中为稳健标准误；控制变量同时包含企业层面的控制变量与区域层面的控制变量。

此处尝试从两个层面讨论负向效应存在持续性的成因：从环境层面看，虽然国内的企业普遍具有“松足性”的特点，但企业的创立、迁址等行为无法一蹴而就，这就造成了在较长的一段时期内，产业集聚区的整体环境具有较强的稳定性，令产业集聚的外部性具有一定的惯性与持续性；从企业层面看，其在创新过程中的要素调整与战略变动同样存在时滞，这也在一定程度上为产业集聚效应的持续性提供了部分解释。

5.5.3　产业集聚对创新质量影响的异质性分析

5.5.3.1　基于企业规模的异质性讨论

规模作为一个重要的企业特征，可能会导致产业集聚影响的差异性。据此，本章进一步纳入了企业规模的虚拟变量（*large*）：基于“区域—行业—年份”设定企业总资产的中位数，若企业规模大于此中位数，则设定 $large=1$，否则 $large=0$；同时构建该虚拟变量与产业集聚指标的交乘项（$large\times agg$）。表 5－21 汇报了主要的回归结果。

表 5－21　进一步分析 2：创新质量视角—企业规模的异质性分析

变量	(1) *m_cited*	(2) *m_cita*	(3) *m_kn_wid*	(4) *md_cited*	(5) *md_cita*	(6) *md_kn_wid*	(7) *comp_qual*
agg	−0.2548* (0.1404)	0.0180 (0.1735)	−0.0430 (0.0719)	−0.3643*** (0.1329)	−0.1634 (0.1813)	−0.0791 (0.0733)	−0.1343 (0.1129)
large × agg	0.2197 (0.1377)	0.1082 (0.1680)	−0.0395 (0.0704)	0.2664** (0.1310)	0.3419* (0.1790)	−0.0172 (0.0717)	0.2223** (0.1118)
控制变量	控制	控制	控制	控制	控制	控制	控制
区域固定	控制	控制	控制	控制	控制	控制	控制
行业固定	控制	控制	控制	控制	控制	控制	控制
年份固定	控制	控制	控制	控制	控制	控制	控制
观测值	20037	11775	21807	19736	9604	21807	21807
R^2	0.0570	0.1230	0.1641	0.0507	0.1243	0.1554	0.1194

注：***、**、* 分别表示在 1%、5%、10% 水平上显著；括号中为稳健标准误；控制变量同时包含企业层面的控制变量与区域层面的控制变量。

可以发现，在（1）、（4）列中，产业集聚对企业创新质量的负向效应依然显著。同时，（4）、（6）、（7）列中，集聚指标与企业规模的交乘项显著为正，这一结果部分说明了相对于小规模企业，大规模企业受到产业集聚的负向效应更小。这可能是由于大型企业拥有更好的管理机制与抗风险能力，使其可以通过调整发展模式与发展战略来应对集聚环境所引发的负外部性，从而更好地保证自身的创新质量。

5.5.3.2 基于企业股权性质的异质性讨论

与5.3.4节中的做法类似，此处引入了非国有企业虚拟变量与产业集聚指标的交乘项（*unsoe × agg*）并进行重新回归，主要结果参考表5-22。可以发现，在（2）、（5）列中，交乘项系数显著为正，说明存在下述可能：产业集聚对非国有企业创新质量的负向效应整体上小于国有企业。这一结果也部分印证了董晓庆等（2014）所提出的国企存在创新效率损失的论断，说明在集聚区内，由于创新资源约束性的存在，非国有企业更加注重创新的整体效率，使产业集聚对其创新质量影响的负向效应有限。相对而言，由于国有企业拥有更多的资源禀赋，因此可能会存在创新的“粗放型”投入问题，从而导致整体创新质量的下降。

表5-22　进一步分析2：创新质量视角—企业性质的异质性分析

变量	(1) m_cited	(2) m_cita	(3) m_kn_wid	(4) md_cited	(5) md_cita	(6) md_kn_wid	(7) comp_qual
agg	-0.0491	-0.0379	-0.0930*	-0.1242	-0.0907	-0.1139**	0.0130
	(0.0855)	(0.1026)	(0.0483)	(0.0850)	(0.1076)	(0.0493)	(0.0735)
unsoe × agg	-0.0040	0.0398**	0.0039	-0.0026	0.0586***	0.0048	0.0104
	(0.0125)	(0.0191)	(0.0073)	(0.0123)	(0.0187)	(0.0074)	(0.0106)
控制变量	控制	控制	控制	控制	控制	控制	控制
区域固定	控制	控制	控制	控制	控制	控制	控制
行业固定	控制	控制	控制	控制	控制	控制	控制
年份固定	控制	控制	控制	控制	控制	控制	控制
观测值	20037	11775	21807	19736	9604	21807	21807
R^2	0.0569	0.1234	0.1641	0.0505	0.1249	0.1554	0.1192

注：***、**、*分别表示在1%、5%、10%水平上显著；括号中为稳健标准误；控制变量同时包含企业层面的控制变量与区域层面的控制变量。

5.5.3.3 基于企业的行业属性分析

此处指标以及交乘项的设定与5.3.4.3节保持了一致。表5-23汇报了主要的回归结果。可以发现，（2）、（5）列结果中，技术密集型行业虚拟变量与产业集聚指标的交乘项系数显著为正；而在（1）、（3）、（4）、（6）列结果中，资本密集型行业虚拟变量与产业集聚指标的交乘项系数则显著为负。这一结果意味着，产业集聚对企业创新质量的负向效应在资本密集型行业更为明显，劳动密集型行业次之，技术密集型行业企业的创新质量整体上并没有显著地受到产业集聚负向效应的影响。可能的解释是：技术密集型行业对超额利润的追求使其存在进行高端创新、高质量创新的诉求，因此产业集聚的负向效应在技术密集型行业并不明显；与此对应，资本密集型行业对提升创新质量的内在驱动力不足，使其更易受到集聚区内整体环境的影响，“近墨者黑”，并最终导致了自身创新低端锁定问题。

表 5－23　　进一步分析 2：创新质量视角—行业属性的异质性分析

变量	(1) *m_cited*	(2) *m_cita*	(3) *m_kn_wid*	(4) *md_cited*	(5) *md_cita*	(6) *md_kn_wid*	(7) *comp_qual*
agg	0.0558 (0.0967)	－0.0607 (0.1156)	－0.0486 (0.0542)	－0.0038 (0.0961)	－0.1689 (0.1190)	－0.0731 (0.0551)	0.0201 (0.0830)
TD × agg	－0.0853 (0.1527)	0.3912** (0.1726)	0.0201 (0.0818)	－0.1188 (0.1537)	0.6447*** (0.1807)	0.0366 (0.0834)	0.0932 (0.1344)
CD × agg	－1.2674*** (0.2859)	－0.0656 (0.3015)	－0.5305*** (0.1645)	－1.2145*** (0.2904)	0.2385 (0.3189)	－0.5189*** (0.1692)	－0.0291 (0.2580)
控制变量	控制	控制	控制	控制	控制	控制	控制
区域固定	控制	控制	控制	控制	控制	控制	控制
行业固定	控制	控制	控制	控制	控制	控制	控制
年份固定	控制	控制	控制	控制	控制	控制	控制
观测值	20037	11775	21807	19736	9604	21807	21807
R^2	0.0578	0.1235	0.1646	0.0514	0.1251	0.1559	0.1192

注：***、**、* 分别表示在 1%、5%、10% 水平上显著；括号中为稳健标准误；控制变量同时包含企业层面的控制变量与区域层面的控制变量。

5.5.4　产业集聚与创新质量：行业层面的再讨论

5.5.4.1　基于行业层面数据的基准回归

由于 *agg_200km*、DO 指数等指标主要基于行业层面的企业间距离对产业集聚进行刻画，因此在前文的基础上，本书进一步构建了行业层面的创新质量指标，并对结果重新进行估计。其中，相关指标的含义与企业层面的含义相同，仅在设置时基于行业层面进行重新测度，主要的被解释变量依然为行业内专利的平均被引数（*im_cited*）、行业内专利的平均引用专利数（*im_cita*）、行业内专利的平均知识宽度（*im_kn_wid*）、行业内专利被引用数的中位数（*imd_cited*）、行业内专利平均引用专利数的中位数（*imd_cita*）、行业内专利知识宽度的中位数（*imd_kn_wid*）以及行业综合专利质量指标（*icomp_qual*）。具体的设置方法可以参考 5.2.2.1 节，具体回归结果如表 5－24 所示。

表 5－24　　进一步分析 2：行业层面的再讨论—基准回归

变量	(1) *im_cited*	(2) *im_cita*	(3) *im_kn_wid*	(4) *imd_cited*	(5) *imd_cita*	(6) *imd_kn_wid*	(7) *icomp_qual*
agg_200km	-0.4138* (0.2476)	-0.6066** (0.2926)	0.0194 (0.1212)	-4.6272*** (1.4560)	-1.5585* (0.8150)	0.1986 (0.4223)	-0.8351*** (0.3188)
控制变量	控制	控制	控制	控制	控制	控制	控制
行业固定	控制	控制	控制	控制	控制	控制	控制
年份固定	控制	控制	控制	控制	控制	控制	控制
观测值	2403	2403	2403	2403	2403	2403	2403
R^2	0.3800	0.6841	0.9249	0.2876	0.7539	0.7270	0.6884

注：***、**、* 分别表示在 1%、5%、10% 水平上显著；括号中为稳健标准误；控制变量为行业层面的控制变量。

与前文的发现类似，在回归结果中，基于距离的核密度函数所测度指标 *agg_200km* 的估计系数基本保持了负向显著的特点，说明产业集聚对创新质量的负向效应在行业层面依然成立，这也支撑了前文结论。

5.5.4.2　对产业集聚负向效应持续性的再讨论

同时，此处通过进一步构建解释变量 $t-1$、$t-2$、$t-3$ 的滞后项继续分析产业集聚对行业创新质量负向效应的持续性。表 5－25 中的 Panel A、Panel B 以及 Panel C 报告了回归结果。可以发现，滞后三阶回归模型中仅有（3）列中产业集聚指标的估计系数显著为负，而滞后一、二阶的回归结果中，产业集聚指标则在多列的回归结果中显著为负。这一结果主要表明了两方面意义：一是产业集聚对创新质量的负向抑制作用存在持续性；二是负向效应的持续时间在两年及以上。这一结果与 5.5.2 中的结论保持了较强的一致性，也印证了前文结论的稳健性。

表 5-25　进一步分析 2：行业层面的再讨论—持续性分析

Panel A：滞后一阶的核心解释变量

变量	(1) im_cited	(2) im_cita	(3) im_kn_wid	(4) imd_cited	(5) imd_cita	(6) imd_kn_wid	(7) icomp_qual
l. agg_200km	-0.5504 *	-0.4330	-0.1128	-3.7153 **	-1.0690	0.0750	-0.8322 **
	(0.2937)	(0.2824)	(0.1215)	(1.6234)	(0.8021)	(0.4596)	(0.3383)

Panel B：滞后两阶的核心解释变量

变量	(1) im_cited	(2) im_cita	(3) im_kn_wid	(4) imd_cited	(5) imd_cita	(6) imd_kn_wid	(7) icomp_qual
l2. agg_200km	-0.5891 **	0.0119	-0.2325 **	-3.8618 **	-0.8194 *	-0.4464	-0.9375 ***
	(0.2746)	(0.2951)	(0.1105)	(1.5399)	(0.4965)	(0.4024)	(0.3145)

Panel C：滞后三阶的核心解释变量

变量	(1) im_cited	(2) im_cita	(3) im_kn_wid	(4) imd_cited	(5) imd_cita	(6) imd_kn_wid	(7) icomp_qual
l3. agg_200km	-0.1823	0.2517	-0.2019 *	-1.7371	-0.2149	-0.5893	-0.4143
	(0.3203)	(0.3125)	(0.1127)	(1.7811)	(0.8646)	(0.4430)	(0.3584)
控制变量	控制	控制	控制	控制	控制	控制	控制
行业固定	控制	控制	控制	控制	控制	控制	控制
年份固定	控制	控制	控制	控制	控制	控制	控制

注：***、**、* 分别表示在 1%、5%、10% 水平上显著；括号中为稳健标准误；控制变量为行业层面的控制变量。

5.5.4.3　部分稳健性检验

由于行业层面，*agg_200km* 这一变量存在较多可替代指标，因而此处在行业层面主要利用替代核心解释变量进行了部分稳健性检验。表 5-26 汇报了该稳健性检验的主要结果。其中，Panel A 利用 DO 指数进行了重新估计。此外，由于原有的 *agg_200km* 指标以 200 千米为距离的限定范围对行业的集聚水平进行测算，为了保证结果的稳健性，本章进一步以 100 千米与 300 千米作为距离的限定范围，对原 *agg_200km* 指标进行重新测算（*agg_100km*、*agg_300km*），具体结果如 Panel B 与 Panel C 所示；Panel D 与 Panel E 则利用传统的 EG 指数（*EG*）以及空间基尼系数（*Gini*）作为替代的核心解释变量进行重新估计。根据结果可知，产业集聚指标的估计系数在绝大多数回归中呈现出显著为负的特点，说明产业集聚对企业创新质量的确存在显著抑制作用，前文结论稳健。同时，这也说明了产业集聚确实在某种程度上诱导形成了集聚区内企业或是集聚型行业创新的低端锁定问题，而就目前而言学术界对于这一问题的讨论还有待拓展。

表 5－26　　进一步分析 2：行业层面的再讨论—稳健性检验

Panel A：使用 DO 指数（200 千米）

变量	(1) *im_cited*	(2) *im_cita*	(3) *im_kn_wid*	(4) *imd_cited*	(5) *imd_cita*	(6) *imd_kn_wid*	(7) *icomp_qual*
do_index	－0.0090 (0.0064)	－0.0079 (0.0059)	－0.0042 * (0.0024)	－0.0845 ** (0.0421)	－0.0245 (0.0199)	－0.0127 (0.0093)	－0.0192 ** (0.0084)
观测值	2403	2403	2403	2403	2403	2403	2403
R^2	0.3798	0.6837	0.9249	0.2864	0.7537	0.7271	0.6882

Panel B：使用 100 千米内衡量的 *agg* 测度

变量	(1) *im_cited*	(2) *im_cita*	(3) *im_kn_wid*	(4) *imd_cited*	(5) *imd_cita*	(6) *imd_kn_wid*	(7) *icomp_qual*
agg_100km	－0.5293 (0.3996)	－1.0218 ** (0.4124)	0.0130 (0.1771)	－6.0995 *** (2.1270)	－2.5595 ** (1.1962)	0.1952 (0.6089)	－1.1527 ** (0.4542)
观测值	2403	2403	2403	2403	2403	2403	2403
R^2	0.3799	0.6844	0.9249	0.2873	0.7541	0.7270	0.6884

Panel C：使用 300 千米内衡量的 *agg* 测度

变量	(1) *im_cited*	(2) *im_cita*	(3) *im_kn_wid*	(4) *imd_cited*	(5) *imd_cita*	(6) *imd_kn_wid*	(7) *icomp_qual*
agg_300km	－0.4156 (0.2537)	－0.4880 * (0.2545)	0.0102 (0.1064)	－4.2826 *** (1.2776)	－1.4530 ** (0.7045)	0.1761 (0.3750)	－0.7883 *** (0.2843)
观测值	2403	2403	2403	2403	2403	2403	2403
R^2	0.3802	0.6840	0.9249	0.2878	0.7540	0.7270	0.6885

Panel D：使用 EG 指数测度

变量	(1) *im_cited*	(2) *im_cita*	(3) *im_kn_wid*	(4) *imd_cited*	(5) *imd_cita*	(6) *imd_kn_wid*	(7) *icomp_qual*
EG	0.5177 (0.3197)	－0.4322 (0.2922)	－0.1432 (0.1104)	－3.2876 ** (1.6135)	－4.3924 ** (1.7320)	－0.5204 (0.3808)	0.2661 (0.3404)
观测值	2410	2410	2410	2410	2410	2410	2410
R^2	0.3778	0.6829	0.9250	0.2849	0.7524	0.7275	0.6865

续表

Panel E：空间基尼系数							
变量	(1) *im_cited*	(2) *im_cita*	(3) *im_kn_wid*	(4) *imd_cited*	(5) *imd_cita*	(6) *imd_kn_wid*	(7) *icomp_qual*
Gini	-0.3303 ** (0.1469)	0.0744 (0.1813)	0.0309 (0.0512)	-1.8615 ** (0.8301)	1.9621 * (1.1519)	0.1402 (0.1638)	-0.2525 * (0.1465)
观测值	2410	2410	2410	2410	2410	2410	2410
R^2	0.3783	0.6826	0.9250	0.2853	0.7517	0.7274	0.6867

注：***、**、*分别表示在 1%、5%、10% 水平上显著；括号中为稳健标准误；控制变量与相关固定效应均已控制。

5.6　本章小结

本章在企业层面探讨了产业集聚对技术创新的影响效应，同时分析了产业集聚与企业创新模式、创新质量之间的关联性。

影响效应上：本章首先基于企业创新的全生命周期视角，构建从投入、中间品到最终产出的多类别创新指标；同时，匹配整理了中国工业企业数据库，并构建了 1998—2013 年的中国工业企业面板数据以探讨产业集聚对企业创新的影响效应。研究结果发现：①产业集聚对企业创新同样存在显著的正向推动作用，且这一结果在考虑了内生性问题及一系列稳健性检验后依然显著。②异质性分析发现，产业集聚对成熟企业、非国有企业以及处于资本与技术密集型行业企业创新的推动作用更为明显。③非线性关联分析发现，产业集聚与企业创新之间依然存在较为明显的倒 U 型关联，这为产业集聚存在正负外部性提供了经验支撑。

与创新低端锁定的关联性上：本章基于企业层面的创新变量、谷歌专利数据库爬取的专利引用数据以及利用百度 API 解析的企业精确经纬度数据，构建了在企业与行业层面产业集聚、企业创新模式以及企业、行业创新质量的面板数据，探讨了产业集聚与创新模式、创新质量之间的关联性。研究结果发现：①产业集聚在一定程度上抑制了企业选择高端创新模式的可能性，但是良好的制度环境可以缓解这一负向效应。②产业集聚同样降低了企业的创新质量，且这一抑制作用存在较强的持续性。同时，较大规模的企业、非国有企业以及技术密集型行业企业受到产业集聚的负向影响更小。③行业层面的再分析形成了对前文结论的有力支撑。

根据上述结果可知，从企业创新的投入品、中间品以及最终产出等规模类指标来看，产业集聚的确能够促进企业创新，这与第 4 章结论保持一致。但是，利用创新模式与质量指标分析后，本章发现产业集聚反向降低了企业选择高端创新模式的可能性，同时也削弱了企业整体的创新质量，造成了企业创新的低端锁定问题，且这一负向效应还在时间上具有较强的持续性。

由此，相对于传统文献对创新规模或创新效率的一般性关注，本书基于创新模式与创新质量视角，发现了与以往研究并不一致的结果，即产业集聚对技术创新可能存在负向作用。这不仅对集聚与创新间的非线性关联进行了佐证，同时也为下一章所要构建的正负双向外部性机制分析框架提供了重要的经验支撑。此外，这一问题也引出了对集聚效应的辩证观点：对于企业与政府而言，如何通过完善政策体系、优化战略导向等方式，规避或缓解产业集聚形成的负外部性，突破自身创新低端锁定的枷锁，化解中国现有产业集聚范式的局限与不足，进一步发挥集聚对创新的推动作用，依然是目前需要关注的重点，也是亟待解决的难点。

第 6 章　产业集聚的影响机制分析：基于双向外部性框架

第 4 章与第 5 章分别利用区域、企业层面的数据，探讨了产业集聚对技术创新的整体效应，并进一步分析了产业集聚可能诱发的创新低端锁定问题。总结来看：产业集聚对区域、企业的创新规模呈现出显著的正向促进作用，但是对企业选择高端创新模式的可能性以及企业的创新质量却存在持续且显著的负向效应。由于前文研究主要分析产业集聚的净效应，因此本章将在前述内容的基础上，进一步探索产业集聚对技术创新的影响机制。鉴于产业集聚可能存在正负双向外部性，因此本章也将基于这一逻辑框架进行机制讨论。本章不仅是对第 4 章、第 5 章内容的有力补充，同时也是本章主体框架的重要组成部分。

6.1　引言

产业集聚作为产业要素在空间中非均衡分布的结果，有助于构建要素间、个体间生产网络，推动生产要素在集聚区的流动和共享，降低企业的生产成本与风险，形成行业内的良性竞争，继而对区域的整体创新或企业创新产生正外部性影响，并最终推动企业创新水平、生产效率或是产品质量的提升（Rosenthal 和 Strange，2004；Melo 等，2009；苏丹妮等，2018）。其中，Marshall（1929）最早将集聚的外部性归因于劳动力蓄水池、中间品投入共享以及知识技术溢出这三个方面。具体来看：

第一，劳动力蓄水池（Labor Pool）。产业集聚在行业内或跨行业的企业间构建了一个厚实的劳动力市场，这一市场的存在能够扩大企业对劳动力的选择余地，有利于企业依据自身需求快速获取劳动力，也可平抑外部冲击所造成的企业产出波动。同时，集聚还有助于降低行业内信息不对称水平，优化企业与劳动力之间的匹配度，充分发挥员工潜能，提升企业创新效率与生产效率。

第二，中间品投入共享（Input Share）。集聚为中间品生产厂商提供了更大规模的市场，同时多样化的中间品不仅有效增加了最终品厂商的选择范围，中间品厂商间的良性竞争还有利于降低中间品价格，减少最终品厂商的生产成本，进而改善企业的生产经营水平，促进企业进行创新投入，形成创新产出。

第三，知识技术溢出（Knowledge Spillover）。产业集聚不仅为企业实施“示范—模仿—追逐—超越”的发展范式提供了重要的平台性支撑，也为不同企业间人才交流提供了渠道支持。由此可见，集聚的这一机制不仅有利于企业进行研发创新，促进企业整体创新水平的提升，还能够降低企业的信息成本、管理成本以及调整成本等，优化企业的固定成本的使用效率，提高企业的创新成功率（Ito 等，2015）。

Ellison 等（2010）则将上述三个方面进一步总结为“人”、“物”与“知识”这三类要素，但其对核心路径的分析依然与 Marshall 外部性理论类似。进一步地，将 Marshall 外部性的相关理论延伸到多行业层面，即形成了 Jacobs 外部性理论，该理论认为，除了单一行业集聚所产生的外部性外，多行业间的劳动力蓄水池、中间品投入共享、知识技术溢出等机制也有利于强化集聚外部性的多样化水平。Porter 外部性则更多地关注由产业集聚所催生的行业竞争对企业的影响。除了传统外部性理论中产业集聚形成正向效应的相关机制外，王永进与张国峰（2015）讨论了产业集聚引致的沟通与交流：从关联性上说，由集聚产生的沟通和交流与知识技术溢出具有一定的相似性，但相对而言是一种企业之间、人与人之间更为普遍的行为，因而更具有普适性。茅锐（2017）进一步指出，产业集聚还可通过缓解企业的融资约束水平促进创新活动和生产力进步，最终加快区位创新向技术前沿的收敛速度。

当然，每个硬币都具有两面性，部分学者同样发现集聚也可能带来地租过高、要素配置不合理、低端路径依赖等问题（Syverson，2007；Lu 等，2014；胡彬与万道侠，2019），并最终形成集聚的负外部性。具体来看：

区域层面，夏凯丽等（2017）指出，产业集聚可能会诱发城市房价的上涨，结合当前中国式的土地财政以及政府对城市基础设施建设的偏向性问题，这可能会强化地区产业结构刚性，抑制区域内产业结构升级与多样化发展（邵朝对等，2016）。此外，由于大量企业集中在本区域，拥挤效应下区域内有限的公共品可能不再具有非排他性与非竞争性的特点，部分在行业内具有更多话语权的企业有可能占据公共品使用的主导权，并对其他企业形成挤出，进而抑制本地区的技术创新发展。

企业层面，王永进和张国峰（2016）认为，企业集聚的动力主要来源于政府干预下的“政策租”以及由集聚自身产生的正外部性，即“集聚租”。首先，在某种程度上，政府干预所形成的“政策租”可能会影响集聚的自我演化机制，集聚区内的企业难以建立自发且稳定的生产网络，企业进行高层次创新、高质量创新的意愿也可能随之降低。其次，“政策租”对应的政府补贴行为为集聚区内的企业营造了低成本的竞争环境（白俊红和卞元超，2016），这可能会导致区域内企业创新资源配置扭曲，并进一步诱发企业无法根据市场需求进行技术创新和产业链动态调整的问题。再次，虽然 Porter 外部性认为行业内竞争通常是有益的，但是过度的产业集聚所形成的拥挤效应将会加剧企业间的恶性竞争，抑制集聚正外部性的发挥与释放，此时，企业利润增长空间受到挤压，企业难以选择与采取高端创新战略或是高质量创新，最终形成对以低成本创新战略为代表的单一路径的依赖。最后，“政策租”与“集聚租”的协同作用可能会引发对企业动态的自选择效应，这将进一步导致产业集聚环境的固化。具体来说，若集聚区内企业整体具有高层次、高质量创新导向，则倾向于同类型创新战略的企业具有更强的意愿进入该集聚区；反之，则会形成集聚区内整体创新的低端锁定或低端演化。

由此，本章构建的机制分析框架主要遵循产业集聚对技术创新的正负双向外部性理论。同时，为了与前文研究形成统一，正向效应和负向效应的机制分析中均引入了区域层面与企业层面数据。本章内容可能的边际创新或是边际贡献在于：已有研究通常基于单一的正向或负向视角对产业集聚的影响机制进行分析，本章则构建了综合性更强的正负双向机制分析框架。同时，鲜有研究探讨产业集聚动态外部性、Marshall 外部性解构等机制对创新的影响，而本章研究在一定程度上可以作为对上述问题有效的补充。

本章的主体结构如下：6.2 节主要介绍了本章的实证策略与指标构建；6.3 节汇报了针对产业集聚正向效应的机制分析与实证检验结果；6.4 节主要汇报了集聚负向效应的机制分析与实证检验结果；6.5 节是本章小节。

6.2　实证策略与指标构建

6.2.1　计量模型的构建

本章内容的核心在于探讨产业集聚究竟通过何种机制影响技术创新，因此本章借鉴了温忠麟与叶宝娟（2014）的做法，构建了中介效应检验与调节效应分析这两类方法对相关机制进行检验。具体来看：

6.2.1.1 构建中介效应模型

构建中介效应检验的具体步骤如下：

第一步，验证产业集聚是否影响了中介变量（也可认为是机制变量，表示为 mv）：

$$mv = \alpha_0 + \alpha_1 agg + \sum X + \sum F + \varepsilon \tag{6-1}$$

第二步，验证该中介变量是否影响了技术创新：

$$innovation = \beta_0 + \beta_1 mv + \sum X + \sum F + \varepsilon \tag{6-2}$$

第三步，将产业集聚指标与中介指标同时放入模型进行回归：

$$innovation = \lambda_0 + \lambda_2 agg + \lambda_2 mv + \sum X + \sum F + \varepsilon \tag{6-3}$$

其中，X 表示模型相应的控制变量；F 表示对应的各类效应；ε 则表示模型中的随机扰动项①。在检验中介效应时，若存在中介效应，则在第一步回归中，产业集聚指标对应的估计系数应当显著，这也体现了产业集聚与该中介变量的相关性；第二步，中介变量的估计系数应同样显著，体现出中介变量与创新指标间的相关性；第三步中，在加入了中介变量后，若产业集聚指标的系数绝对值下降、显著性下降，则说明该变量存在中介效应，即可以认为产业集聚通过影响此中介变量来影响技术创新，该项机制成立。

6.2.1.2 构建与机制变量的交乘项

调节效应分析模型的具体设定如下：

$$innovation = \gamma_0 + \gamma_2 agg + \gamma_2 mv + \gamma_3 agg \times mv + \sum X + \sum F + \varepsilon \tag{6-4}$$

同样，X 表示模型相关的控制变量；F 表示对应的各类固定效应；ε 则表示模型中的随机扰动项。结果中，若交乘项的估计系数显著，则说明产业集聚存在通过强化或弱化（调整）该变量的作用，进而影响技术创新。这一检验主要通过分析机制相关变量的调节效应来探讨产业集聚的影响机制，其在机制分析问题中的适用性相对弱于中介效应检验，但依然能够对相应机制进行佐证。在方法选择上，本书将首要选择中介效应检验作为机制分析的核心

---

① 此处并没有对相关变量标注脚注（如 i、j、t、c 等），这是由于相应的检验均在企业与区域两个层面进行。本书为了简化正文内容将其在模型中略去。

方法，同时辅以调节效应模型对相关机制进行讨论。

6.2.2　正向效应下的机制变量构建

6.2.2.1　对动态外部性的刻画

Jacobs 外部性指标（*jacobs*）。根据动态外部性理论，本书的核心解释变量与 Marshall 外部性所对应的理论含义保持了较强的一致性，因此 Marshall 外部性指标沿用前文，在此便不再赘述。Jacobs 外部性指标的核心在于刻画多行业集聚下的正外部性，因此本书借鉴改进的 Combes（2000）产业多样化指标来刻画地区的多样化集聚水平，指标的具体构建方式如式（6－5）所示：

$$jacobs_i = \sum_s \frac{E_{is}}{E_i}\left[\frac{1/\sum_{s'=1,s'\neq s}^{n}\left[\frac{E_{is'}}{(E_i - E_{is})}\right]^2}{1/\sum_{s'=1,s'\neq s}^{n}\left[\frac{E_{s'}}{(E - E_s)}\right]^2}\right] \tag{6-5}$$

其中，$E_{is'}$表示地区 i 除行业 s 外的某行业 s' 的就业人数；E_i 为该地区的总就业人数；E_{is}为地区 i 中行业 s 的就业人数；$E_{s'}$表示除行业 s 外的某行业 s' 在全国范围内的就业人数；E_s 表示全国范围内行业 s 的整体就业人数；E 则表示全国的总就业规模。从结果来看，Jacobs 外部性指标对应的值越大，说明该地区面临的行业多样化水平越高①。

Porter 外部性指标（*porter*）。Porter 外部性着重刻画了集聚形成的行业竞争效应，此处，参考 Glaeser（1992）的做法，使用如下指标测度区域内整体的竞争水平：

$$porter_i = \sum_s \left[\left(\frac{FN_{is}}{EN_{is}}\right) \Big/ \left(\frac{\sum_i FN_{is}}{\sum_i EN_{is}}\right)\right] \tag{6-6}$$

式（6－6）中，FN_{is}和 EN_{is}分别表示区域 i 行业 s 的企业数量和工人数量。根据 Portcr 外部性的表征含义，该指标的值越大，则说明本地区的整体竞争水平越高。

6.2.2.2　对 Marshall 外部性三条路径的刻画

劳动力蓄水池指标（*labo_pool*）。借鉴韩峰和柯善咨（2012）、韩峰和李玉双（2019）的做法，使用邻近各城市各行业有效劳动力的总规模来测度专业化劳动力资源的可获取性。该指标原有的表达式为：

---

① 为了与第 4 章的核心解释变量形成统一，主要研究的行业依然为制造业与生产性服务业。

$$labo\_pool_i = \sum_{j=1}^{n}\left[\sum_{s,sign\left(\frac{E_{js}/E_j}{E_s/E}-1\right)>0} E_{js}\left(\frac{E_{js}/E_j}{E_s/E}-1\right)\right]\cdot d_{ij}^{-\delta} \tag{6-7}$$

其中，j 为与城市 i 相邻的城市，其余指标的设定与前文类似；d_{ij}表示两个城市间的距离，δ 表示距离的衰减系数。此处，考虑到不同省份间可能存在较强的“行政区划隔离”，因此本书对式（6－7）进行了简化，具体做法是：假定除城市 i 自身以外，本省内的其他城市 j 与 i“相邻”，且对应的城市间距离也相同，标准化距离等于 1。从最终结果来看，该指标基于政治区划刻画了城市 i 获得专业化劳动力的可能性，其值越高，说明该城市获得专利化劳动力的可能性越大。

中间品投入共享指标（*in_share*）。此处参考 Howell（2017）、邵朝对与苏丹妮（2019）的思路，采用相邻各城市间同一行业，根据行业间所具备的中间品投入产出关系，使用与之对应的完全消耗系数与中间投入行业整体规模乘积的总和来衡量，具体的表达式为：

$$in\_share_i = \sum_{i}\left[\left(\sum_{s'}\eta_{ss'}\times E_{s'j}\right)\times d_{ij}^{-\delta}\right] \tag{6-8}$$

其中，$\eta_{ss'}$表示行业 s 与 s'间的完全消耗系数，主要根据中国公布的投入产出表进行测算①。此处，与劳动力蓄水池的处理方法类似，假定本省内其他城市 j 与 i“相邻”，且对应的城市间距离也相同，并将其标准化为 1。该指标的值越大，代表本地区中间品投入共享的市场越大。

知识技术溢出指标（*know_spil*）。知识技术溢出一方面关注集聚区内企业间创新的“示范—模仿—协同”效应，另一方面注重不同企业人才之间正式或非正式的知识交流与沟通效应。此处，综合考虑知识技术溢出的多维性，本章借鉴韩峰与李玉双（2019）的做法，主要使用寇宗来与刘学悦（2017）提出的中国城市创新指数来测算集聚的知识技术溢出效应：

$$know\_spil_i = \sum_{j} TI_j\cdot d_{ij}^{-\delta} \tag{6-9}$$

其中，TI 表示城市的创新指数，对 d_{ij}的处理方式则与劳动力蓄水池以及中间品投入共享指标类似。同样，若该指标对应的值越高，说明本地区受到的知识技术溢出水平更高。

---

① 中国的投入产出表并非逐年公布，鉴于本书主要使用 1998—2013 年的工业企业数据测算本指标，因此本书主要使用了 2002 年、2005 年、2007 年、2010 年以及 2012 年的投入产出表测算完全消耗系数，并用插值法补齐缺失年份的数值。

6.2.2.3　其他正外部性机制指标

融资约束指标（*fc*）。本书借鉴 Hadlock 和 Pierce（2010）、Guariglia 等（2011）的做法，运用 SA 指数构建企业的融资约束指标。这一指标完全由企业规模与企业年龄两个变量构成，并不包含内生变量，并且还能够规避传统 KZ 指数与 WW 指数所可能导致的测度偏误。指标的具体测算方式为：

$$SA = -0.737 \cdot size + 0.043 \cdot size^2 - 0.040 \cdot age \qquad (6-10)$$

其中，*size* 表示企业的总资产规模的对数；*age* 则表示企业年龄。通常来说，SA 指数通常为负，其绝对值越大，企业受到的融资约束程度越高，因此本书将 SA 取绝对值并将其作为衡量企业融资约束水平的指标，表示为 *fc*。

沟通密集度（*commu*）。此处，本书借鉴 O－NET 网站所提供的相关指标，结合 NAICS 行业数据，构建了二位数行业对三类工作环境（Working Context）指标得分的分类排序，具体包括接触他人（Contact with Others）、协调与领导（Coordinate or Lead Others）与面对面讨论（Face－to－Face Discussion）。

6.2.3　负向效应下的机制变量构建

6.2.3.1　拥挤效应相关指标

地租水平（*house_price*）。正如前文分析，产业集聚形成的拥挤效应可能会加剧本地区地租水平的提升，从而对部分企业形成挤出效应，同时遏制了本地区创新的整体活力。此处，本章引入了地级市层面的商品房销售价格作为该地区整体地租水平的代理变量。在测算过程中，商品房价格将以 2000 年为基期进行平减调整，并进行相应的对数化处理，而验证该机制的主要方式为中介效应检验。此外，本书还将工业用地价格作为另一代理变量进行分析，以保证结果的稳健性。

基础设施水平（*infrus*）。拥挤效应一方面提升了区域内整体的地租水平，另一方面也降低了地区内企业可使用的基础设施数量，从而抑制了集聚正外部性作用的发挥。据此，借鉴潘胜强与马超群（2007）的做法，同时兼顾了数据的可得性，本书整理了能够反映城市基础设施水平的一系列指标，构建能够反映地区基础设施水平的指标体系，并利用主成分分析法最终获得所需指标。指标具体包括五个方面：城市供水指标，使用城市的全年供水总量测度；城市道路指标，使用人均城市道路面积、每万人拥有公共企业数测度；城市能源指标，使用全年用电量测度；城市通信系统指标，使用电信业务总量、国际互联网用户数测度；城市环境指标，使用建成区绿化覆盖率进行测度。

6.2.3.2 企业层面的相关指标

企业的低成本战略选择（c_s、d_s）。本章在引言中已经讨论了由“政策租”可能引发的资源配置扭曲与创新生态破坏等问题，而随着集聚区内形成的负外部性环境不断加强，集聚将持续挤压企业选择高端创新、高质量创新的空间，进而导致企业创新陷入低成本战略陷阱。由此，可以认为企业的低成本战略选择是导致企业创新模式低端化，抑制创新质量提升的重要途径。因此，本书构建了企业的低成本战略选择以及差异化战略选择的虚拟变量 c_s、d_s。指标的具体设置方式如下：

首先，基于企业的生产成本和附加值反映企业的竞争战略。其中，借鉴胡彬与万道侠（2017）的做法，利用企业生产利润率的高低判断产品附加值的高低，同时利用企业总营收与总利润的差额表示企业整体生产成本的高低。进一步地，基于年份与两位数行业测算上述两个指标的三分位数并进行分组，具体形式如图 6－1 所示：

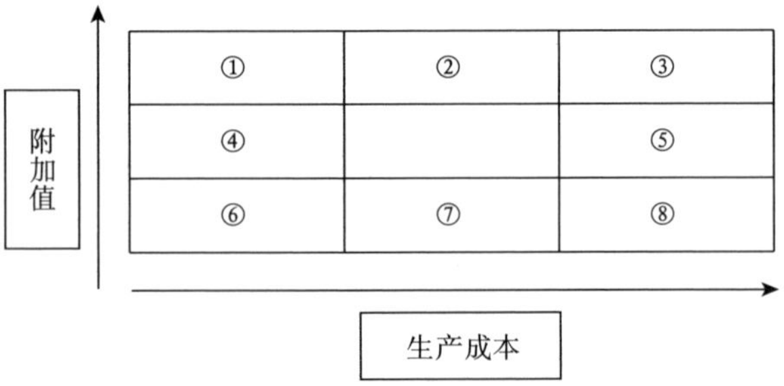

图 6－1 企业竞争战略矩阵图

图中，①表示企业选择了强成本领先战略；④表示弱成本领先战略；而选择①、④战略的企业共同组成了具有生产成本优势分类组，该组企业使用较低的生产成本提供较高附加值的产品。③则表示强差异化竞争战略；②表示弱差异化竞争战略；②、③共同组成采用差异化竞争战略并获得高附加值产品的企业组。⑦则表示一般化的企业竞争战略，实施⑤、⑦、⑧战略的企业通常容易导致失败，因此不予讨论。此处，本书将采取①、④发展战略，即低成本战略企业赋值为 1，即 $c\_s=1$，否则 $c\_s=0$；与此对应，实施②、③发展战略的，即差异化竞争战略的企业，赋 $d\_s=1$，否则 $d\_s=0$。

企业进入动态（*enter*）。相较于"集聚租"，"政策租"拥有更强的指向性，但是，构建现代化产业集群存在较高门槛，这将导致现有集聚区在演化过程中出现技术、产业等多维度发展的不平衡。此情形下，"集聚租"将可能受到企业进入动态的影响。具体来说，由于上述问题的出现，部分集聚区只能吸引创新能力较弱的企业进入，由此进一步加剧了本地区创新的低端锁定问题。因此，企业动态也可以认为是形成创新低端锁定的另一路径。据此，本书进一步构建了企业进入动态指标 *enter*，其具体的衡量方式为：选取"城市—行业"层面的企业进入率测度 *enter*。其中，进入的企业需满足：当年新成立且销售额达到 500 万元以上，或是企业当年销售额从小于 500 万元提升至 500 万元及以上。最终指标则用上述企业的数量占当年该地区该行业企业总数的比例衡量。虽然该指标无法充分测度所有新进企业，但规模以上工业企业产值是中国工业总产值最重要的组成部分，因此使用这一指标测度企业进入率仍然具有一定的合理性（邵宜航和李泽扬，2017）。

6.2.4　数据来源与其他说明

本章主要的数据整合自第 3、4、5 章，主要来源是：《中国统计年鉴》《中国城市统计年鉴》、中国工业企业数据、百度地图、工业企业专利数据库、谷歌专利数据库（Google Patent）、CEIC 数据库等。需要说明的是，本章数据样本使用过程主要遵循宏观到微观的整体顺序，即从区域层面数据到企业层面数据对产业集聚影响技术创新的机制进行剖析。同时，由于产业集聚的负向效应主要体现在产业集聚对企业高端创新模式以及创新质量的影响上，因此负向效应的机制讨论主要集中在创新模式与创新质量上。

6.3　产业集聚正外部性的相关机制检验结果

6.3.1　产业集聚的正外部性：动态外部性指标的讨论①

6.3.1.1　Jacobs 外部性指标的回归结果

表 6－1 汇报了在将原有的产业集聚指标（*agg*）替换为 Jacobs 外部性指

① 本节主要基于区域层面数据。

标后的回归结果。可以发现，除了（5）列所对应的地区创新效率指标外，Jacobs 外部性指标的估计系数均至少在 10% 统计水平上显著为正，说明产业的多样化集聚同样能够有效推动区域层面的技术创新产出水平提升。值得注意的是，集聚形成的 Jacobs 外部性对本地区创新效率的提升并没有显著作用，这意味着当前中国区域内的行业间可能依然缺乏较为有效的知识溢出途径，这一问题值得警惕。

表 6-1　　动态外部性：基于 Jacobs 外部性的讨论

变量	(1) *p_a*	(2) *p_a_i*	(3) *m_p_a*	(4) *m_p_a_i*	(5) *i_eff*
jacobs	0.0067 * (0.0037)	0.0095 ** (0.0046)	0.0046 * (0.0026)	0.0098 *** (0.0027)	-0.0050 (0.0045)
控制变量	控制	控制	控制	控制	控制
城市固定	控制	控制	控制	控制	控制
年份固定	控制	控制	控制	控制	控制
观测值	3158	3158	3158	3158	3158
R^2	0.9492	0.9384	0.9231	0.8811	0.6969

注：***、**、* 分别表示在 1%、5%、10% 水平上显著；括号中为稳健标准误。

6.3.1.2　Porter 外部性指标的回归结果

表 6-2 展示了将原有产业集聚指标（*agg*）替换为 Porter 外部性指标后的回归结果。与 Jacobs 外部性的回归结果类似，在（1）—（4）列结果中，Porter 外部性指标的估计系数均在 5% 统计水平显著为正，说明 Porter 外部性，即集聚形成的竞争效应对区域的整体创新水平有显著的促进作用。（5）列的结果说明，虽然竞争效应能够有效提升创新的整体规模，但是其对创新效率的影响有限。

表 6-2　　动态外部性：基于 Porter 外部性的讨论

变量	(1) *p_a*	(2) *p_a_i*	(3) *m_p_a*	(4) *m_p_a_i*	(5) *i_eff*
porter	0.0515 ** (0.0217)	0.0589 ** (0.0271)	0.0412 ** (0.0168)	0.0344 ** (0.0146)	-0.0410 (0.0297)
控制变量	控制	控制	控制	控制	控制
城市固定	控制	控制	控制	控制	控制

续表

变量	(1) *p_a*	(2) *p_a_i*	(3) *m_p_a*	(4) *m_p_a_i*	(5) *i_eff*
年份固定	控制	控制	控制	控制	控制
观测值	2389	2389	2389	2389	2389
R^2	0.9600	0.9501	0.9302	0.9046	0.7431

注：***、**、* 分别表示在 1%、5%、10% 水平上显著；括号中为稳健标准误。

6.3.1.3　三类动态外部性的协同效应

此处，为了考察三类动态外部性的协同效应，本书将 Marshall 外部性、Jacobs 外部性以及 Porter 外部性指标同时纳入模型进行回归分析。为了提高指标间的可比性，本书将三类指标均进行了标准化处理（*st_marshall*，*st_jacobs*，*st_porter*），处理后，各指标均服从标准正态分布。表 6－3 汇报了回归结果。

表 6－3　　动态外部性：Marshall、Jacobs、Porter 外部性的综合讨论

变量	(1) *p_a*	(2) *p_a_i*	(3) *m_p_a*	(4) *m_p_a_i*	(5) *i_eff*
st_marshall	0.1641*** (0.0450)	0.1659*** (0.0516)	0.1661*** (0.0341)	0.1156*** (0.0303)	0.0303 (0.0470)
st_jacobs	0.0005 (0.0266)	0.0247 (0.0331)	0.0039 (0.0176)	0.0219 (0.0166)	0.0048 (0.0324)
st_porter	0.0245** (0.0106)	0.0307** (0.0132)	0.0196** (0.0082)	0.0187*** (0.0071)	−0.0219 (0.0146)
控制变量	控制	控制	控制	控制	控制
城市固定	控制	控制	控制	控制	控制
年份固定	控制	控制	控制	控制	控制
观测值	2350	2350	2350	2350	2350
R^2	0.9608	0.9509	0.9319	0.9064	0.7462

注：***、**、* 分别表示在 1%、5%、10% 水平上显著；括号中为稳健标准误。

可以发现，在（1）—（4）列中，Marshall 外部性与 Porter 外部性指标的估计系数显著为正，而 Jacobs 外部性指标的估计系数虽然为正，但是不具备统计的显著性。这一结果说明，在三类动态外部性中，Marshall 外部性与 Porter 外部性对区域整体创新水平有显著的推动作用；但在此过程中 Jacobs 外部性的影响并不明显。从指标的性质来看，Marshall 外部性与 Porter 外部性更加关注本行业企业集聚所形成的外部性，因此可以认为当前中国产业集聚形成的正外部性依然集中在同一行业中，多行业间的协同外部性对创新发挥的作用有限。可能的原因在于：目前中国的多行业协同合作创新与发展机制可能并不完善，其依然存在较大的提升空间。从现实情况看，国家自然科学基金委员会在2020年成立交叉科学部，这一政策从基础科学层面完善了中国学科的协同发展机制，有利于推动产业间协同发展体系机制的构建。需要指出的是，Marshall外部性指标的估计系数明显大于Porter外部性，说明Marshall外部性对技术创新的推动作用明显强于Porter外部性。

6.3.2 产业集聚的正外部性：Marshall外部性的解构①

6.3.2.1 劳动力蓄水池效应

6.2节已经对Marshall外部性理论中的三类路径构建了相应指标，本节将以此三条路径作为集聚效应的中间机制，以探讨产业集聚如何影响技术创新。此处主要使用中介效应检验的方法对劳动力蓄水池这一机制进行了检验，表6-4汇报了相应的结果。表6-4中，（1）行的回归结果说明，产业集聚显著提升了地区的劳动力蓄水池规模；进一步地，虽然（3）、（5）、（9）行中，劳动力蓄水池指标并不具有足够的显著性，但是产业集聚指标的值均出现了减少，而（7）、（11）行中，劳动力蓄水池指标显著为正，这在一定程度上说明了劳动力蓄水效应显著提高了本地的技术创新水平。同时，产业集聚指标的估计值出现了明显的降低，这就表明在整体上劳动力蓄水池这一中介效应的存在，说明产业集聚的确可以通过构建区域的劳动力蓄水池这一机制达到提升区域整体创新水平的目的。换句话说，即劳动力蓄水池这一产业集聚对技术创新的影响路径存在，而表6-4的结果为此提供了较为有效的经验支持。

表6-4　Marshall外部性机制解构1：劳动力蓄水池

变量		*agg*	*labo_pool*	控制变量	各类效应	观测值	R^2
(1)	*labo_pool*	0.1684*** (0.0440)		控制	控制	3199	0.9357

① 本节主要基于区域层面数据。此处，本书构建了劳动力蓄水池效应与知识技术溢出效应的替代变量以进行稳健性检验，相关结果与正文结果保持了一致，具体可参考本书附录中的表A4以及表A5。

续表

变量		agg	labo_pool	控制变量	各类效应	观测值	R^2
(2)	p_a	0.1341*** (0.0351)		控制	控制	3199	0.9496
(3)	p_a	0.1317*** (0.0351)	0.0144 (0.0119)	控制	控制	3199	0.9497
(4)	p_a_i	0.1176*** (0.0385)		控制	控制	3199	0.9389
(5)	p_a_i	0.1174*** (0.0385)	0.0010 (0.0126)	控制	控制	3199	0.9389
(6)	m_p_a	0.1451*** (0.0274)		控制	控制	3199	0.9241
(7)	m_p_a	0.1419*** (0.0273)	0.0187* (0.0107)	控制	控制	3199	0.9242
(8)	m_p_a_i	0.0910*** (0.0263)		控制	控制	3199	0.8816
(9)	m_p_a_i	0.0901*** (0.0261)	0.0052 (0.0104)	控制	控制	3199	0.8817
(10)	i_eff	0.0832** (0.0379)		控制	控制	3199	0.6952
(11)	i_eff	0.0783** (0.0376)	0.0286** (0.0120)	控制	控制	3199	0.6957

注：***、**、*分别表示在1%、5%、10%水平上显著；括号中为稳健标准误。

6.3.2.2　中间品投入共享效应

此处同样使用中介效应检验的方法对中间品投入共享这一机制进行了分析，表 6－5 汇报了相应的结果。表中，(1) 行回归结果中产业集聚指标的估计系数显著为正，说明产业集聚显著提升了地区的中间品投入共享市场的整体规模。进一步来看，(3)、(5)、(7)、(9) 行结果中，中间品投入共享指标的估计系数显著为正，说明中间品投入共享效应的存在同样推动了本地区技术创新水平的提升。可以关注到，除了专利申请 (*p_a*) 与创新效率 (*i_eff*) 这两个指标所对应的回归模型外，其余模型中产业集聚指标的估计值均出现了明显减少，这一结果同样为中间品投入共享指标是 Marshall 外部性的中介变量提供了有效的经验证据，这也意味着产业集聚部分地通过中间品投入共享这一路径来推动区域创新。

表 6－5　　Marshall 外部性机制解构 2：中间品市场共享

变量		*agg*	*in_share*	控制变量	各类效应	观测值	R^2
(1)	*in_share*	0.0366*** (0.0038)		控制	控制	2350	0.9561
(2)	*p_a*	0.1341*** (0.0351)		控制	控制	3199	0.9496
(3)	*p_a*	0.1484*** (0.0400)	0.0667*** (0.0218)	控制	控制	2389	0.9603
(4)	*p_a_i*	0.1176*** (0.0385)		控制	控制	3199	0.9389
(5)	*p_a_i*	0.1118** (0.0451)	0.0900*** (0.0265)	控制	控制	2389	0.9504
(6)	*m_p_a*	0.1451*** (0.0274)		控制	控制	3199	0.9241
(7)	*m_p_a*	0.1361*** (0.0300)	0.0711*** (0.0169)	控制	控制	2389	0.9313
(8)	*m_p_a_i*	0.0910*** (0.0263)		控制	控制	3199	0.8816
(9)	*m_p_a_i*	0.0646** (0.0264)	0.0617*** (0.0147)	控制	控制	2389	0.9053
(10)	*i_eff*	0.0832** (0.0379)		控制	控制	3199	0.6952
(11)	*i_eff*	0.0386 (0.0447)	－0.0402 (0.0285)	控制	控制	2389	0.7432

注：***、**、*分别表示在1%、5%、10%水平上显著；括号中为稳健标准误。

6.3.2.3　知识技术溢出效应

此处同样使用中介效应检验的方法对知识技术溢出这一机制进行了讨论，表 6－6 汇报了相应的结果。表中（1）行的回归结果表明，产业集聚显著提升了地区间的知识技术溢出；（3）、（5）、（7）、（9）、（11）行结果显示，知识技术溢出指标的估计系数均显著为正，说明由于知识技术溢出的存在，本地区的技术创新水平得到了显著提升。同时，除了创新效率（*i_eff*）指标对应的模型外，其余模型中产业集聚指标的估计值均出现了明显的降低，部分指标则从显著变为了不显著。这一结果同样验证了知识技术溢出这一指标的部分或完全的中介性，且意味着产业集聚通过区域间的知识技术溢出这一途径来促进区域创新。

表 6-6　　Marshall 外部性机制解构 3：知识技术溢出

变量		*agg*	*know_spil*	控制变量	各类效应	观测值	R^2
(1)	*know_spil*	0.1023*** (0.0174)		控制	控制	3199	0.9726
(2)	*p_a*	0.1341*** (0.0351)		控制	控制	3199	0.9496
(3)	*p_a*	0.0814** (0.0336)	0.5150*** (0.0358)	控制	控制	3199	0.9536
(4)	*p_a_i*	0.1176*** (0.0385)		控制	控制	3199	0.9389
(5)	*p_a_i*	0.0489 (0.0339)	0.6707*** (0.0435)	控制	控制	3199	0.9453
(6)	*m_p_a*	0.1451*** (0.0274)		控制	控制	3199	0.9241
(7)	*m_p_a*	0.0914*** (0.0254)	0.5251*** (0.0321)	控制	控制	3199	0.9346
(8)	*m_p_a_i*	0.0910*** (0.0263)		控制	控制	3199	0.8816
(9)	*m_p_a_i*	0.0364 (0.0228)	0.5336*** (0.0362)	控制	控制	3199	0.8987
(10)	*i_eff*	0.0832** (0.0379)		控制	控制	3199	0.6952
(11)	*i_eff*	0.0906** (0.0377)	0.0727* (0.0432)	控制	控制	3199	0.6956

注：***、**、*分别表示在 1%、5%、10% 水平上显著；括号中为稳健标准误。

6.3.2.4　Marshall 外部性解构路径间的比较

为了综合考察和比较 Marshall 外部性解构后三条路径间的影响差异，此处进一步将三条路径对应指标同时纳入模型并进行同步回归，具体结果参考表 6-7。根据结果可知，在纳入了各路径指标后，产业集聚指标的估计值均出现了明显下降，部分回归中产业集聚指标的估计系数已完全失去统计显著性，说明这三条路径具有显著的中介效应。进一步地，劳动力蓄水池指标的估计系数并不显著，说明相较于中间品投入与知识技术溢出，劳动力蓄水池对技术创新的推动作用相对较弱。此外，知识技术溢出指标的显著性强于中间品投入指标，说明在这三条影响路径中，知识技术溢出对技术创新的推动作用最强，这实际上也较为符合一般性直觉，因为对于技术创新而言，知识与技术的传播与创新的直接关联性更强。值得注意的是，创新效率（*i_eff*）对应的回归结果中，主要指标均不存在明显的统计显著性，说明集聚对创新效率的作用并不明显，这也为产业集聚可能并没有起到推动企业高端创新、高质量创新提供了一定的经验佐证。

表 6－7　　Marshall 外部性机制解构：三路径综合比较

变量		*agg*	*labo_pool*	*in_share*	*know_spil*	控制变量/效应	观测值	R^2
(1)	*p_a*	0.1341*** (0.0351)				控制	3199	0.9496
(2)	*p_a*	0.1004*** (0.0380)	0.0110 (0.0169)	0.0464** (0.0212)	0.4160*** (0.0455)	控制	2389	0.9624
(3)	*p_a_i*	0.1176*** (0.0385)				控制	3199	0.9389
(4)	*p_a_i*	0.0609 (0.0413)	0.0043 (0.0165)	0.0681*** (0.0253)	0.4503*** (0.0499)	控制	2389	0.9527
(5)	*m_p_a*	0.1451*** (0.0274)				控制	3199	0.9241
(6)	*m_p_a*	0.0811*** (0.0275)	0.0215 (0.0143)	0.0482*** (0.0159)	0.4656*** (0.0366)	控制	2389	0.9389
(7)	*m_p_a_i*	0.0910*** (0.0263)				控制	3199	0.8816
(8)	*m_p_a_i*	0.0250 (0.0235)	0.0169 (0.0121)	0.0454*** (0.0137)	0.3333*** (0.0317)	控制	2389	0.9131
(9)	*i_eff*	0.0832** (0.0379)				控制	3199	0.6952
(10)	*i_eff*	0.0336 (0.0445)	－0.0120 (0.0181)	－0.0430 (0.0285)	0.0597 (0.0500)	控制	2389	0.7433

注：***、**、*分别表示在1%、5%、10%水平上显著；括号中为稳健标准误。

此外，本书还构建了产业集聚与三条路径指标的交乘项，以进行调节效应分析。从表 6－8 中的结果来看，仅有知识技术溢出指标与产业集聚指标交乘项的估计系数显著为正，说明知识技术溢出不仅是产业集聚影响技术创新的重要机制，同时也强化了集聚对创新的推动效应。（4）列结果中，产业集聚指标与劳动力蓄水池指标、中间品投入共享指标的交乘均显著为负，此处，可能的解释是：由于三类路径具有较强的相关性，而其中知识技术溢出效应在产业集聚整体影响中占据主导，因而“挤出”了其余两条路径的具体效应。作出这一推测的依据是：（4）列结果中三个交乘项系数之和依然为正；当然这也有可能与被解释变量之间的差异性有关。

表 6－8　Marshall 外部性机制解构：三类路径的调节效应

变量	(1) *p_a*	(2) *p_a_i*	(3) *m_p_a*	(4) *m_p_a_i*	(5) *i_eff*
agg	-0.1965 (0.3065)	0.3899 (0.3650)	0.2770 (0.2377)	0.5515*** (0.1967)	-0.0722 (0.3599)
labo_pool × *agg*	0.0283 (0.0187)	0.0177 (0.0217)	-0.0247 (0.0162)	-0.0289** (0.0138)	-0.0081 (0.0230)
in_share × *agg*	0.0282 (0.0258)	-0.0220 (0.0296)	0.0043 (0.0193)	-0.0401*** (0.0146)	-0.0100 (0.0290)
know_sipl × *agg*	0.1295*** (0.0206)	0.0668*** (0.0242)	0.0404** (0.0161)	0.1382*** (0.0130)	0.1109*** (0.0250)
控制变量	控制	控制	控制	控制	控制
城市固定	控制	控制	控制	控制	控制
年份固定	控制	控制	控制	控制	控制
观测值	2389	2389	2389	2389	2389
R^2	0.9613	0.9507	0.9313	0.9112	0.7469

注：***、**、* 分别表示在 1%、5%、10% 水平上显著；括号中为稳健标准误。

6.3.3　产业集聚的正外部性：影响机制的空间效应分析

6.3.3.1　动态外部性的空间效应

空间计量分析涉及的空间权重矩阵与相关检验可以参考第 4 章的做法，根据相关检验结果，本节最终使用双向固定的 SDM 模型对动态外部性指标的空间效应进行分析，表 6－9 则汇报了基于邻接矩阵的估计结果。从结果来看，ρ 的估计值均在 1% 统计水平上显著，说明原有的估计模型具有较强的空间效应，纳入空间计量分析具备合理性。在纳入了空间效应后，Marshall 外部性的回归系数基本保持了正显著的特点，说明相较于其他动态外部性，单一产业集聚对区域创新可能具有更强的推动作用。空间滞后项的估计结果同样表明，Marshall 外部性指标具有较强的空间正相关性，且服从“高—高、低—低”的分布方式。

表 6-9　动态外部性：Marshall、Jacobs、Porter 外部性的空间效应

变量	(1)	(2)	(3)	(4)	(5)
	p_a	*p_a_i*	*m_p_a*	*m_p_a_i*	*i_eff*
st_marshall	0.0461**	0.0493**	0.0211	0.0015	0.0537*
	(0.0223)	(0.0247)	(0.0151)	(0.0131)	(0.0299)
st_jacobs	0.0053	0.0215	0.0098	0.0168**	-0.0126
	(0.0141)	(0.0156)	(0.0096)	(0.0083)	(0.0189)
st_porter	0.0197	0.0215	0.0104	0.0162**	0.0046
	(0.0126)	(0.0140)	(0.0085)	(0.0074)	(0.0169)
W_st_marshall	0.3366***	0.4465***	0.2501***	0.2557***	-0.0775
	(0.0978)	(0.1093)	(0.0668)	(0.0578)	(0.1299)
W_st_jacobs	0.0087	0.1251***	-0.0305	0.0482**	0.0547
	(0.0396)	(0.0446)	(0.0268)	(0.0234)	(0.0532)
W_st_porter	0.0029	-0.0022	0.0188	-0.0056	-0.0905**
	(0.0276)	(0.0306)	(0.0187)	(0.0162)	(0.0372)
Direct Effect_m	0.0694***	0.0705***	0.0434**	0.0192	0.0534*
	(0.0244)	(0.0262)	(0.0172)	(0.0144)	(0.0311)
Direct Effect_j	0.0057	0.0271*	0.0076	0.0206**	-0.0120
	(0.0148)	(0.0159)	(0.0105)	(0.0088)	(0.0187)
Direct Effect_p	0.0218*	0.0233*	0.0134	0.0172**	0.0044
	(0.0119)	(0.0132)	(0.0081)	(0.0070)	(0.0160)
Indirect Effect_m	1.0084***	0.9922***	0.9511***	0.7608***	-0.0977
	(0.2775)	(0.2309)	(0.2448)	(0.1728)	(0.1887)
Indirect Effect_j	0.0346	0.2906***	-0.0840	0.1787**	0.0761
	(0.1186)	(0.0981)	(0.1065)	(0.0744)	(0.0808)
Indirect Effect_p	0.0387	0.0153	0.0918	0.0129	0.1348***
	(0.0669)	(0.0570)	(0.0597)	(0.0422)	(0.0487)

续表

变量	(1) *p_a*	(2) *p_a_i*	(3) *m_p_a*	(4) *m_p_a_i*	(5) *i_eff*
Total Effect_m	1.0778 *** (0.2874)	1.0627 *** (0.2395)	0.9945 *** (0.2529)	0.7800 *** (0.1787)	-0.0442 (0.1960)
Total Effect_j	0.0403 (0.1272)	0.3177 *** (0.1065)	-0.0764 (0.1131)	0.1993 ** (0.0796)	0.0641 (0.0893)
Total Effect_p	0.0605 (0.0676)	0.0385 (0.0569)	0.1052 * (0.0607)	0.0302 (0.0427)	0.1304 *** (0.0468)
ρ	0.6478 *** (0.0299)	0.5377 *** (0.0352)	0.7296 *** (0.0247)	0.6734 *** (0.0288)	0.3281 *** (0.0476)
R^2	0.0207	0.0366	0.0291	0.0042	0.0715
控制变量	控制	控制	控制	控制	控制
城市固定	控制	控制	控制	控制	控制
年份固定	控制	控制	控制	控制	控制
观测值	2565	2565	2565	2565	2565
Num of City	285	285	285	285	285

注：***、**、* 分别表示在 1%、5%、10% 水平上显著；括号中为稳健标准误；本书还利用逆距离矩阵和引力矩阵进行了估计，结果与本表类似，因而在此处仅报告了基于邻接矩阵的结果，其他结果可以参考附录表 A6、表 A7。

进一步分析三类动态外部性的间接效应。此处 Marshall、Jacobs 以及 Porter 外部性指标对应的间接效应分别使用 *Indirect Effect_m*、*Indirect Effect_j*、*Indirect Effect_p* 表示。根据间接效应的估计结果，*Indirect Effect_m* 的估计系数显著为正，这意味着 Marshall 外部性在空间上存在显著的正向空间溢出效应，即本地区产业的专业化集聚有助于带动周边地区创新水平的提升。值得注意的是，(5) 列中，*Indirect Effect_p* 的估计系数显著为正，说明 Porter 外部性在一定程度上同样存在正向的空间溢出效应。可能的解释是：一方面，本地区企业间存在的过度竞争反而为周边地区企业创新提供了一个相对舒适的竞争环境，使本地区企业以及相关要素存在流向周边地区的倾向；另一方面，产业集聚本身即具备较强的空间正向辐射效应。两方面效应叠加之下，周边地区的创新效率得以提升。

6.3.3.2　Marshall 外部性解构：三条路径的空间效应分析

同样，根据相关检验结果，本节最终使用双向固定的 SDM 模型对动态外部性指标的空间效应进行分析，表 6 - 10 汇报了基于邻接矩阵的估计结果。从结果来看，ρ 的估计值均在 1% 统计水平上显著，说明原有的估计模型具有较强的空间效应，纳入空间计量分析具备合理性。在纳入了空间效应后，仅有知识技术溢出这一路径的估计系数保持了正显著的特点，说明相较于其他路径，其对区域创新具有更强的推动作用。同样，知识技术溢出路径空间滞后项的估计结果显著为正，说明知识技术溢出指标具有较强的空间相关性，且依然服从“高—高、低—低”的分布方式。

表 6 - 10　Marshall 外部性解构：三条路径的空间效应

变量	(1) *p_a*	(2) *p_a_i*	(3) *m_p_a*	(4) *m_p_a_i*	(5) *i_eff*
labo_pool	-0.0031 (0.0162)	-0.0178 (0.0180)	0.0021 (0.0109)	-0.0127 (0.0095)	-0.0081 (0.0219)
in_share	-0.0059 (0.0093)	-0.0009 (0.0103)	-0.0068 (0.0063)	-0.0043 (0.0055)	-0.0061 (0.0126)
know_spil	0.2451 *** (0.0524)	0.2156 *** (0.0582)	0.2112 *** (0.0354)	0.0239 (0.0307)	0.2207 *** (0.0710)
W_labo_pool	0.0325 (0.0358)	0.0818 ** (0.0399)	0.0343 (0.0242)	0.0643 *** (0.0210)	0.0162 (0.0485)
W_in_share	0.0201 (0.0190)	0.0180 (0.0210)	0.0132 (0.0128)	0.0098 (0.0111)	-0.0034 (0.0257)
W_know_spil	0.2191 ** (0.0922)	0.3165 *** (0.1021)	0.2551 *** (0.0659)	0.4027 *** (0.0560)	0.4249 *** (0.1200)
Direct Effect_l	-0.0011 (0.0164)	-0.0147 (0.0182)	0.0044 (0.0111)	-0.0099 (0.0096)	-0.0071 (0.0223)
Direct Effect_i	-0.0054 (0.0086)	-0.0007 (0.0097)	-0.0065 (0.0058)	-0.0042 (0.0051)	-0.0067 (0.0119)
Direct Effect_k	0.2680 *** (0.0497)	0.2353 *** (0.0552)	0.2351 *** (0.0336)	0.0442 (0.0291)	0.2197 *** (0.0673)
Indirect Effect_l	0.0679 (0.0760)	0.1321 ** (0.0670)	0.0857 (0.0541)	0.1178 *** (0.0394)	0.0158 (0.0653)
Indirect Effect_i	0.0415 (0.0356)	0.0344 (0.0321)	0.0241 (0.0252)	0.0167 (0.0186)	-0.0059 (0.0321)

续表

变量	(1) *p_a*	(2) *p_a_i*	(3) *m_p_a*	(4) *m_p_a_i*	(5) *i_eff*
Indirect Effect_k	0.8461 *** (0.1740)	0.7665 *** (0.1531)	0.9496 *** (0.1273)	0.8608 *** (0.0935)	0.5252 *** (0.1469)
Total Effect_l	0.0668 (0.0768)	0.1174 * (0.0668)	0.0900 (0.0548)	0.1079 *** (0.0396)	0.0087 (0.0637)
Total Effect_i	0.0361 (0.0327)	0.0337 (0.0283)	0.0175 (0.0233)	0.0125 (0.0168)	-0.0126 (0.0267)
Total Effect_k	1.1140 *** (0.1737)	1.0018 *** (0.1494)	1.1847 *** (0.1278)	0.9050 *** (0.0928)	0.3055 ** (0.1347)
ρ	0.5845 *** (0.0336)	0.4711 *** (0.0384)	0.6073 *** (0.0319)	0.5299 *** (0.0363)	0.3225 *** (0.0477)
R^2	0.2835	0.2087	0.4929	0.4062	0.1747
控制变量	控制	控制	控制	控制	控制
城市固定	控制	控制	控制	控制	控制
年份固定	控制	控制	控制	控制	控制
观测值	2565	2565	2565	2565	2565
Num of City	285	285	285	285	285

注：***、**、*分别表示在 1%、5%、10% 水平上显著；括号中为稳健标准误；本书还利用逆距离矩阵和引力矩阵进行了估计，结果与本表类似，因而在此处仅报告了基于邻接矩阵的结果，其他结果可以参考附录表 A8、表 A9。

进一步分析三类动态外部性的间接效应。此处劳动力蓄水池、中间品投入共享以及知识技术溢出指标对应的间接效应分别用 *Indirect Effect_l*、*Indirect Effect_i*、*Indirect Effect_k* 表示。根据间接效应的估计结果，*Indirect Effect_k* 的估计系数显著为正，这意味着知识技术溢出在空间上存在显著的正向空间溢出效应。(2)、(4) 列结果中，劳动力蓄水池指标的估计系数显著为正，说明其同样可能存在较强的正向空间溢出效应。当然，指标的区域关联性也可能与本指标的构建方式有一定的关联性，具体可以参考 6.2.2 节，但是上述估计结果也从侧面说明，这两条路径可能是区域间进行协同创新的核心渠道，具有较强的政策意义。

6.3.4 产业集聚的正外部性：微观层面的其他机制

6.3.4.1 基于融资约束视角

实际上，发展中国家的企业主要通过银行引入外部资金，因此企业可贷资金的规模就要受限于企业自身拥有的抵押品价值。此时，多品类的抵押品，如厂房、机械设备等固定资产具有地域不变性或者产业专用性，因此在这些抵押品折变时，当地同产业的其他企业是最好的接盘者（Shleifer 和 Vishny，1992），而产业集聚正好为寻找潜在接手企业提供了重要的渠道和便利。由于存在相应的“竞标者”，原有的抵押资产对银行而言可能拥有了更高的市场价值，因此在其他抵押条件不变的情况下，银行可以增加对本企业的贷款规模，从而缓解了企业自身的融资约束水平，提高了企业进行创新投入的可能性。

本节主要使用中介效应检验考察这一机制，同时，由于这一机制体现在企业层面，因而此处使用企业层面数据进行分析。在指标选择上，由于 SA 指数相对于其他指标具有更好的性质与优势，因此本节使用 SA 指数作为测度企业融资约束的重要指标，具体的处理方式可以参考 6.2.2 节，最终企业融资约束指标的符号为 *fc*，表 6－11 报告了主要的回归结果。（1）行结果中，集聚指标的估计系数显著为负，说明产业集聚显著缓解了企业的融资约束水平；进一步地，在（3）、（5）、（7）、（9）、（11）、（13）行结果中，融资约束指标均在 1% 统计水平上显著为负，说明融资约束问题的存在显著降低了企业整体的创新水平。进一步地，相较于基本回归模型，产业集聚指标的估计值在加入了融资约束指标后均有了明显的下降，说明融资约束确为重要的中介变量，即产业集聚通过缓解企业整体的融资约束水平以提升自身创新水平。

表 6－11　　基于企业层面的其他机制：融资约束视角

变量		*agg*	*fc*	控制变量	各类效应	观测值	R^2
（1）	*fc*	－0.0015*** （0.0005）		控制	控制	87779	0.8590
（2）	*rnd*	0.0125*** （0.0036）		控制	控制	87779	0.4191
（3）	*rnd*	0.0110*** （0.0035）	－0.9725*** （0.0340）	控制	控制	87779	0.4249
（4）	*pat_app*	0.0087*** （0.0027）		控制	控制	45661	0.1555

续表

变量		agg	fc	控制变量	各类效应	观测值	R^2
(5)	pat_app	0.0082*** (0.0026)	-0.5968*** (0.0291)	控制	控制	45661	0.1724
(6)	pat_appi	0.0122*** (0.0035)		控制	控制	16614	0.1917
(7)	pat_appi	0.0116*** (0.0033)	-0.6034*** (0.0405)	控制	控制	16614	0.2220
(8)	accui	0.0140*** (0.0032)		控制	控制	32654	0.2343
(9)	accui	0.0128*** (0.0031)	-0.3972*** (0.0338)	控制	控制	32654	0.2417
(10)	m_accui	0.0009*** (0.0003)		控制	控制	36675	0.2656
(11)	m_accui	0.0009*** (0.0003)	-0.0168*** (0.0024)	控制	控制	36675	0.2667
(12)	np	0.0324*** (0.0028)		控制	控制	132528	0.4779
(13)	np	0.0277*** (0.0027)	-1.2269*** (0.0273)	控制	控制	132528	0.4875

注：***、**、*分别表示在1%、5%、10%水平上显著；括号中为稳健标准误。

6.3.4.2 基于企业间的沟通与交流视角

集聚区内企业的沟通与交流作为一个更具一般性的影响路径，探讨其对技术创新的影响同样具有重要意义。6.2.2节已经讨论了沟通密度变量的具体设置方法，而相较于前文中的中介效应检验方法，此处使用了分析调节效应的方法来佐证这一机制的存在①，具体结果参考表6-12。此处，由于每个二位数行业对应的*commu*指标并不会随着时间的变化而变化，因而在回归中本章并没有控制行业效应。从结果看，沟通密集度指标的估计系数均在1%统计水平上显著为正，说明企业间的沟通与交流确有提升企业整体创新水平的作用。进一步来看，除了（5）列结果外，产业集聚指标与沟通密集度指标的交

---

① 实际上，本章尝试了使用中介效应检验的方式分析这一机制，虽然这一机制体现的中介效应有限，但是产业集聚对其的调节效应则十分显著。

乘项系数同样显著为正，说明产业集聚能够进一步强化企业间的沟通与交流，进而推动企业创新。

表 6 - 12　　基于企业层面的其他机制：沟通密度视角

变量	(1) *rnd*	(2) *pat_app*	(3) *pat_appi*	(4) *accui*	(5) *m_accui*	(6) *np*
commu	0.0333 *** (0.0010)	0.0087 *** (0.0007)	0.0067 *** (0.0007)	0.0085 *** (0.0007)	0.0003 *** (0.0001)	0.0097 *** (0.0007)
agg × *commu*	0.0006 *** (0.0002)	0.0009 *** (0.0001)	0.0007 *** (0.0002)	0.0003 ** (0.0002)	0.0000 (0.0000)	0.0025 *** (0.0002)
控制变量	控制	控制	控制	控制	控制	控制
城市固定	控制	控制	控制	控制	控制	控制
年份固定	控制	控制	控制	控制	控制	控制
观测值	85399	45162	16356	32040	35954	130168
R^2	0.4075	0.1400	0.1836	0.2219	0.3017	0.4720

注：***、**、* 分别表示在 1%、5%、10% 水平上显著；括号中为稳健标准误。

6.4　产业集聚负外部性的相关机制检验结果

6.4.1　产业集聚的负外部性：拥挤效应

6.4.1.1　基于地租的视角

地租的上升一般会对部分创新要素形成挤出，导致要素市场扭曲，进而抑制区域的创新活力，制约地区整体的产业结构升级（许家云与张巍，2020）。因此，本章使用地级市层面的商品房销售价格（*house_price*）作为该地区整体地租水平的代理变量，商品房价格将以 2000 年为基期进行平减调整，并进行相应的对数化处理，表 6 - 13 汇报了主要回归结果。可以发现，产业集聚指标的估计系数在 1% 统计水平上显著为正，这意味着产业集聚推动了本地区地租水平的提升。进一步看，(5)、(7)、(9) 行的结果表明，地租水平与地区创新水平间存在较为显著的负向关联性。同时，在原模型中引入了地租指标后，产业集聚指标的估计系数出现了明显下降，说明产业集聚存在通过提高地区地租水平，抑制技术创新这一作用机制①。

表 6－13　　产业集聚负向效应机制：地租效应

变量		*agg*	*house_price*	控制变量	各类效应	观测值	R^2
(1)	*house_price*	0.0095*** (0.0020)		控制	控制	3199	0.8908
(2)	*p_a*	0.1341*** (0.0351)		控制	控制	3199	0.9496
(3)	*p_a*	0.1265*** (0.0348)	－0.8066 (0.5115)	控制	控制	3199	0.9497
(4)	*p_a_i*	0.1176*** (0.0385)		控制	控制	3199	0.9389
(5)	*p_a_i*	0.1044*** (0.0377)	－1.3873** (0.5744)	控制	控制	3199	0.9391
(6)	*m_p_a*	0.1451*** (0.0274)		控制	控制	3199	0.9241
(7)	*m_p_a*	0.1365*** (0.0273)	－0.9026** (0.4219)	控制	控制	3199	0.9243
(8)	*m_p_a_i*	0.0910*** (0.0263)		控制	控制	3199	0.8816
(9)	*m_p_a_i*	0.0799*** (0.0264)	－1.1714** (0.4814)	控制	控制	3199	0.8821
(10)	*i_eff*	0.0832** (0.0379)		控制	控制	3199	0.6952
(11)	*i_eff*	0.0843** (0.0385)	0.1248 (0.7925)	控制	控制	3199	0.6952

注：***、**、* 分别表示在 1%、5%、10% 水平上显著；括号中为稳健标准误。

6.4.1.2　基于基础设施视角

拥挤效应一方面提升了区域内整体的地租水平，另一方面也降低了地区

① 对企业而言，地租水平与地方工业用地价格的关联性更强，因此本书进一步使用了 2008—2016 年各省份大中型城市工业用地成交楼面均价（*ind_price*）替代原有的商品房销售价格进行稳健性检验，数据来源于 Wind 数据库。最终的估计结果参考附录表 A13。可以发现，主要结果与表 6－13 结果类似，说明原有结论稳健。

内企业人均可使用的基础设施数量，这可能会进一步抑制集聚正外部性作用的发挥。据此，本书使用了综合测度的地区基础设施水平指标（*infrus*），对基础设施挤出这一产业集聚的负向机制进行分析。此处主要使用调节效应分析这一机制，表 6 - 14 汇报了主要的回归结果。具体来看，（1）列中，虽然产业集聚指标的估计系数为正，但是并不显著，说明本书所论述的、产业集聚对基础设施的实际影响效应可能有限。进一步观察结果后可以发现，（2）、（5）、（6）列中产业集聚与基础设施交乘项指标的估计系数显著为负，表明区域层面整体的基础设施反向抑制了产业集聚对创新的促进效应，这一结果在一定程度上佐证了由基础设施挤出所导致的产业集聚的负外部性。

表 6 - 14　　　产业集聚负向效应机制：基础设施的挤出效应

变量	(1) *infrus*	(2) *p_a*	(3) *p_a_i*	(4) *m_p_a*	(5) *m_p_a_i*	(6) *i_eff*
agg	0.0011 (0.0265)	0.1179*** (0.0340)	0.1198*** (0.0382)	0.1321*** (0.0257)	0.0954*** (0.0227)	0.0831* (0.0470)
infrus × *agg*		-0.1033*** (0.0195)	-0.0340 (0.0259)	-0.0196 (0.0195)	-0.0950*** (0.0249)	-0.1583*** (0.0358)
控制变量	控制	控制	控制	控制	控制	控制
城市固定	控制	控制	控制	控制	控制	控制
年份固定	控制	控制	控制	控制	控制	控制
观测值	2943	2943	2943	2943	2943	2943
R^2	0.9591	0.9504	0.9393	0.9251	0.8859	0.7133

注：***、**、* 分别表示在 1%、5%、10% 水平上显著；括号中为稳健标准误。

6.4.2 产业集聚的负外部性：企业层面的相关机制

6.4.2.1 企业的战略选择

本章前文已经说明，企业的低成本战略选择是导致企业创新模式低端化、抑制创新质量提升的重要路径。因此，本书构建了企业的低成本战略选择以及差异化战略选择的虚拟变量 *c_s*、*d_s*，变量的具体设置方法可以参考 6.2.2 节中的相关内容。此处同样使用调节效应分析的方法探讨产业集聚对企业创新的影响机制，主要使用的回归模型为 Probit 模型，表 6 - 15 汇报了基于创新模式的回归结果。

表 6－15 产业集聚负向效应机制：创新模式视角下企业的战略选择

变量		c_s	c_s × agg	d_s	d_s × agg	控制变量/效应	观测值
(1)	inno_m3	－0.0584*** (0.0167)				控制	1838939
(2)	inno_m3	－0.0263 (0.0277)	－0.0204 (0.0144)			控制	1838939
(3)	inno_m2	－0.0391*** (0.0146)				控制	1843748
(4)	inno_m2	－0.0020 (0.0243)	－0.0233* (0.0127)			控制	1843748
(5)	inno_m1	0.0467*** (0.0056)				控制	851266
(6)	inno_m1	0.0502*** (0.0072)	－0.0019 (0.0025)			控制	851266
(7)	inno_m3			0.2218*** (0.0091)		控制	1838939
(8)	inno_m3			0.2473*** (0.0109)	－0.0151*** (0.0036)	控制	1838939
(9)	inno_m2			0.2175*** (0.0082)		控制	1843748
(10)	inno_m2			0.2483*** (0.0099)	－0.0184*** (0.0033)	控制	1843748
(11)	inno_m1			0.1704*** (0.0045)		控制	851266
(12)	inno_m1			0.1923*** (0.0051)	－0.0115*** (0.0013)	控制	851266

注：***、**、*分别表示在1%、5%、10%水平上显著；括号中为稳健标准误。

可以发现，(1)、(3) 行结果中，低成本战略变量的估计系数显著为负，而 (5) 行结果中，低成本战略变量的系数则显著为正，说明企业实施低成本战略对企业自身选择高端创新模式的可能性，或者说对高端创新模式的偏向性形成了显著的抑制；与此同时，(7) — (12) 行结果说明，企业实施差异化战略明显提高了企业对高端创新模式的偏好。进一步观察产业集聚与企业战略选择变量的交乘项，可以发现交乘的估计系数均保持了显著为负的特点。

这一结果说明：对于选择低成本战略的企业而言，产业集聚水平的提升进一步加剧了企业对低端创新模式的偏向性；对于选择差异化战略的企业而言，产业集聚则反向削弱了企业对高端创新模式的偏向性。因此，有理由认为，产业集聚通过影响或调节企业战略选择以及不同战略对企业创新的影响，进而调整企业对不同创新模式的偏向性。

本章进一步从创新质量的视角分析了上述问题，表 6 - 16 报告了相应的回归分析结果。根据结果可以发现，企业的低成本战略在整体上与企业创新质量之间存在一定程度的负向关联，而产业集聚对低成本战略的负向调节效应也存在一定经验证据。同时，大多数差异化战略虚拟变量的估计值显著为正，说明企业的差异化战略与企业创新质量之间呈现出较为明显的正向关联性。进一步观察交乘项，（26）行结果中，交乘项系数显著为负，这在一定程度上说明产业集聚抑制了差异化战略对企业创新的促进作用。根据创新模式与创新质量两方面的实证结果，可以认为，产业集聚可以通过影响或调节企业的战略效应，弱化企业对中高端创新模式的偏好，降低企业整体创新质量。

表 6 - 16　　产业集聚负向效应机制：创新质量视角下企业的战略选择

变量		c_s	c_s × agg	d_s	d_s × agg	控制变量/效应	R^2	观测值
(1)	m_cited	0.0249 (0.0215)				控制	0.0569	20037
(2)	m_cited	−0.0614** (0.0286)	−0.6687** (0.3371)			控制	0.0571	20037
(3)	m_cita	0.0151 (0.0222)				控制	0.1229	11775
(4)	m_cita	0.0075 (0.0296)	0.1405 (0.4047)			控制	0.1229	11775
(5)	m_kn_wid	0.0047 (0.0116)				控制	0.1640	21807
(6)	m_kn_wid	0.0158 (0.0155)	−0.1981 (0.1694)			控制	0.1640	21807
(7)	md_cited	0.0281 (0.0243)				控制	0.0552	21807
(8)	md_cited	−0.0810** (0.0317)	−0.9395** (0.3657)			控制	0.0555	21807

续表

变量		c_s	c_s × agg	d_s	d_s × agg	控制变量/效应	R^2	观测值
(9)	md_cita	0. 0311 (0. 0229)				控制	0. 0971	21807
(10)	md_cita	0. 0520 * (0. 0296)	-0. 3716 (0. 3554)			控制	0. 0972	21807
(11)	md_kn_wid	-0. 0008 (0. 0117)				控制	0. 1552	21807
(12)	md_kn_wid	0. 0109 (0. 0157)	-0. 2085 (0. 1740)			控制	0. 1553	21807
(13)	comp_qual	-0. 0322 * (0. 0184)				控制	0. 1193	21807
(14)	comp_qual	-0. 0585 ** (0. 0236)	-0. 4680 * (0. 2740)			控制	0. 1194	21807
(15)	m_cited			0. 0373 *** (0. 0107)		控制	0. 0575	20037
(16)	m_cited			0. 0367 *** (0. 0118)	0. 0094 (0. 0768)	控制	0. 0575	20037
(17)	m_cita			0. 0009 (0. 0118)		控制	0. 1228	11775
(18)	m_cita			-0. 0052 (0. 0128)	0. 0927 (0. 0855)	控制	0. 1229	11775
(19)	m_kn_wid			-0. 0071 (0. 0060)		控制	0. 1640	21807
(20)	m_kn_wid			-0. 0035 (0. 0066)	-0. 0552 (0. 0400)	控制	0. 1641	21807
(21)	md_cited			0. 0582 *** (0. 0122)		控制	0. 0561	21807
(22)	md_cited			0. 0622 *** (0. 0134)	-0. 0607 (0. 0865)	控制	0. 0561	21807
(23)	md_cita			0. 0456 *** (0. 0115)		控制	0. 0977	21807
(24)	md_cita			0. 0431 *** (0. 0126)	0. 0387 (0. 0848)	控制	0. 0977	21807

续表

变量		c_s	c_s × agg	d_s	d_s × agg	控制变量/效应	R^2	观测值
(25)	md_kn_wid			-0.0035 (0.0061)		控制	0.1552	21807
(26)	md_kn_wid			0.0018 (0.0068)	-0.0818** (0.0409)	控制	0.1554	21807
(27)	comp_qual			0.0364*** (0.0092)		控制	0.1198	21807
(28)	comp_qual			0.0324*** (0.0101)	0.0619 (0.0672)	控制	0.1199	21807

注：***、**、*分别表示在1%、5%、10%水平上显著；括号中为稳健标准误。

6.4.2.2 企业的进入动态

理论分析中，“政策租”具有较强的导向性，因而有可能会调节集聚区整体创新环境与创新导向，让集聚区自然演化形成的“集聚租”无法有效发挥。此时，对于部分集聚区而言，其内生演化机制的不完善可能使这些集聚区仅能够吸引或吸收创新能力较弱的企业，此时本地区创新的低端锁定问题将进一步加剧。因此，可以认为企业动态也是集聚影响创新模式以及创新质量的重要机制。鉴于此，本章进一步纳入了企业动态这一指标以验证上述推断，相关指标的测算方式可以参考6.2.2节。

表6-17汇报了主要的回归结果。具体来看，在（1）、（3）列结果中，企业动态指标的估计系数在1%统计水平上显著为负，而在（5）列结果中，企业动态指标的估计系数则显著为正。这一结果说明，企业动态显著降低了企业选择和实施高端创新模式的可能性，反向加强了企业对低端创新的偏好。分析交乘项后可知，产业集聚进一步强化了企业动态指标的负向效应。上述结果验证了“产业集聚能够通过企业动态抑制企业对中高端创新模式偏好”这一机制的存在。

表6-17 负向效应机制：创新模式视角下的企业动态

变量	(1) inno_m3	(2) inno_m3	(3) inno_m2	(4) inno_m2	(5) inno_m1	(6) inno_m1
enter	-0.0278*** (0.0074)	-0.0202*** (0.0077)	-0.0206*** (0.0061)	-0.0104 (0.0064)	0.0055* (0.0032)	0.0120*** (0.0033)

续表

变量	(1) *inno_m3*	(2) *inno_m3*	(3) *inno_m2*	(4) *inno_m2*	(5) *inno_m1*	(6) *inno_m1*
enter × agg		-0.0050 *** (0.0013)		-0.0068 *** (0.0012)		-0.0045 *** (0.0005)
控制变量	控制	控制	控制	控制	控制	控制
区域固定效应	控制	控制	控制	控制	控制	控制
行业固定效应	控制	控制	控制	控制	控制	控制
年份固定效应	控制	控制	控制	控制	控制	控制
观测值	1838918	1838918	1843727	1843727	851266	851266

注：***、**、*分别表示在 1%、5%、10%水平上显著；括号中为稳健标准误；控制变量同时包含企业层面的控制变量与区域层面的控制变量。

针对企业动态这一机制，此处还基于企业质量这一层面进行了讨论，具体结果参考表 6－18。同样，根据（3）、（6）列结果可以发现，企业进入动态指标与创新质量之间负向关联性存在一定的经验证据。考察交乘项，（2）、（3）、（4）、（6）列结果中，交乘项的估计系数显著为负，这部分说明了产业集聚通过强化企业进入动态的负向效应来降低企业整体的创新质量，诱发了企业创新的低端锁定问题。

表 6－18　　负向效应机制：创新质量视角下的企业动态

变量	(1) *m_cited*	(2) *m_cita*	(3) *m_kn_wid*	(4) *md_cited*	(5) *md_cita*	(6) *md_kn_wid*	(7) *comp_qual*
enter	0.0073 (0.0078)	0.0016 (0.0090)	-0.0087 ** (0.0043)	0.0120 (0.0089)	-0.0115 (0.0084)	-0.0092 ** (0.0044)	-0.0066 (0.0067)
enter × agg	-0.0328 (0.0295)	-0.0583 * (0.0321)	-0.0288 * (0.0157)	-0.0769 ** (0.0335)	0.0205 (0.0328)	-0.0334 ** (0.0161)	0.0131 (0.0260)
控制变量	控制	控制	控制	控制	控制	控制	控制
区域固定	控制	控制	控制	控制	控制	控制	控制
行业固定	控制	控制	控制	控制	控制	控制	控制
年份固定	控制	控制	控制	控制	控制	控制	控制
观测值	20037	11775	21807	21807	21807	21807	21807
R^2	0.0570	0.1231	0.1642	0.0554	0.0971	0.1555	0.1192

注：***、**、*分别表示在 1%、5%、10%水平上显著；括号中为稳健标准误；控制变量同时包含企业层面的控制变量与区域层面的控制变量。

此外，本章还为企业动态这一机制的存在提供了补充性证据。在“政策租”与“集聚租”中，“政策租”扮演着影响集聚区整体环境的主要角色（张国峰等，2016）。那么，如果“政策租”吸引了实施高端创新、高质量创新的企业，则“政策租”所引发的企业动态应当可以提高集聚区整体对中高端创新、高质量创新的偏好水平，或是至少可以抑制由产业集聚所导致的、对高端创新模式或是创新质量的负向效应。考虑到“政策租”主要的体现形式为企业获得的政府补贴，因此本章进一步构建了政府补贴与产业集聚的交乘项，表6－19汇报了主要结果。可以发现，交乘项的估计系数均不显著，这就说明“政策租”并没有充分引导高端、高质量创新企业进入集聚区；换言之，即集聚只是吸引了低端、低质的“创新企业”。这一结果也从侧面佐证了企业动态这一产业集聚影响技术创新的负向路径。

表6－19　负向效应机制：创新质量视角下的企业动态—政府补贴的佐证

变量	(1) *m_cited*	(2) *m_cita*	(3) *m_kn_wid*	(4) *md_cited*	(5) *md_cita*	(6) *md_kn_wid*	(7) *comp_qual*
agg	－0.1339 (0.0847)	0.1139 (0.0972)	－0.0905** (0.0459)	－0.1851* (0.0964)	0.0974 (0.0937)	－0.0996** (0.0467)	0.0489 (0.0745)
subs × agg	0.1649 (0.1080)	0.0023 (0.1208)	0.0322 (0.0548)	0.1244 (0.1216)	－0.0752 (0.1198)	0.0131 (0.0560)	0.0170 (0.0938)
控制变量	控制	控制	控制	控制	控制	控制	控制
区域固定	控制	控制	控制	控制	控制	控制	控制
行业固定	控制	控制	控制	控制	控制	控制	控制
年份固定	控制	控制	控制	控制	控制	控制	控制
观测值	20037	11775	21807	21807	21807	21807	21807
R^2	0.0571	0.1233	0.1642	0.0555	0.0971	0.1555	0.1192

注：***、**、*分别表示在1%、5%、10%水平上显著；括号中为稳健标准误；控制变量同时包含企业层面的控制变量与区域层面的控制变量。

本章进一步在行业层面对上述问题进行了讨论。其中，企业的进入动态指标在三位数行业层面进行重新测算，具体的测算方法与6.2.2节类似；同时，为了保证稳健性，此处还引入了DO指数进行分析，表6－20汇报了主要结果。相较于企业层面数据，行业层面数据并没有表现出较好的显著性，但是（2）、（4）、（9）、（11）、（12）行回归结果与前文保持了较好的一致性，说明了产业集聚的确可以通过企业动态这一渠道影响企业的创新模式与创新质量，前文结论具有稳健性。

表 6 - 20　负向效应机制分析：创新质量视角下的企业动态（行业层面）

变量		enter	enter × agg200km	enter	d_s × do_index	控制变量/各项效应	R^2	观测值
(1)	m_cited	-0.0383 (0.0268)	0.1752 (0.1235)			控制	0.3550	1331
(2)	m_cita	0.0271 (0.0273)	-0.3196* (0.1631)			控制	0.4533	1331
(3)	m_kn_wid	0.0052 (0.0115)	-0.0255 (0.0700)			控制	0.5660	1331
(4)	md_cited	-0.3407** (0.1628)	-0.2106 (0.6668)			控制	0.2712	1331
(5)	md_cita	-0.0012 (0.0665)	-0.2017 (0.3502)			控制	0.2632	1331
(6)	md_kn_wid	0.0225 (0.0450)	-0.2212 (0.2340)			控制	0.4230	1331
(7)	comp_qual	-0.0508 (0.0330)	-0.0008 (0.1545)			控制	0.3453	1331
(8)	m_cited			-0.0249 (0.0247)	0.2644 (0.4154)	控制	0.3543	1331
(9)	m_cita			0.0071 (0.0249)	-1.3386** (0.5206)	控制	0.4539	1331
(10)	m_kn_wid			0.0040 (0.0101)	-0.1675 (0.2458)	控制	0.5661	1331
(11)	md_cited			-0.3506** (0.1567)	-1.5102 (2.3816)	控制	0.2713	1331
(12)	md_cita			-0.0003 (0.0584)	-3.4319*** (1.2476)	控制	0.2667	1331
(13)	md_kn_wid			0.0077 (0.0411)	-0.7287 (0.8685)	控制	0.4230	1331
(14)	comp_qual			-0.0484 (0.0311)	-0.4651 (0.5056)	控制	0.3455	1331

注：***、**、* 分别表示在 1%、5%、10% 水平上显著；括号中为稳健标准误。

6.5 本章小结

本章基于区域层面数据与企业层面数据构建了正负双向外部性机制分析框架，并利用该框架剖析了产业集聚对技术创新的影响路径。

在正向的影响机制分析上：首先，本章构建了 Marshall、Jacobs 以及 Porter 三类外部性指标，分析了三类动态外部性对技术创新的影响效应，同时将 Marshall 外部性解构为劳动力蓄水池、中间品投入共享与知识技术溢出这三类子路径，构建相应指标，并对三类动态外部性指标以及 Marshall 外部性的三条路径进行了比较分析与空间效应分析。其次，本章基于企业数据，在微观层面进一步探讨了两类机制，即融资约束与企业间沟通。结果发现：①整体上，三类动态外部性均可正向推动技术创新，但就综合效应而言，Marshall 外部性的作用更强，纳入空间效应后主要结果类似。②Marshall 外部性解构后的三条路径是集聚影响创新重要的中介变量，其中知识技术溢出的正向效应最强，同时其所形成的正向空间溢出效应也最为显著。③产业集聚还可以通过缓解企业的融资约束水平、强化企业间的沟通效应提升企业技术创新。

在负向的影响机制分析上：首先，本章构建了地租指标、基础设施指标以刻画产业集聚引致的“拥挤效应”。其次，通过引入企业的战略选择与企业的进入动态两个指标，进一步讨论产业集聚在微观层面的负向作用机制。结果发现：①产业集聚通过提高区位地租以及强化拥挤效应下公共基础设施的挤出效应来抑制企业对高端创新模式以及高质量创新的偏向性。②产业集聚通过强化企业低成本战略、企业进入动态对高端创新模式、创新质量的负向效应，诱发企业对低端创新模式与低质创新的偏好，最终导致了企业创新的低端锁定问题。

机制分析是对研究问题进行更深层次的探索，是理论研究的重要延伸，同时也是对实践复杂性的有序呈现。本章内容是对第 4 章、第 5 章内容的深层探索与有效补充，从正负双向外部性视角，基于区域层面数据与企业层面数据，从多机制、多角度探讨了产业集聚如何影响技术创新。相较于本书前述的若干章节，本章具有更强的政策启示性。

第 7 章　主要结论、政策讨论与展望

本书在理论分析的基础上，基于区域、企业层面数据，综合分析了产业集聚对技术创新的多层次影响效应以及其背后的双向作用机制，最终得到了相应的研究结论。本章将在对前文结果梳理总结的基础上，进一步探讨相应的政策启示，并对本书的研究局限性以及未来可拓展的研究方向进行展望。

7.1　本书的主要结论

本书的核心研究主题在于讨论产业集聚如何影响技术创新以及分析产业集聚正负外部性框架下产业集聚对技术创新的影响路径与作用机制。针对这一核心主题，本书将其解构为“中国产业与区域创新的发展格局及时空演化”“区域视角下的产业集聚与技术创新关联性”“企业视角下的产业集聚与技术创新关联性”以及“产业集聚影响技术创新的正负双向机制分析”四个问题，对结论分别进行讨论，这一解构形式也延续了本书内容的整体框架。

7.1.1　中国产业与区域创新的发展格局及时空演化

针对上述问题，本书的主要结论如下：

中国产业发展经历了由快速增长向高质量增长的转变，而产业的空间分布整体上呈现出“强者恒强”的特点，即以京津冀、长三角、珠三角为代表的集聚区规模不断壮大，现代化水平的提升也令新的产业集群不断涌现，集聚红利正以“小集聚”这一形式在“大集聚”周边地区呈卫星式铺开，集聚的辐射效应明显。在当前的复杂环境下，不同行业的集聚水平形成分异，并形成较强的周期性波动。同时，中国正处在高新技术产业发展的“快车道”，虽与头部国家仍存差距，但整体差距不断减小。中国的创新要素的空间分布同样呈现出“强者恒强”的特点，头部效应凸显；但随着时间推移，新的创

新高地不断涌现。从整体看，高新技术行业整体具有较强的集聚性，且在时间维度上同样呈现出一定的周期性波动。总结来说，中国产业与创新发展在时间和空间两个方面存在可见的关联性：一是空间布局的统一性；二是发展趋势的统一性。这为本书的观点以及后续的研究提供了一定的现实证据。

7.1.2 区域视角下的产业集聚与技术创新关联性

针对上述问题，本书的主要结论如下：

理论上，在分析纳入集聚经济效应的熊彼特内生增长模型后发现，产业集聚对技术创新的影响取决于产业集聚整体的净效应，其中不仅蕴含了本地区产业集聚的作用，同时也囊括了周边地区集聚的空间效应。同时，这一净效应也取决于产业集聚内生演化下形成的正负双向外部性之间博弈的结果。进一步结合相关文献分析，预计产业集聚对区域创新将呈现出正的净效应，但两者之间也可能存在非线性关联。实证结果验证了理论分析的推断，即产业集聚对技术创新整体上存在正向推动作用，在考虑了内生性问题以及一系列稳健性检验后该结论仍然成立。同时，这一正向效应在非东部地区城市、大型城市以及高铁城市中更强。调节效应发现，良好的制度环境与地区要素结构能够更好地发挥产业集聚的促进作用。空间计量分析结果显示，产业集聚具有空间的正相关性，且存在正向的空间溢出效应。此外，本书进一步发现产业集聚与技术创新存在较为明显的倒 U 型关联。理论与经验证据说明，中国产业集聚对技术创新具有正的净效应，这也表明了中国历年来推动构建实施的集聚政策具有较强的理论支撑与现实意义。

7.1.3 企业视角下的产业集聚与技术创新关联性

针对上述问题，本书的主要结论如下：

整体而言，产业集聚对企业创新同样存在显著的正向推动作用，且这一作用在考虑了内生性问题以及一系列稳健性检验后依然显著。异质性分析发现，产业集聚对成熟企业、非国有企业、技术与资本密集型行业企业创新的推动作用更为明显。非线性关联分析发现，产业集聚与企业创新间依然存在较为明显的倒 U 型关联，这为产业集聚存在正负双向外部性提供了经验支撑。在企业创新模式与创新质量的讨论上，本书发现产业集聚一定程度上抑制了企业选择高端创新模式的可能性，而良好的制度环境有利于缓解这一问题。同时，产业集聚还降低了企业创新的整体质量，且这一抑制作用存在较强的持续性，对于较大规模企业、非国有企业以及技术密集型行业企业，这一抑制作用则相对较弱。总结来说，从企业的创新投入、中间品以及最终产出等规模类指标来看，产业集聚的确能够促进企业创新。但是，产业集聚反向降低了企业选择高端创新模式的可能性，抑制了企业创新质量的提升，在一定程度上导致了企业创新的低端锁定问题。

7.1.4　产业集聚影响技术创新的正负双向机制分析

针对上述问题，本书的主要结论如下：

对于正向机制，本书发现三类动态外部性均可正向推动技术创新，但是就综合效应而言，Marshall 外部性更强，纳入空间效应后主要结果类似。同时，Marshall 外部性解构后的三条路径是产业集聚影响技术创新重要的中介变量，且知识技术溢出在其中发挥主导作用，空间效应分析结果也是如此。此外，产业集聚还通过缓解融资约束问题、强化企业间沟通效应以提升企业创新水平。就负向机制而言，本书发现产业集聚通过提高区位地租水平、强化公共基础设施的挤出效应，使企业降低了自身对高端创新模式的偏好程度，抑制了企业创新质量水平的提升。同时，产业集聚还通过强化企业低成本战略效应与企业动态这两条路径，形成对企业高端创新模式与创新质量的负向效应，加剧了企业创新的低端锁定问题。总结来说，机制讨论是对上述三个问题更为深入的剖析，本章从正负双向外部性视角，基于区域层面数据与企业层面数据，从多机制、多角度探讨了产业集聚对技术创新的影响路径，具有较强的政策启示性。

7.2　政策讨论

本章将在前文理论与实证分析的基础上，基于产业集聚与技术创新的基本关联，协同考虑异质性分析、调节效应分析、空间效应分析、非线性关联分析以及机制分析等主要结果，提出相应的政策建议。政策讨论的逻辑起点是：产业集聚对技术创新的影响并非单向的，需要基于辩证逻辑考虑产业集聚的具体效应，并部署相应的政策安排。

7.2.1　加强目标性产业集聚，建立完善的创新评估体系与奖惩制度

根据本书结论，至少在创新的规模层面产业集聚可以显著推动地区、企

业创新水平的提升。这表明就整体效应而言，以目前各类开发区为代表的集聚性政策对推动创新发展有重要意义。但需要指出的是，“政策寻租”主导的集聚模式可能导致了企业创新模式与创新战略导向的偏差。从分析结果看，现存的集聚区在整体上并没有充分吸收具有高端创新与高质量创新能力的企业，而是让一些创新能力不足的企业基于“政策寻租”的目的进入集聚区，导致了集聚区内整体环境的“创新降级”，诱发了创新的低端锁定问题。因此，在目前各省市形成优势产业集群的主导性政策之下，政府需要进一步关注“政策寻租”对产业整体发展以及企业进入动态的导向性。在引入企业、培植产业的过程中，充分做好“引前评估”和“引后监督”相结合，完善企业创新的奖惩机制与评估体系，对高水平的创新型企业进行持续关注，并构建具有针对性的措施、提高奖励力度；相对地，对于低水平创新企业则实施政策优惠削减等措施。同时，还要进一步加强政策扶持的导向性，注重引入、筹建与新基建、“双循环”、创新驱动等国家发展战略契合度高、技术含量高、创新能力高的“三高”企业，优化集聚区整体的创新环境，推动创新真正从量变向质变转化。

7.2.2 进一步加强集聚的辐射效应，统筹形成区域创新协同发展

从本书的研究结论看，产业集聚对周边地区的技术创新存在正向的空间溢出效应，说明目前中国的“产业集聚高地”在整体上发挥的是“辐射中心”作用，而不是某种意义上的“极化中心”。但是，异质性分析结果同样说明，产业集聚正向效应的发挥在发达地区具有更好的效果，且区域创新的头部效应持续明显。此时，对于发展程度较低的地区，如果“生搬硬套”发达地区的发展模式，可能无法充分发挥本地的集聚优势。因此，需要进一步加强“集聚高地”的建设，充分发挥集聚的正向辐射效应；同时，做到因地制宜，充分考虑各地区自身特点与区位优势，选择适合本地区发展的产业种类与规划布局，形成具有地方特色的集聚型产业，或是周边“集聚高地”的配套型产业。统筹周边地区与本地区产业间的协同协作关系，真正做到产业链与创新链的深度融合。同时，对于地方政府而言，在制定产业政策的过程中应更多地关注产业内部的结构优化以及高端产业的集聚发展，积极纠正地方政府在产业发展上的盲目模仿和竞争行为，完善自身定位，降低产业要素的时空错配。此外，在条件允许的前提下，进一步完善以高铁为代表的区域间的交通网络布局，充分发挥交通基础设施作为要素流通渠道的重要作用。

7.2.3　构建良好的营商环境，加强创新的“集聚引擎”

本书的调节效应分析结果说明，以市场化指数所衡量的制度环境不仅可以强化集聚对创新的正向效应，同时也能够缓解集聚所形成的创新低端锁定问题，而地区的制度环境与营商环境息息相关，“十四五”规划也将优化营商环境作为未来的重点工作。营商环境是市场经济的培育之土，是市场主体的生命之氧，只有进一步优化营商环境，才能真正解放生产力、提高竞争力。因此，在当前波谲云诡的国际形势以及充满挑战的国内形势下，各地政府必须保持足够的战略定力，以改革为引擎，以法治为船帆，不断优化营商环境，推动助力创新驱动发展。首先，要继续深化“放管服”改革，厘清政府和市场的边界，做好简政放权、放管结合、优化服务；深化商事制度改革，着力“减证照、压许可”，为民营企业营造更加公开、透明、便利的准入环境。还需要强化竞争政策的实施，建立规范统一的市场监管规则与监管体系，为企业特别是民营企业营造公平竞争的市场环境。此外，还要不断完善法治体系，优化协调法治体系下的各类主体，将法律的作用落到实处。用改革破除现有积弊，用法治形成创新的城墙，稳定市场预期、提振区域发展信心，进一步激发集聚环境下企业的创新活力，让集聚作为创新的新引擎轰隆作响。

7.2.4　做好“扬长避短”，多渠道提升“集聚优势”

本书的机制分析部分表明，产业集聚对技术创新存在明显的正负双向影响机制。为了充分引导与发挥产业集聚的正外部性，让集聚赋能创新，政府需要从多渠道、多维度拓宽集聚对创新的正向促进作用，有效规避集聚可能产生的负向效应。具体来看：首先，进一步加强区域间、行业间、企业间交流，推进构建全方位交流平台，挖掘地区的平台经济潜能，打破行业间各类要素流动的桎梏，让“隔行如隔山”成为过去，让“他山之石，可以攻玉”成为现实。其次，完善创新平台体系的建设，设立相应的引导基金或母基金，发挥政府财政的引导放大作用。完善科技金融体系，基于创新的全生命周期视角，多方位、多层次地满足企业的创新需求；重视基础研究创新人才培养和创新团队的建设，开拓国际视野，推进高水平改革开放，加强国内外合作，完善科技人才引进体系，优化相应的人才落户与要素配套，提升地方人才吸引力，最终完成高技术产业技术资本和人力资本的双重积累。鼓励交叉学科建设，充分引导发挥多行业集聚的多样化优势。此外，要充分完善与产业集聚规模配套的基础设施建设，坚持“房住不炒”，有效抑制产业集聚的“负效应”“离心力”，让集聚不再“拥挤”，让基础设施均等化成为现实，让企业的高端创新没有后顾之忧。

7.3 不足之处与研究展望

7.3.1 本书尚存的不足与待改进之处

本书深入剖析了产业集聚对技术创新的作用效应以及其背后的动态外部性机制，在某些问题上做到了一定程度的创新，并进行了相应的拓展性尝试。但是，受笔者学识与掌握资料所限，本书依然存在不足与待改进之处。

①虽然本书核心指标在构建过程中尽可能地遵循了全面性、稳健性、创新性原则，但实际上集聚指标与创新指标还存在其他的衡量方式。②本书对部分实证检验结果进行的解释说明依然具有较大的改进空间。③区域层面，本书主要利用了城市层面数据，实际上可以进一步构建县域层面的数据集对这一问题进行讨论。④机制讨论中，虽然本书已经尽可能地基于正负双向外部性框架对机制进行了分类讨论，但是依然存在其他可能机制需要挖掘与探索。

7.3.2 研究展望

本书还有众多有待拓展的研究方向。

一是深入探讨集聚与创新间的辩证关系。本书在实证分析过程中充分考虑了产业集聚与技术创新之间的内生关联性，因此，也可以认为技术创新同样具备对产业集聚的逆向影响，而这一问题的相关研究仍有拓展空间。

二是在更小的区域维度讨论这一问题。实际上，在细化的区域层次更能捕捉产业集聚的客观事实，因此可以在县域或更小的区域维度，同时结合相应指标对本书问题进行更为深入的分析。

三是探索与构建产业集聚对创新模式或是创新质量影响的理论框架。虽然本书的第 5 章实证检验了产业集聚对创新模式或创新质量的影响，但是就目前来看尚未有足够契合的理论框架可以运用于本问题的讨论。

四是进一步拓宽产业集聚影响创新的路径机制分析研究。本书基于正负双向外部性分析框架剖析了产业集聚对创新的影响路径与作用机制。可以预见的是，由于产业集聚对技术创新的影响路径存在正负双重维度，且现有研究对集聚负外部性机制的讨论依然有待延伸，因而在机制分析上本问题依然存在较多研究突破口。

五是针对产业集聚本身的研究。一方面，可以对集聚指标进行细化与分解，讨论集聚模式、集聚要素复杂度等问题，以及如何提高集聚模式与区域发展的匹配度。另一方面，结合当前的科技前沿，尝试探讨“虚拟集聚”与技术创新之间的关联关系与影响机制。

参考文献

[1] 白俊红，王钺，蒋伏心，李婧．研发要素流动、空间知识技术溢出与经济增长 [J]．经济研究，2017，52 (07)：109 – 123.

[2] 蔡庆丰，陈熠辉，林焜．信贷资源可得性与企业创新：激励还是抑制？——基于银行网点数据和金融地理结构的微观证据 [J]．经济研究，2020，55 (10)：124 – 140.

[3] 蔡秀玲．试析政府在营造企业集群区域创新环境中的职能定位 [J]．当代经济研究，2004 (06)：42 – 45.

[4] 曹勇，秦以旭．中国区域创新能力差异变动实证分析 [J]．中国人口·资源与环境，2012，22 (03)：164 – 169.

[5] 陈劲，陈钰芬，余芳珍．FDI 对促进中国区域创新能力的影响 [J]．科研管理，2007 (01)：7 – 13.

[6] 陈乐，李郇，姚尧，陈栋胜．人口集聚对中国城市经济增长的影响分析 [J]．地理学报，2018，73 (06)：1107 – 1120.

[7] 陈旭，邱斌，刘修岩．空间集聚与企业出口：基于中国工业企业数据的经验研究 [J]．世界经济，2016，39 (08)：94 – 117.

[8] 程惠芳，蒋泰维，胡慧芬，潘信路．国家创新体系对企业国际竞争力影响的经验分析 [J]．世界经济，2008 (01)：90 – 96.

[9] 戴魁早，刘友金．要素市场扭曲与创新效率——对中国高技术产业发展的经验分析 [J]．经济研究，2016，51 (07)：72 – 86.

[10] 丁峰．揭开创新神秘面纱．北京：华文出版社，2009.

[11] 董晓庆，赵坚，袁朋伟．国有企业创新效率损失研究 [J]．中国工业经济，2014 (02)：97 – 108.

[12] 杜威剑，李梦洁．产业集聚会促进企业产品创新吗？——基于中国工业企业数据库的实证研究 [J]．产业经济研究，2015 (04)：1 – 9 + 20.

[13] 段军山，庄旭东．金融投资行为与企业技术创新——动机分析与经

验证据 [J]. 中国工业经济, 2021 (01): 155 – 173.

[14] 方军雄, 于传荣, 王若琪, 杨棉之. 高管业绩敏感型薪酬契约与企业创新活动 [J]. 产业经济研究, 2016 (04): 51 – 60.

[15] 冯根福, 刘虹, 冯照桢, 温军. 股票流动性会促进中国企业技术创新吗? [J]. 金融研究, 2017 (03): 192 – 206.

[16] 郭铁成, 张赤东. 中国对外技术依存度究竟是多少? ——基于全球化视角的测算 [J]. 中国软科学, 2012 (02): 35 – 41.

[17] 郭迎锋, 顾炜宇, 乌天玥, 王立勇. 政府资助对企业 R&D 投入的影响——来自中国大中型工业企业的证据 [J]. 中国软科学, 2016 (03): 162 – 174.

[18] 韩坚, 费婷怡, 吴胜男, 段进军. 产业集聚、空间效应与区域创新研究 [J]. 财政研究, 2017 (08): 90 – 100.

[19] 何晓清. 创新网络演化视角下的区域创新机制研究——以高技术产业和中低技术产业为例 [J]. 研究与发展管理, 2017, 29 (01): 22 – 31.

[20] 胡彬, 万道侠. 产业集聚如何影响制造业企业的技术创新模式——兼论企业"创新惰性"的形成原因 [J]. 财经研究, 2017, 43 (11): 30 – 43.

[21] 胡彬, 万道侠. 集聚环境"升级"抑或"降级": 对企业"创新惰性"的新解释 [J]. 财经研究, 2019, 45 (05): 16 – 29.

[22] 胡浩, 李子彪, 胡宝民. 区域创新系统多创新极共生演化动力模型 [J]. 管理科学学报, 2011, 14 (10): 85 – 94.

[23] 胡璇, 杜德斌. 外资企业研发中心在城市内部的时空演化及机制分析——以上海为例 [J]. 经济地理, 2019, 39 (07): 129 – 138.

[24] 黄灿, 年荣伟, 蒋青嬗, 郑鸿. "文人下海"会促进企业创新吗? [J]. 财经研究, 2019, 45 (05): 111 – 124.

[25] 黄璇, 任宛竹. 财政政策、产业集聚与日商在华投资企业的区位选择 [J]. 经济问题探索, 2017 (06): 64 – 70.

[26] 贾亚男. 关于区域创新环境的理论初探 [J]. 地域研究与开发, 2001, 20 (01): 5 – 8.

[27] 金煜, 陈钊, 陆铭. 中国的地区工业集聚: 经济地理、新经济地理与经济政策 [J]. 经济研究, 2006 (04): 79 – 89.

[28] 赖永剑. 集聚、空间动态外部性与企业创新绩效——基于中国制造业企业面板数据 [J]. 产业经济研究, 2012 (02): 9 – 17.

［29］黎文靖，郑曼妮．实质性创新还是策略性创新？——宏观产业政策对微观企业创新的影响［J］．经济研究，2016，51（04）：60－73.

［30］李长青，姚萍，童文丽．中国污染密集型产业的技术创新能力［J］．中国人口·资源与环境，2014，24（04）：149－156.

［31］林理升，王晔倩．运输成本、劳动力流动与制造业区域分布［J］．经济研究，2006（03）：115－125.

［32］刘波，李志生，王泓力，杨金强．现金流不确定性与企业创新［J］．经济研究，2017，52（03）：166－180.

［33］刘芳．高速铁路、知识技术溢出与城市创新发展——来自 278 个城市的证据［J］．财贸研究，2019，30（04）：14－29.

［34］刘和旺，郑世林，王宇锋．所有制类型、技术创新与企业绩效［J］．中国软科学，2015（03）：28－40.

［35］刘诗源，林志帆，冷志鹏．税收激励提高企业创新水平了吗？——基于企业生命周期理论的检验［J］．经济研究，2020，55（06）：105－121.

［36］刘学元，丁雯婧，赵先德．企业创新网络中关系强度、吸收能力与创新绩效的关系研究［J］．南开管理评论，2016，19（01）：30－42.

［37］刘杨，蔡宏波．契约环境与服务业集聚——基于中国服务业企业数据的分析［J］．经济学动态，2017（05）：78－88.

［38］刘奕，夏杰长，李垚．生产性服务业集聚与制造业升级［J］．中国工业经济，2017（07）：24－42.

［39］柳卸林，杨博旭．多元化还是专业化？产业集聚对区域创新绩效的影响机制研究［J］．中国软科学，2020（09）：141－161.

［40］卢飞，刘明辉，孙元元．集聚、全要素生产率与产业增长［J］．科学学研究，2018，36（09）：1575－1584＋1614.

［41］陆毅，李冬娅，方琦璐，陈熹．产业集聚与企业规模——来自中国的证据［J］．管理世界，2010（08）：84－89＋101.

［42］陆远权，郑威，李晓龙．中国金融业空间集聚与区域创新绩效［J］．经济地理，2016，36（11）：93－99＋108.

［43］路江涌，陶志刚．中国制造业区域聚集及国际比较［J］．经济研究，2006（03）：103－114.

［44］吕越，陈帅，盛斌．嵌入全球价值链会导致中国制造的“低端锁定”吗？［J］．管理世界，2018，34（08）：11－29.

［45］马双，曾刚，张翼鸥，刘刚．中国地方政府质量与区域创新绩效的关系［J］．经济地理，2017，37（05）：35－41．

［46］毛昊，尹志锋，张锦．中国创新能够摆脱“实用新型专利制度使用陷阱”吗［J］．中国工业经济，2018（03）：98－115．

［47］梅亮，陈劲，刘洋．创新生态系统：源起、知识演进和理论框架［J］．科学学研究，2014，32（12）：1771－1780．

［48］梅姝娥．技术创新模式选择问题研究［J］．东南大学学报（哲学社会科学版），2008（03）：20－24＋126．

［49］聂高辉，邱洋冬，龙文琪．非正规金融、技术创新与产业结构升级［J］．科学学研究，2018，36（08）：1404－1413．

［50］潘胜强，马超群．城市基础设施发展水平评价指标体系［J］．系统工程，2007（07）：88－91．

［51］庞长伟，李垣，段光．整合能力与企业绩效：商业模式创新的中介作用［J］．管理科学，2015，28（05）：31－41．

［52］彭向，蒋传海．产业集聚、知识技术溢出与地区创新——基于中国工业行业的实证检验［J］．经济学（季刊），2011，10（03）：913－934．

［53］邱洋冬．开发区设立、区域偏向与企业创新提质［J］．产业经济研究，2020（04）：61－73．

［54］邵宜航，李泽扬．空间集聚、企业动态与经济增长：基于中国制造业的分析［J］．中国工业经济，2017（02）：5－23．

［55］邵朝对，苏丹妮．产业集聚与企业出口国内附加值：GVC升级的本地化路径［J］．管理世界，2019，35（08）：9－29．

［56］沈能，赵增耀．集聚动态外部性与企业创新能力［J］．科研管理，2014，35（04）：1－9．

［57］盛丹，王永进．产业集聚、信贷资源配置效率与企业的融资成本——来自世界银行调查数据和中国工业企业数据的证据［J］．管理世界，2013（6）：85－98．

［58］时乐乐，赵军．环境规制、技术创新与产业结构升级［J］．科研管理，2018，39（01）：119－125．

［59］苏屹，姜雪松，雷家骕，林周周．区域创新系统协同演进研究［J］．中国软科学，2016（03）：44－61．

［60］苏屹，林周周．区域创新活动的空间效应及影响因素研究［J］．数

量经济技术经济研究，2017，34（11）：63－80.

［61］孙慧，朱俏俏．中国资源型产业集聚对全要素生产率的影响研究［J］．中国人口·资源与环境，2016，26（01）：121－130.

［62］田晖，程倩，李文玉．进口竞争、创新与中国制造业高质量发展［J］．科学学研究，2021，39（02）：222－232.

［63］田增瑞，田颖，吴晓隽．科技孵化产业协同发展对区域创新的溢出效应［J］．科学学研究，2019，37（01）：57－69.

［64］汪彩君，唐根年．长江三角洲地区制造业空间集聚、生产要素拥挤与集聚适度识别研究［J］．统计研究，2011（02）：59－65.

［65］王红建，曹瑜强，杨庆，杨筝．实体企业金融化促进还是抑制了企业创新——基于中国制造业上市公司的经验研究［J］．南开管理评论，2017，20（01）：155－166.

［66］王丽丽，陈国宏．供应链式产业集群技术创新博弈分析［J］．中国管理科学，2016，24（01）：151－158.

［67］王鹏，赵捷．产业结构调整与区域创新互动关系研究——基于中国2002—2008年的省际数据［J］．产业经济研究，2011（04）：53－60.

［68］王喜刚．组织创新、技术创新能力对企业绩效的影响研究［J］．科研管理，2016，37（02）：107－115.

［69］王永进，张国峰．开发区生产率优势的来源：集聚效应还是选择效应？［J］．经济研究，2016，51（07）：58－71.

［70］文东伟，冼国明．中国制造业产业集聚的程度及其演变趋势：1998—2009年［J］．世界经济，2014，37（03）：3－31.

［71］吴超鹏，唐菂．知识产权保护执法力度、技术创新与企业绩效——来自中国上市公司的证据［J］．经济研究，2016，51（11）：125－139.

［72］吴非，杜金岷，李华民．财政科技投入、地方政府行为与区域创新异质性［J］．财政研究，2017（11）：60－74.

［73］吴三忙，李善同．市场一体化、产业地理集聚与地区专业分工演变——基于中国两位码制造业数据的实证分析［J］．产业经济研究，2010（06）：7－16.

［74］伍骏骞，阮建青，徐广彤．经济集聚、经济距离与农民增收：直接影响与空间溢出效应［J］．经济学（季刊），2017，16（01）：297－320.

［75］向宽虎，陆铭．发展速度与质量的冲突——为什么开发区政策的区

域分散倾向是不可持续的？[J]. 财经研究，2015，41（04）：4－17.

［76］谢里，张敬斌. 中国制造业集聚的空间技术溢出效应：引入制度环境差异的研究［J]. 地理研究，2016，35（05）：909－928.

［77］谢子远，吴丽娟. 产业集聚水平与中国工业企业创新效率——基于20个工业行业2000—2012年面板数据的实证研究［J]. 科研管理，2017，38（01）：91－99.

［78］许和连，成丽红. 动态比较优势理论适用于中国服务贸易出口结构转型吗——基于要素结构视角下的中国省际面板数据分析［J]. 国际贸易问题，2015（01）：25－35.

［79］徐峰. 推动区域创新发展：欧盟的经验与启示［J]. 中国软科学，2016（12）：82－90.

［80］徐迎，张薇. 技术创新理论的演化研究［J]. 图书情报工作，2014，58（07）：100－106＋130.

［81］薛捷. 区域创新环境对科技型小微企业创新的影响——基于双元学习的中介作用［J]. 科学学研究，2015，33（05）：782－791.

［82］闫华飞. 创业行为、创业知识技术溢出与产业集群发展绩效［J]. 科学学研究，2015，33（01）：98－105＋153.

［83］严成樑，李涛，兰伟. 金融发展、创新与二氧化碳排放［J]. 金融研究，2016（01）：14－30.

［84］杨理强，陈少华，陈爱华. 内部资本市场提升企业创新能力了吗？——作用机理与路径分析［J]. 经济管理，2019，41（04）：175－192.

［85］杨亭亭，罗连化，许伯桐. 政府补贴的技术创新效应："量变"还是"质变"？[J]. 中国软科学，2018（10）：52－61.

［86］杨琰. 新中国工业体系的创立、发展及其历史贡献［J]. 毛泽东邓小平理论研究，2019（08）：53－62＋108.

［87］游静. 创新主体时间偏好对协同创新行为决策的影响研究［J]. 管理工程学报，2017，31（02）：143－153.

［88］于斌斌，余雷. 基于演化博弈的集群企业创新模式选择研究［J]. 科研管理，2015，36（04）：30－38.

［89］于斌斌. 金融集聚促进了产业结构升级吗：空间溢出的视角——基于中国城市动态空间面板模型的分析［J]. 国际金融研究，2017（02）：12－23.

[90] 于成永，施建军．外部学习、技术创新与企业绩效：机制和路径——基于苏浙沪等地制造企业的实证研究［J］．经济管理，2009（01）：117－125.

[91] 于晓红，卢相君．基于行业环境条件下的上市公司创新战略与资本结构［J］．经济管理，2012，（02）：50－56.

[92] 余明桂，钟慧洁，范蕊．业绩考核制度可以促进央企创新吗？［J］．经济研究，2016，51（12）：104－117.

[93] 余泳泽．政府支持、制度环境、FDI与中国区域创新体系建设［J］．产业经济研究，2011（01）：47－55.

[94] 余泳泽．中国区域创新活动的“协同效应”与“挤占效应”——基于创新价值链视角的研究［J］．中国工业经济，2015（10）：37－52.

[95] 虞义华，赵奇锋，鞠晓生．发明家高管与企业创新［J］．中国工业经济，2018（03）：136－154.

[96] 原毅军，高康．产业协同集聚、空间知识溢出与区域创新效率［J］．科学学研究，2020，38（11）：1966－1975＋2007.

[97] 张萃．什么使城市更有利于创业？［J］．经济研究，2018，53（04）：151－166.

[98] 张公一，张畅，郭鑫．面向区域创新系统的知识库形成路径研究［J］．图书情报工作，2017，61（17）：6－12.

[99] 张辉，刘鹏，于涛，安虎森，戚安邦．金融空间分布、异质性与产业布局［J］．中国工业经济，2016（12）：40－57.

[100] 张司飞，王琦．“同归殊途”区域创新发展路径的探索性研究——基于创新系统共生体理论框架的组态分析［J］．科学学研究，2021，39（02）：233－243＋374.

[101] 张文武．劳动地理集中、产业空间与地区收入差距［A］．经济学（季刊）第10卷第2期［C］．北京大学国家发展研究院，2011：18.

[102] 张先锋，刘有璐，杨新艳，刘晴．动态外部性、集聚模式对城市福利水平的影响［J］．城市问题，2016（03）：4－12.

[103] 张一力，周康，张俊森．海外市场、制度环境与本土集聚［J］．经济研究，2018，53（10）：142－157.

[104] 赵子夜，杨庆，陈坚波．通才还是专才：CEO的能力结构和公司创新［J］．管理世界，2018，34（02）：123－143.

［105］周茂，陆毅，杜艳，姚星．开发区设立与地区制造业升级［J］．中国工业经济，2018（03）：62－79.

［106］周圣强，朱卫平．产业集聚一定能带来经济效率吗：规模效应与拥挤效应［J］．产业经济研究，2013（03）：12.

［107］周玉龙，杨继东，黄阳华，等．高铁对城市地价的影响及其机制研究——来自微观土交易的证据［J］．中国工业经济，2018（05）：118－136.

［108］周志娟，何郁冰，曾益．创新开放性对中国制造业国际竞争力的影响——基于2000—2010年面板数据的实证检验［J］．科学学研究，2014，32（10）：1559－1568.

［109］朱英明．区域制造业规模经济、技术变化与全要素生产率——产业集聚的影响分析［J］．数量经济技术经济研究，2009，26（10）：3－18.

［110］诸竹君，陈航宇，王芳．银行业外资开放与中国企业创新陷阱破解［J］．中国工业经济，2020（10）：175－192.

［111］Abernathy W J, Utterback J M. A Dynamic Model of Process and Product Innovation［J］. *International Journal of Management Science*, 1975, 3（06）: 639－656.

［112］Acs Z J, Audretsch D B, Feldman M P. R&D Spillovers and Recipient Firm Size［J］. Review of Economics and Statistics, 1994, 76: 336－340.

［113］Acs Z, Anselin L, Varga A. Patents and Innovation Counts as Measures of Regional Production of New Knowledge［J］. *Research Policy*, 2002（03）: 1069－1085.

［114］Adejuwon O O. Regulation and Strategic Group Dynamics of the Nigerian Telecommunications Industry［J］. *African Journal of Economic and Management Studies*, 2014, 5（02）: 209－232.

［115］Adner R, Kapoor R. Value Creation in Innovation Ecosystems: How the Structure of Technological Interdependence Affects Firm Performance in New Technology Generations［J］. *Strategic Management Journal*, 2010, 31（03）: 306－333.

［116］Aghion P, Bloom N, Blundell R, Griffith R, Howitt P. Competition and Innovation: An Inverted U Relationship［J］. *Quarterly Journal of Economics*, 2005, 120（02）: 701－728.

[117] Aghion P, Akcigit U, Cagé J, Kerr W R. Taxation, Corruption and Growth, *European Economic Review*, 2016, 86: 24 -51.

[118] Anderson P W, Tushman M L. Technological Discontinuities and Dominant Design: A Cyclical Model of Technological Change [J]. *Administrative Science Quarterly*, 1990, 35 (04): 604 -633.

[119] Arrow K J. The Economic Implication of Learning by Doing [J]. *Review of Economic Studies*, 1962, 29 (03): 155 -173.

[120] Ashiem B, Isaksen A. Regional Innovation System: the Integration of Local 'Sticky' and Global 'Ubiquitous' Knowledge [J]. *Journal of Technology Transfer*, 2002, 27 (01): 77 -86.

[121] Audretsch D, Feldman M. R&D Spillovers and the Geography of Innovation and Production [J]. *American Economic Review*, 1996, 86: 630 -640.

[122] Baldwin R, Okubo T. Heterogeneous Firms, Agglomeration and Economic Geography: Spatial Selection and Sorting [J]. *Journal of Economic Geography*, 2006, 6 (03): 323 -346.

[123] Baldwin R, Ottaviano G I P, Forslid R. Economic Geography and Public Policy [M]. Princeton: Princeton University Press, 2003.

[124] Baldwin R. Agglomeration and Endogenous Capital [J]. *European Economic Review*, 1999, 43 (02): 253 -280.

[125] Balsmeier B, Fleming L, Manso G. Independent Boards and Innovation [J]. *Journal of Financial Economics*, 2017, 123: 536 -557.

[126] Bartoloni E. Capital Structure and Innovation: Causality and Determinants [J]. *Empirica*, 2013, 40 (01): 111 -151.

[127] Beaudry C, Breschi S. Are Firms in Clusters Really More Innovative? [J]. *Research Policy*, 2003, 12 (04): 325 -342.

[128] Berliant M, Reed R, Wang P. Knowledge Exchange, Matching, and Agglomeration [J]. *Journal of Urban Economics*, 2006, 60: 69 -95.

[129] Bernstein S. Does Going Public Affect Innovation? [J]. *Journal of Finance*, 2015, 70 (04): 1365 -1403.

[130] Berzkalne I, Zelgalve E. Capital Structure and Innovation: A Study of Baltic Listed Companies [J]. *Changes in Social and Business Environment*, 2013 (05): 13 -21.

[131] Boeing P. The Allocation and Effectiveness of China's R&D Subsidies - Evidence from Listed Firms [J]. *Research Policy*, 2016, 45 (09): 1774 - 1789.

[132] Brakman S, Marrewijk V C. Reflections on Cluster Policies [J]. *Cambridge Journal of Regions Economy and Society*, 6 (03): 217 - 231.

[133] Brandt L, Biesebroeck J V, Zhang Y. Creative Accounting or Creative Destruction? Firm - level Productivity Growth in Chinese Manufacturing [J]. *Journal of Development Economics*, 2012, 97 (02): 339 - 351.

[134] Brav A, Wei J, Song M, Tian X. How Does Hedge Fund Activism Reshape Corporate Innovation? [J]. *Journal of Financial Economics*, 2018, 130 (02): 237 - 264.

[135] Brulhart M, Sbergami F. Agglomeration and Growth: Cross - country Evidence [J]. *Journal of Urban Economics*, 2009, 65 (01): 48 - 63.

[136] Buzard K, Carlino G A, Hunt R M, Carr J K, Smith T E. The Agglomeration of American R&D Labs [J]. *Journal of Urban Economics*, 2017, 101: 14 - 26.

[137] Cachon G, Zipkin P H. Competitive and Cooperative Inventory Policy in A Two Stage Supply Chain [J]. *Management Science*, 1999, 45 (07): 180 - 191.

[138] Camagni R, Capello R. The Emergence of the Knowledge Economy: A Regional Perspective [M]. Berlin: Springer Verlag, 2002.

[139] Capello R. Spatial Transfer of Knowledge in High Technology Milieux: Learning Versus Collective Learning Processes [J]. *Regional Studies*, 1999, 33 (04): 353 - 365.

[140] Carlino G, Kerr W R. Agglomeration and Innovation, NBER working papcr, 2014, No. 20367.

[141] Chatman D G, Noland R B. Transit Service, Physical Agglomeration and Productivity in US Metropolitan Areas [J]. *Urban Studies*, 2014, 51 (05): 917 - 937.

[142] Chava S, Oettl A, Subramanian A, Subramanian K V. Banking Deregulation and Innovation [J]. *Journal of Financial Economics*, 2013, 109 (03): 759 - 774.

[143] Claessens S, Feijen E, Laeven L. Political Connections and Preferen-

tial Access to Finance: The Role of Campaign Contributions [J]. *Journal of Financial Economics*, 2008, 88 (03): 554 -580.

[144] Coad A, Segarra A, Teruel M. Innovation and Firm Growth: Does Firm Age Play a Role? [J]. *Research Policy*, 2016, 45 (02): 387 -400.

[145] Cohen W, Nelson R, Walsh J. Protecting Their Intellectual Assets: Appropriability Conditions and Why US Manufacturing Firms Patent (or not), NBER working paper, 2000, No. 7552.

[146] Combes P P, Duranton G, Gobillon L, Puga D, Roux S. The Productivity Advantages of Large Cities: Distinguishing Agglomeration from Firm Selection [J]. *Econometrica*, 2012, 80 (06): 2543 -2594.

[147] Combes P P. Economic Structure and Local Growth: France, 1984 - 1993 [J]. *Journal of Urban Economics*, 2002, 47 (03): 329 -373.

[148] Cooke P, Schienstock G. Structural Competitiveness and Learning Regions [J]. *Enterprise and Innovation Management Studies*, 2000, 3 (01): 265 -280.

[149] Cooke P. Regional Innovation System: Competitive Regulation in the New Europe [J]. *Geoforum*, 1992, 23 (03): 365 -382.

[150] Daghfous A, White G R. Information and Innovation: A Comprehensive Representation [J]. *Research Policy*, 1994, 23 (03): 267 -280.

[151] Dave D, Richard H. Railroads and American Economic Growth: A Market Access Approach, *Quarterly Journal of Economics*, 2013, 131 (02): 799 -858.

[152] Diodato D, Neffke F, O'Clery N. Why Do Industries Co - agglomerate? How Marshallian Externalities Differ by Industry and Have Evolved over Time [J]. *Journal of Urban Economics*, 2018, 106: 1 -26.

[153] Dixit A, Stiglitz J E. Monopolistic Competition and Optimum Product Diversity [J]. *American Economic Review*, 1993, 83 (01): 297 -308.

[154] Duranton G, Overman H. Testing for Localization Using Micro - geographic Data [J]. *Review of Economic Studies*, 2005, 72 (04): 1077 -1106.

[155] Duranton G, Puga D. Nursery Cities: Urban Diversity, Process Innovation and the Life Cycle of Products [J]. *American Economic Review*, 2001, 91 (05): 1454 -1477.

[156] Ellison G, Glaeser E. Geographic Concentration in U. S. Manufacturing Industries: A Dartboard Approach [J]. *Journal of Political Economy*, 1997, 105 (05): 889 - 927.

[157] Ertur C, Koch W. Growth, Technological Interdependence and Spatial Externalities: Theory and Evidence [J]. *Journal of Applied Econometrics*, 2007, 22 (06): 1033 - 1062.

[158] Feldman M, Audretsch D. Innovation in Cities: Science - based Diversity, Specialization and Localized Competition [J]. *European Economic Review*, 1999, 43 (02): 409 - 429.

[159] Feldman M, Kogler D. Handbook of the Economics of Innovation [M]. Vol. 1, Oxford: Elsevier, 2010.

[160] Feldman M. The Geography of Innovation [M]. Boston: Kluwer Academic, 1994.

[161] Forlid R, Ottaviano G I P. An Analytical Solvable Core - Periphery Model [J]. *Journal of Economic Geography*, 2003, 3 (03): 229 - 240.

[162] Francis J, Smith A. Agency Costs and Innovation Some Empirical Evidence [J]. *Journal of Accounting and Economics*, 1995, 19: 383 - 409.

[163] Fu Y. Independent directors, CEO career concerns, and firm innovation: Evidence from China [J]. *The North American Journal of Economics and Finance*, 2019, 50: 101037.

[164] Fujita M, Thisse J F. Economics of Agglomeration: Cities, Industrial Location, and Globalization [M]. Cambridge: Cambridge University Press, 2013.

[165] Gaubert C. Firm Sorting and Agglomeration [J]. *American Economic Review*, 2018, 108 (11): 3117 - 3153.

[166] Gawer A, Cusumano M A. Industry Platforms and Ecosystem Innovation [J]. *Journal of Product Innovation Management*, 2014, 31 (03): 417 - 433.

[167] Gerlach H, Ronde T, Stahl K. Labor Pooling in R&D Intensive Industries [J]. *Journal of Urban Economics*, 2009, 65 (01): 99 - 111.

[168] Gertner R H, Scharfstein D S, Stein J C. Internal Versus External Capital Markets [J]. *Quarterly Journal of Economics*, 1994, 109 (04): 1211 - 1230.

[169] Glaeser E L, Kerr W R. Local Industrial Conditions and Entrepreneur-

ship: How Much of the Spatial Distribution Can We Explain? [J]. *Journal of Economics and Management Strategy*, 2009, 18 (03): 623 - 663.

[170] Glaeser E, Kallal H, Scheinkman J, Schleifer A. Growth in Cities [J]. *Journal of Political Economy*, 1992, 100 (06): 1126 - 1152.

[171] Gompers P, Lerner J. The Venture Capital Cycle (2nd Edition) [M]. Boston: MIT Press, 2006.

[172] Greenstone M, Hornbeck R. Identifying Agglomeration Spillovers: Evidence from Winners and Losers of Large Plant Openings [J]. *Journal of Political Economy*, 2010, 118 (03): 536 - 598.

[173] Guan J C, Pang L X. Industry Specific Effects on Innovation Performance in China [J]. *China Economic Review*, 2017, 44: 125 - 137.

[174] Hadlock C J, Pierce J R. New Evidence on Measuring Financial Constraints: Moving Beyond the KZ Index [J]. *Review of Financial Studies*, 2010, 23 (05): 1909 - 1940.

[175] Harhoff D, Narin F, Scherer F, Vopel K. Citation Frequency and the Value of Patented Inventions [J]. *Review of Economics and Statistics*, 1999, 81 (03): 511 - 515.

[176] He J, Tian X. The Dark Side of Analyst Coverage: The Case of Innovation [J]. *Journal of Financial Economics*, 2013, 109 (03): 856 - 878.

[177] He Z, Tong T, Zhang Y, He W. Construction of a Database Linking SIPO Patents to Firms in China's Annual Survey of Industrial Enterprises 1998 - 2009, Working Paper, 2016.

[178] Helsley R, Strange W. Matching and Agglomeration Economies in A System of Cities [J]. *Regional Science and Urban Economics*, 1990, 20 (02): 189 - 212.

[179] Hemert P A, Nijkamp P, Masurel E. From Innovation to Commercialization through Networks and Agglomerations: Analysis of Sources of Innovation, Innovation Capabilities and Performance of Dutch SMEs [J]. *The Annals of Regional Science*, 2013, 50: 425 - 452.

[180] Henderson J V, Kuncoro A, Turner M. Industrial Development in Cities [J]. *Journal of Political Economy*, 1995, 103 (05): 1067 - 1090.

[181] Henderson J V. Efficiency of Resource Usage and City Size [J]. *Jour-*

nal of Urban Economics, 1986, 19 (01): 47 – 70.

[182] Henderson J V. The Sizes and Types of Cities [J]. *American Economic Review*, 1974, 64 (04): 640 – 656.

[183] Hoover E M. An Introduction to Regional Economics [M]. Princeton: Princeton University Press, 1975.

[184] Hoover E M. Location Theory and the Shoe and Leather Industries [M]. Cambridge: Harvard University Press, 1937.

[185] Howell A. Identifying the Sources of Agglomeration Benefits within China's Economic and Development Zones, SSRN working paper, 2017.

[186] Hu Dapeng. Trade, Rural – urban Migration and Regional Income Disparity in Developing Countries: A Spatial General Equilibrium Model Inspired by the Case of China [J]. *Regional Science and Urban Economics*, 2002, 32: 311 – 338.

[187] Hylton P J, Ross C L. Agglomeration Economies' Influence on Logistics Clusters' Growth and Competitiveness [J]. *Regional Studies*, 2018, 52 (03): 350 – 361.

[188] Iansiti M, Levien R. Strategy as Ecology [J]. *Harvard Business Review*, 2004, 82 (03): 68 – 78.

[189] Jacobs J. The Economy of Cities [M]. New York: Vintage, 1969.

[190] Jaffe A, Trajtenberg M, Fogarty M. Knowledge Spillovers and Patent Citations: Evidence from A Survey of Inventors [J]. *American Economic Review*, 2000, 90 (02): 215 – 218.

[191] Jaffe A, Trajtenberg M, Henderson R. Geographic Localization of Knowledge Spillovers as Evidenced by Patent Citations [J]. *Quarterly Journal of Economics*, 1993, 108: 577 – 598.

[192] Jensen M C, Meckling W H. Theory of the Firm: Managerial Behavior, Agency Cost, and Capital Structure [J]. *Journal of Financial Economics*, 1976, 3 (04): 305 – 360.

[193] Jess, Cornaggia, Mao, Tian, Wolfe. Does Banking Competition Affect Innovation? [J], *Journal of Financial Economics*, 2015, 115 (01): 189 – 209.

[194] Jiang B, Murphy P J. Do Business School Professors Make Good Executive

Managers? [J]. *Academy of Management Perspectives*, 2007, 21 (03): 29 –50.

[195] Jiao B, Huang W J, Xie Z Y, Lo L. Study on the Relationship between High – tech Industrial Regional Agglomeration and R&D Efficiency [J]. *Agro Food Industry Hi Tech*, 2016, 27 (06): 70 –77.

[196] Katz M, Shapiro C. Technology Adoption in the Presence of Network Externalities [J]. *Journal of Political Economy*, 1986, 94 (04): 822 –841.

[197] Ke S, He M, Yuan C. Synergy and Co – agglomeration of Producer Services and Manufacturing: A Panel Data Analysis of Chinese Cities [J]. *Regional Studies*, 2014, 48 (11): 1829 –1841.

[198] Kerr W, Kominers S. Agglomerative Forces and Cluster Shapes [J]. *Review of Economics and Statistics*, 2015, 97 (04): 877 –899.

[199] Klette T J, Kortum S. Innovating Firms and Aggregate Innovation [J]. *Journal of Political Economy*, 2004, 112 (05): 986 –1018.

[200] Krugman P R, Venable J A. Globalization and the Inequality of Nations [J]. *Quarterly Journal of Economics*, 1995, 110 (04): 857 –880.

[201] Krugman P R. Geography and Trade [M]. Cambridge: The MIT Press, 1991.

[202] Krugman P R. Increasing Returns and Economic Geography [J]. *Journal of Political Economy*, 1991, 99 (03): 483 –499.

[203] Krugman P R. Increasing Returns, Monopolistic Competition, and International Trade [J]. *Journal of International Economics*, 1979, 9 (04): 469 –479.

[204] Li J, Sutherland D, Ning L T, Wang Y D. Firm Ownership, Industrial Structure, and Regional Innovation Performance in China's Provinces [J]. *Technology Analysis & Strategic Management*, 2014, 26 (09): 1001 –1022.

[205] Li W W, Wang W P, Wang Y, Qin Y B. Industrial Structure, Technological Progress and CO_2 Emissions in China: Analysis based on the STIRPAT Framework, *Natural Hazards*, 2017, 88 (03): 1545 –1564.

[206] Lin H L, Li H Y, Yang C H. Agglomeration and Productivity: Firm – Level Evidence from China's Textile Industry, *China Economic Review*, 2011, 22 (03): 313 –329.

[207] Lin J. The Paper Trail of Knowledge Transfers [D]. Federal Reserve

Bank of Philadelphia Business Review, 2014, Second Quarter: 1 -6.

[208] Liu F C, Simon D F, Sun Y T, Cao C. China's Innovation Policies: Evolution, Institutional Structure, and Trajectory, *Research Policy*, 2011, 40 (07): 917 -931.

[209] Liu Z D, Cai Y, Hao X J. The Agglomeration of Manufacturing Industry, Innovation and Haze Pollution in China: Theory and Evidence [J]. *International Journal of Environmental Research and Public Health*, 2020, 17 (05), 1670.

[210] Lyandres E, Palazzo B. Strategic Cash Holdings and R&D Competition: Theory and Evidence, Working paper, 2012, Boston University, Available at SSRN, 2017222.

[211] Manso G. Motivating Innovation [J]. *The Journal of Finance*, 2011, 66 (05): 1823 -1860.

[212] Marshall A, Principles of Economics [M]. London: Macmillan, 1890.

[213] Martin P, Mayer T, Mayneris F. Spatial Concentration and Plant - level Productivity in France [J], *Journal of Urban Economics*, 2011, 69 (02): 182 - 195.

[214] Martin P, Mayer T, Mayneris F. Spatial Concentration and Plant - level Productivity in France [J]. *Journal of Urban Economics*, 2008, 69 (02): 182 - 195.

[215] Matouschek N, Robert - Nicoud F. The Role of Human Capital Investments in the Location Decision of Firms [J]. *Regional Science and Urban Economics*, 2005, 35 (05): 570 -583.

[216] Meeus M T H, Oerlemans L A G, Dijck J J J V. Regional Systems of Innovation from within - An Empirical Specification of the Relation between Technological Dynamics and Interaction between Multiple Actors in a Dutch Region, ECIS working paper, 99. 1, 1999.

[217] Melitz M J. The Impact of Trade on Intra - Industry Reallocations and Aggregate Industry Productivity [J]. *Econometrica*, 2003, 71 (06): 1695 - 1725.

[218] Morris A D. Jonas D M F, Toni M W. Macroeconomic Implications of

Agglomeration [J]. *Econometrica*, 2014, 82 (02): 731 -764.

[219] Munshi K, Rosenzweig M. Networks and Misallocation: Insurance, Migration, and the Rural - Urban Wage Gap [J]. *American Economic Review*, 2016, 106 (01): 46 -98.

[220] Murata Y, Nakajima R, Okamoto R. Localized Knowledge Spillover and Patent Citation: A Distance Based Approach [J]. *Review of Economics and Statistics*, 2014, 96 (05): 967 -985.

[221] Myers S, Marquis D G. Successful Industrial Innovations: A Study of Factors Underlying Innovation in Selected Firms [M]. Washington D. C.: National Science Foundation, 1969.

[222] Myrdal G. Economic Theory and under Developed Regions [M]. London: Duckworth, 1957.

[223] Ngai L R, Pissarides C A. Structural Change in A Multisector Model of Growth [J]. *American Economic Review*, 2007, 97 (01): 429 -443.

[224] Ottaviano G I P, New "New" Economic Geography: Firm Heterogeneity and Agglomeration Economies [J]. *Journal of Economic Geography*, 2011, 11 (02): 231 -240.

[225] Ottaviano G, Robert - Nicoud F. The "Genome" of NEG Models with Input - Output Linkages: A Positive and Normative Synthesis, *Journal of Economic Geography*, 2006, 6 (02): 113 -39.

[226] Patel P, Pavitt K. The Nature and Economic Importance of National Innovation System [M]. OECD, STI, No. 14, 1994.

[227] Patricia C. Melo, Daniel J. Graham, Robert B. Noland. A Meta - analysis of Estimates of Urban Agglomeration Economies [J]. *Regional Science and Urban Economics*, 2009, 39 (03): 332.

[228] Porter M. Clusters and the New Economics of Competition [J]. *Harvard Business Review*, 1998, 76 (06): 77 -90.

[229] Porter M. The Competitive Advantage of Nations [M]. New York: Free Press, 1990.

[230] Robert - Nicoud F. The Structure of Simple "New Economic Geography" Models (Or, on Identical Twins) [J]. *Journal of Economic Geography*, 2005, 5 (02): 201 -234.

[231] Romer P. Endogenous Technological Change [J]. *Journal of Political Economy*, 1990, 98 (05): 71 - 102.

[232] Rosenthal S, Strange W. The Determinants of Agglomeration [J], *Journal of Urban Economics*, 2001, 50, 191 - 229.

[233] Rosenthal, Stuart S., Strange, William C. Evidence on the Nature and Sources of Agglomeration Economies. Handbook of Regional and Urban Economics, 4: 2119 - 2171.

[234] Scherer F M. Firm Size, Market Structure, Opportunity, and the Output of Patented Inventions [J]. *American Economic Review*, 1965, 55 (05): 1097 - 1125.

[235] Schmookler J. Invention and Economic Growth [M]. Cambridge: Harvard University Press, 1966.

[236] Scholl T, Brenner T. Optimizing Distance - Based Methods for Big Data Analysis, Working Papers on Innovation and Space, 2013, No. 09. 13.

[237] Serrano C. The Dynamics of the Transfer and Renewal of Patents [J]. *Rand Journal of Economics*, 2010, 41 (01): 686 - 708.

[238] Simerly R L, Li M. Environmental Dynamism, Capital Structure and Performance: A Theoretical Integration and An Empirical Test [J]. *Strategic Management Journal*, 2000, 21 (01): 31 - 49.

[239] Slikker M, Fransoo J, Wouters M. Cooperation Between Multiple Mews - vendors with Transshipments [J]. *European Journal of Operational Research*, 2005, 167 (02): 212 - 225.

[240] Solow. A Contribution to the Theory of Economic Growth [J]. *Quarterly Journal of Economics*, 1956, 70 (01): 65 - 94.

[241] Tadesse S. Financial Architecture and Economic Performance: International Evidence [J]. *Financial Development and Technology*, 2002, 11 (04): 429 - 454.

[242] Tang M F, Walsh G, Lerner D, Fitza M A, Li Q H. Green Innovation, Managerial Concern and Firm Performance: An Empirical Study [J]. *Business Strategy and the Environment*, 2018, 27 (01): 39 - 51.

[243] Teece D J. Firm Organization, Industrial Structure and Technology Innovation [J]. *Journal of Economic Behavior & Organization*, 2008, 31: 193 -

224.

[244] Triguero A, Córcoles D. Understanding Innovation: An Analysis of Persistence for Spanish Manufacturing Firms [J]. *Research Policy*, 2013, 42 (02): 340 – 352.

[245] Wang C C, Wu A Q. Geographical FDI Knowledge Spillover and Innovation of Indigenous Firms in China [J]. *International Business Review*, 2016, 25 (04): 895 – 906.

[246] Weber A. Alfred Weber's Theory of the Location of Industries [M]. London: Forgotten Books, 1909.

[247] Wigg H. , The Learning Region: Institutions, Innovation and Regional Renewal [J]. *Regional Study*, 1995, 31 (05): 49 – 53.

[248] Williamson O. E. , Markets, Hierarchies: Analysis and Antitrust Implications [M]. New York: Free Press, 1975.

[249] Xin C, Chen Y Y, Wang S Q, et al. Credit Default Swaps and Corporate Innovation [J]. *Journal of Financial Economics*, 2019, 134 (02): 474 – 500.

[250] Zheng Z K, Yong G G, Zhao H X. State Ownership and Firm Innovation in China: An Integrated View of Institutional and Efficiency Logics [J]. *Administrative Science Quarterly*, 2017, 62 (02): 375 – 404.

附　录

表 A1　　基于 LIML 的工具变量估计结果（区域层面）

Panel A：基于 LIML 的工具变量估计结果

变量	(1) *agg*	(2) *p_a*	(3) *p_a_i*	(4) *m_p_a*	(5) *m_p_a_i*	(6) *i_eff*
L. agg	0.4225*** (0.0486)					
iv_around	0.1216*** (0.0427)					
agg		0.2331*** (0.0771)	0.2187** (0.0868)	0.2627*** (0.0594)	0.1674*** (0.0604)	0.2436*** (0.0884)
Anderson LM (p - value)		725.913 (0.0000)	725.913 (0.0000)	725.913 (0.0000)	725.913 (0.0000)	725.913 (0.0000)
Cragg - Donald Wald F		433.221	433.221	433.221	433.221	433.221
Stock - Yogo - 10%		8.68	8.68	8.68	8.68	8.68
Sargan Test (p - value)		0.890 (0.3454)	2.409 0.1206	0.790 (0.3740)	4.842 (0.0278)	34.448 (0.0000)
控制变量/效应	控制	控制	控制	控制	控制	控制
观测值	2895	2895	2895	2895	2895	2895
R^2	0.9402	0.9511	0.9418	0.9271	0.8861	0.6973

注：***、**、*分别表示在1%、5%、10%水平上显著；括号中为稳健标准误。

表 A2　　基于 GMM 的工具变量估计结果（区域层面）

Panel B：基于 GMM 的工具变量估计结果						
变量	(1) *agg*	(2) *p_a*	(3) *p_a_i*	(4) *m_p_a*	(5) *m_p_a_i*	(6) *i_eff*
L. agg	0.4225 *** (0.0486)					
iv_around	0.1216 *** (0.0427)					
agg		0.2330 *** (0.0770)	0.2184 ** (0.0867)	0.2626 *** (0.0593)	0.1668 *** (0.0602)	0.2364 *** (0.0868)
Anderson LM (p - value)		725.913 (0.0000)	725.913 (0.0000)	725.913 (0.0000)	725.913 (0.0000)	725.913 (0.0000)
Cragg - Donald Wald F		433.221	433.221	433.221	433.221	433.221
Stock - Yogo - 10%		19.93	19.93	19.93	19.93	19.93
Sargan Test (p - value)		0.890 (0.3454)	2.409 0.1206	0.790 (0.3740)	4.842 (0.0278)	34.448 (0.0000)
控制变量/效应	控制	控制	控制	控制	控制	控制
观测值	2895	2895	2895	2895	2895	2895
R^2	0.9402	0.9511	0.9418	0.9271	0.8861	0.6974

注：***、**、* 分别表示在 1%、5%、10% 水平上显著；括号中为稳健标准误。

表 A3　　控制三位数行业效应的基准回归结果（企业层面）

变量	(1) *rnd*	(2) *pat_app*	(3) *pat_appi*	(4) *accui*	(5) *m_accui*	(6) *np*
agg	0.0110 *** (0.0036)	0.0056 ** (0.0027)	0.0117 *** (0.0035)	0.0133 *** (0.0032)	0.0010 *** (0.0003)	0.0289 *** (0.0028)
控制变量—企业	控制	控制	控制	控制	控制	控制
控制变量—区域	控制	控制	控制	控制	控制	控制
区域固定效应	控制	控制	控制	控制	控制	控制
行业固定效应	控制	控制	控制	控制	控制	控制
年份固定效应	控制	控制	控制	控制	控制	控制
观测值	87778	45659	16610	32649	36672	132527
R^2	0.4302	0.1711	0.2109	0.2505	0.2708	0.4841

注：***、**、* 分别表示在 1%、5%、10% 水平上显著；括号中为稳健标准误；此表在三位数行业层面控制了固定效应。

表 A4　　Marshall 外部性机制解构：劳动力蓄水池（替代变量）

变量		agg	labo_pool_s	控制变量	各类效应	观测值	R^2
(1)	labo_pool_s	0.0805 *** (0.0168)		控制	控制	3160	0.9957
(2)	p_a	0.1341 *** (0.0351)		控制	控制	3199	0.9496
(3)	p_a	0.1798 *** (0.0416)	0.2057 *** (0.0643)	控制	控制	3160	0.9499
(4)	p_a_i	0.1176 *** (0.0385)		控制	控制	3199	0.9389
(5)	p_a_i	0.1431 *** (0.0464)	0.2535 *** (0.0708)	控制	控制	3160	0.9391
(6)	m_p_a	0.1451 *** (0.0274)		控制	控制	3199	0.9241
(7)	m_p_a	0.1831 *** (0.0315)	0.2724 *** (0.0555)	控制	控制	3160	0.9253
(8)	m_p_a_i	0.0910 *** (0.0263)		控制	控制	3199	0.8816
(9)	m_p_a_i	0.0864 *** (0.0304)	0.2940 *** (0.0589)	控制	控制	3160	0.8829
(10)	i_eff	0.0832 ** (0.0379)		控制	控制	3199	0.6952
(11)	i_eff	0.0596 (0.0431)	0.2772 *** (0.0722)	控制	控制	3160	0.6989

注：***、**、* 分别表示在 1%、5%、10% 水平上显著；括号中为稳健标准误。其中，此替代变量的测算方法是：使用本省份除本市以外，其他地区的整合型集聚所对应行业的劳动力规模占总人口的比重进行测度，且结果同样经过对数化处理；此处，该变量对应的符号为 *labor_pool_s*。

表 A5　　Marshall 外部性机制解构 3：知识技术溢出（替代变量）

变量		agg	know_spil_s	控制变量	各类效应	观测值	R^2
(1)	know_spil_s	0.0326 * (0.0187)		控制	控制	3142	0.9745
(2)	p_a	0.1341 *** (0.0351)		控制	控制	3199	0.9496

续表

变量		agg	know_spil_s	控制变量	各类效应	观测值	R^2
(3)	p_a	0.1152*** (0.0280)	0.6538*** (0.0298)	控制	控制	3199	0.9583
(4)	p_a_i	0.1176*** (0.0385)		控制	控制	3199	0.9389
(5)	p_a_i	0.0999*** (0.0350)	0.6111*** (0.0353)	控制	控制	3199	0.9462
(6)	m_p_a	0.1451*** (0.0274)		控制	控制	3199	0.9241
(7)	m_p_a	0.1287*** (0.0215)	0.5666*** (0.0262)	控制	控制	3199	0.9410
(8)	m_p_a_i	0.0910*** (0.0263)		控制	控制	3199	0.8816
(9)	m_p_a_i	0.0783*** (0.0252)	0.4394*** (0.0285)	控制	控制	3199	0.8976
(10)	i_eff	0.0832** (0.0379)		控制	控制	3199	0.6952
(11)	i_eff	0.0931*** (0.0361)	-0.3437*** (0.0380)	控制	控制	3199	0.7067

注：***、**、*分别表示在1%、5%、10%水平上显著；括号中为稳健标准误。其中，此替代变量主要借鉴了邵朝对与苏丹妮（2019）的做法，基于专利数据进行测算。主要的测算方式为：$know\_spil\_s = \sum(\ln p\_a \times D^{-\delta})$。其中，p_a为本书中所使用的区域专利授权数据。当然，遵循本书正文中的做法，设定本省内部的地区间受距离的影响相同且恒定为1。

表 A6　动态外部性：Marshall、Jacobs、Porter外部性的空间效应（逆距离矩阵）

变量	(1) p_a	(2) p_a_i	(3) m_p_a	(4) m_p_a_i	(5) i_eff
st_marshall	0.0670*** (0.0230)	0.0623** (0.0253)	0.0379** (0.0155)	0.0077 (0.0129)	0.0394 (0.0298)
st_jacobs	0.0142 (0.0145)	0.0208 (0.0159)	0.0166* (0.0097)	0.0144* (0.0081)	-0.0265 (0.0188)
st_porter	0.0265** (0.0135)	0.0283* (0.0148)	0.0160* (0.0091)	0.0172** (0.0076)	-0.0034 (0.0175)

续表

变量	(1) *p_a*	(2) *p_a_i*	(3) *m_p_a*	(4) *m_p_a_i*	(5) *i_eff*
W_st_marshall	0. 1027 (0. 0827)	0. 1876 ** (0. 0911)	0. 0793 (0. 0559)	0. 1205 *** (0. 0466)	0. 1455 (0. 1074)
W_st_jacobs	-0. 0562 (0. 0343)	0. 0967 ** (0. 0378)	-0. 0481 ** (0. 0231)	0. 0425 ** (0. 0194)	0. 0866 * (0. 0445)
W_st_porter	-0. 0156 (0. 0284)	-0. 0036 (0. 0311)	-0. 0026 (0. 0191)	-0. 0027 (0. 0159)	-0. 0391 (0. 0368)
Direct Effect_m	0. 0761 *** (0. 0250)	0. 0742 *** (0. 0270)	0. 0479 *** (0. 0177)	0. 0196 (0. 0148)	0. 0454 (0. 0312)
Direct Effect_j	0. 0108 (0. 0147)	0. 0259 (0. 0159)	0. 0130 (0. 0104)	0. 0191 ** (0. 0086)	-0. 0245 (0. 0184)
Direct Effect_p	0. 0276 ** (0. 0126)	0. 0302 ** (0. 0138)	0. 0176 ** (0. 0085)	0. 0188 *** (0. 0071)	-0. 0030 (0. 0164)
Indirect Effect_m	0. 2766 (0. 1714)	0. 3854 ** (0. 1650)	0. 3069 * (0. 1693)	0. 3741 *** (0. 1418)	0. 2178 (0. 1512)
Indirect Effect_j	-0. 0994 (0. 0733)	0. 1941 *** (0. 0701)	-0. 1098 (0. 0737)	0. 1587 *** (0. 0612)	0. 1130 * (0. 0642)
Indirect Effect_p	-0. 0075 (0. 0499)	0. 0131 (0. 0490)	0. 0209 (0. 0483)	0. 0244 (0. 0407)	-0. 0617 (0. 0465)
Total Effect_m	0. 3527 * (0. 1821)	0. 4596 *** (0. 1756)	0. 3548 ** (0. 1784)	0. 3937 *** (0. 1494)	0. 2632 (0. 1612)
Total Effect_j	-0. 0886 (0. 0805)	0. 2200 *** (0. 0774)	-0. 0968 (0. 0796)	0. 1778 *** (0. 0661)	0. 0885 (0. 0716)
Total Effect_p	0. 0202 (0. 0494)	0. 0433 (0. 0480)	0. 0385 (0. 0488)	0. 0431 (0. 0412)	-0. 0647 (0. 0440)
ρ	0. 5272 *** (0. 0326)	0. 4644 *** (0. 0340)	0. 6756 *** (0. 0266)	0. 6795 *** (0. 0271)	0. 3156 *** (0. 0404)
R^2	0. 0405	0. 1099	0. 0004	0. 0046	0. 0260
控制变量	控制	控制	控制	控制	控制
城市固定	控制	控制	控制	控制	控制
年份固定	控制	控制	控制	控制	控制
观测值	2565	2565	2565	2565	2565
Num of City	285	285	285	285	285

注：***、**、* 分别表示在 1%、5%、10% 水平上显著；括号中为稳健标准误。

表 A7　动态外部性：Marshall、Jacobs、Porter 外部性的空间效应（引力矩阵）

变量	(1) *p_a*	(2) *p_a_i*	(3) *m_p_a*	(4) *m_p_a_i*	(5) *i_eff*
st_marshall	0.0644*** (0.0230)	0.0610** (0.0252)	0.0362** (0.0155)	0.0074 (0.0129)	0.0410 (0.0299)
st_jacobs	0.0121 (0.0144)	0.0224 (0.0159)	0.0144 (0.0098)	0.0152* (0.0081)	−0.0241 (0.0188)
st_porter	0.0264* (0.0135)	0.0277* (0.0149)	0.0161* (0.0091)	0.0167** (0.0076)	−0.0046 (0.0176)
W_st_marshall	0.1274 (0.0850)	0.2126** (0.0937)	0.0949* (0.0575)	0.1278*** (0.0481)	0.1508 (0.1105)
W_st_jacobs	−0.0520 (0.0397)	0.1208*** (0.0439)	−0.0453* (0.0268)	0.0520** (0.0225)	0.0896* (0.0517)
W_st_porter	−0.0152 (0.0287)	−0.0025 (0.0316)	−0.0020 (0.0194)	−0.0011 (0.0162)	−0.0367 (0.0374)
Direct Effect_m	0.0749*** (0.0250)	0.0739*** (0.0270)	0.0474*** (0.0177)	0.0198 (0.0148)	0.0471 (0.0312)
Direct Effect_j	0.0089 (0.0148)	0.0286* (0.0160)	0.0110 (0.0105)	0.0207** (0.0087)	−0.0220 (0.0185)
Direct Effect_p	0.0276** (0.0126)	0.0296** (0.0138)	0.0178** (0.0086)	0.0184** (0.0071)	−0.0041 (0.0164)
Indirect Effect_m	0.3254* (0.1767)	0.4268** (0.1686)	0.3483** (0.1735)	0.3903*** (0.1442)	0.2253 (0.1552)
Indirect Effect_j	−0.0927 (0.0851)	0.2380*** (0.0810)	−0.1052 (0.0848)	0.1871*** (0.0702)	0.1185 (0.0745)
Indirect Effect_p	−0.0068 (0.0507)	0.0144 (0.0494)	0.0229 (0.0488)	0.0275 (0.0409)	−0.0587 (0.0471)
Total Effect_m	0.4003** (0.1872)	0.5007*** (0.1790)	0.3956** (0.1826)	0.4101*** (0.1517)	0.2724* (0.1649)
Total Effect_j	−0.0838 (0.0924)	0.2666*** (0.0884)	−0.0942 (0.0908)	0.2078*** (0.0752)	0.0965 (0.0819)
Total Effect_p	0.0207 (0.0501)	0.0440 (0.0483)	0.0406 (0.0493)	0.0458 (0.0413)	−0.0627 (0.0445)

续表

变量	(1) *p_a*	(2) *p_a_i*	(3) *m_p_a*	(4) *m_p_a_i*	(5) *i_eff*
ρ	0. 5284 *** (0. 0326)	0. 4613 *** (0. 0342)	0. 6743 *** (0. 0267)	0. 6755 *** (0. 0273)	0. 3142 *** (0. 0407)
R^2	0. 0323	0. 1056	0. 0055	0. 0020	0. 0246
控制变量	控制	控制	控制	控制	控制
城市固定	控制	控制	控制	控制	控制
年份固定	控制	控制	控制	控制	控制
观测值	2565	2565	2565	2565	2565
Num of City	285	285	285	285	285

注：***、**、*分别表示在1%、5%、10%水平上显著；括号中为稳健标准误。

表 A8　　Marshall 外部性解构：三条路径的空间效应（逆距离矩阵）

变量	(1) *p_a*	(2) *p_a_i*	(3) *m_p_a*	(4) *m_p_a_i*	(5) *i_eff*
labo_pool	-0. 0253 (0. 0176)	-0. 0241 (0. 0194)	-0. 0129 (0. 0118)	-0. 0102 (0. 0099)	-0. 0145 (0. 0232)
in_share	-0. 0111 (0. 0128)	-0. 0035 (0. 0141)	-0. 0045 (0. 0086)	-0. 0018 (0. 0072)	-0. 0011 (0. 0168)
know_spil	0. 3900 *** (0. 0578)	0. 3108 *** (0. 0637)	0. 2425 *** (0. 0388)	-0. 0064 (0. 0325)	0. 0660 (0. 0761)
W_labo_pool	0. 1100 *** (0. 0361)	0. 0898 ** (0. 0398)	0. 0673 *** (0. 0242)	0. 0292 (0. 0203)	-0. 0105 (0. 0474)
W_in_share	0. 0297 (0. 0243)	0. 0240 (0. 0267)	0. 0108 (0. 0163)	0. 0107 (0. 0136)	-0. 0112 (0. 0319)
W_know_spil	-0. 1194 (0. 1065)	0. 0683 (0. 1179)	0. 1843 ** (0. 0729)	0. 4147 *** (0. 0617)	-0. 0187 (0. 1397)
Direct Effect_l	-0. 0195 (0. 0176)	-0. 0199 (0. 0194)	-0. 0086 (0. 0118)	-0. 0082 (0. 0099)	-0. 0142 (0. 0233)
Direct Effect_i	-0. 0103 (0. 0116)	-0. 0031 (0. 0129)	-0. 0042 (0. 0077)	-0. 0014 (0. 0064)	-0. 0022 (0. 0156)
Direct Effect_k	0. 3987 *** (0. 0535)	0. 3252 *** (0. 0592)	0. 2674 *** (0. 0358)	0. 0255 (0. 0300)	0. 0729 (0. 0711)

续表

变量	(1) *p_a*	(2) *p_a_i*	(3) *m_p_a*	(4) *m_p_a_i*	(5) *i_eff*
Indirect Effect_l	0.1791*** (0.0599)	0.1293** (0.0589)	0.1295*** (0.0464)	0.0509 (0.0400)	-0.0255 (0.0612)
Indirect Effect_i	0.0475 (0.0343)	0.0397 (0.0349)	0.0198 (0.0261)	0.0234 (0.0226)	-0.0142 (0.0375)
Indirect Effect_k	0.1141 (0.1538)	0.3170** (0.1549)	0.6957*** (0.1234)	0.9376*** (0.1100)	-0.0111 (0.1631)
Total Effect_l	0.1597*** (0.0586)	0.1094* (0.0569)	0.1210*** (0.0460)	0.0427 (0.0398)	-0.0397 (0.0577)
Total Effect_i	0.0373 (0.0274)	0.0366 (0.0269)	0.0156 (0.0217)	0.0221 (0.0190)	-0.0163 (0.0273)
Total Effect_k	0.5128*** (0.1389)	0.6423*** (0.1370)	0.9631*** (0.1161)	0.9631*** (0.1047)	0.0618 (0.1371)
ρ	0.4788*** (0.0340)	0.4160*** (0.0355)	0.5591*** (0.0304)	0.5780*** (0.0314)	0.3150*** (0.0406)
R^2	0.1659	0.1442	0.5009	0.4294	0.0434
控制变量	控制	控制	控制	控制	控制
城市固定	控制	控制	控制	控制	控制
年份固定	控制	控制	控制	控制	控制
观测值	2565	2565	2565	2565	2565
Num of City	285	285	285	285	285

注：***、**、*分别表示在1%、5%、10%水平上显著；括号中为稳健标准误。

表 A9　Marshall 外部性解构：三条路径的空间效应（引力矩阵）

变量	(1) *p_a*	(2) *p_a_i*	(3) *m_p_a*	(4) *m_p_a_i*	(5) *i_eff*
labo_pool	-0.0255 (0.0178)	-0.0265 (0.0196)	-0.0125 (0.0119)	-0.0105 (0.0100)	-0.0146 (0.0234)
in_share	-0.0105 (0.0127)	-0.0025 (0.0140)	-0.0033 (0.0085)	-0.0008 (0.0072)	-0.0031 (0.0167)
know_spil	0.3773*** (0.0579)	0.2985*** (0.0639)	0.2407*** (0.0389)	-0.0070 (0.0327)	0.0725 (0.0763)

续表

变量	(1) p_a	(2) p_a_i	(3) m_p_a	(4) m_p_a_i	(5) i_eff
W_labo_pool	0.1119***	0.0985**	0.0676***	0.0317	-0.0072
	(0.0370)	(0.0408)	(0.0248)	(0.0209)	(0.0486)
W_in_share	0.0288	0.0223	0.0087	0.0087	-0.0073
	(0.0240)	(0.0265)	(0.0161)	(0.0136)	(0.0316)
W_know_spil	-0.0976	0.0797	0.1872***	0.4090***	-0.0316
	(0.1058)	(0.1174)	(0.0724)	(0.0616)	(0.1389)
Direct Effect_l	-0.0196	-0.0221	-0.0081	-0.0084	-0.0142
	(0.0177)	(0.0196)	(0.0119)	(0.0100)	(0.0235)
Direct Effect_i	-0.0097	-0.0021	-0.0031	-0.0005	-0.0040
	(0.0115)	(0.0128)	(0.0077)	(0.0065)	(0.0155)
Direct Effect_k	0.3868***	0.3130***	0.2654***	0.0236	0.0790
	(0.0536)	(0.0594)	(0.0359)	(0.0303)	(0.0713)
Indirect Effect_l	0.1828***	0.1413**	0.1305***	0.0553	-0.0209
	(0.0614)	(0.0601)	(0.0474)	(0.0404)	(0.0628)
Indirect Effect_i	0.0466	0.0373	0.0165	0.0199	-0.0096
	(0.0340)	(0.0344)	(0.0258)	(0.0221)	(0.0371)
Indirect Effect_k	0.1445	0.3237**	0.6983***	0.9065***	-0.0262
	(0.1528)	(0.1529)	(0.1224)	(0.1071)	(0.1621)
Total Effect_l	0.1631***	0.1192**	0.1224***	0.0469	-0.0351
	(0.0597)	(0.0575)	(0.0468)	(0.0400)	(0.0587)
Total Effect_i	0.0369	0.0353	0.0134	0.0194	-0.0136
	(0.0271)	(0.0264)	(0.0214)	(0.0185)	(0.0271)
Total Effect_k	0.5313***	0.6368***	0.9637***	0.9300***	0.0527
	(0.1381)	(0.1349)	(0.1151)	(0.1016)	(0.1362)
ρ	0.4796***	0.4120***	0.5581***	0.5697***	0.3155***
	(0.0340)	(0.0358)	(0.0305)	(0.0317)	(0.0409)
R^2	0.1737	0.1466	0.5012	0.4285	0.0395
控制变量	控制	控制	控制	控制	控制
城市固定	控制	控制	控制	控制	控制
年份固定	控制	控制	控制	控制	控制
观测值	2565	2565	2565	2565	2565
Num of City	285	285	285	285	285

注：***、**、*分别表示在1%、5%、10%水平上显著；括号中为稳健标准误。

表 A10　　调节效应：基于其他基础设施的要素结构

变量	(1) p_a	(2) p_a_i	(3) m_p_a	(4) m_p_a_i	(5) i_eff
agg	0.5972***	0.6275***	0.2273***	0.0551*	-0.3104***
	(0.0599)	(0.0672)	(0.0323)	(0.0306)	(0.0465)
oth_inf × agg	0.4934***	0.4239***	0.1788**	0.4827***	0.6692***
	(0.1171)	(0.1380)	(0.0699)	(0.0752)	(0.0913)
oth_inf	0.4903*	0.6019**	0.1838	0.3623**	0.4796***
	(0.2766)	(0.2856)	(0.1622)	(0.1452)	(0.1816)
控制变量	控制	控制	控制	控制	控制
省份固定	控制	控制	控制	控制	控制
年份固定	控制	控制	控制	控制	控制
观测值	3199	3199	3199	3199	3199
R^2	0.7944	0.7811	0.8435	0.8043	0.4959

注：***、**、*分别表示在1%、5%、10%水平上显著；括号中为稳健标准误。

表 A11　　调节效应：基于服务开放程度的要素结构

变量	(1) p_a	(2) p_a_i	(3) m_p_a	(4) m_p_a_i	(5) i_eff
agg	0.3943***	0.3488***	0.2797***	0.1468***	-0.0899**
	(0.0509)	(0.0548)	(0.0283)	(0.0253)	(0.0363)
open × agg	0.2485	1.9991***	0.2676	1.5479***	0.3051
	(0.6282)	(0.6484)	(0.3346)	(0.2971)	(0.3626)
open	2.5905	1.7865	0.0293	-1.9254	10.6247***
	(2.0574)	(2.1336)	(1.1962)	(1.1970)	(1.3260)
控制变量	控制	控制	控制	控制	控制
省份固定	控制	控制	控制	控制	控制
年份固定	控制	控制	控制	控制	控制
观测值	3199	3199	3199	3199	3199
R^2	0.7928	0.7809	0.8431	0.8029	0.4952

注：***、**、*分别表示在1%、5%、10%水平上显著；括号中为稳健标准误。

表 A12　　　　异质性分析："自发" vs "非自发"

变量	(1) rnd	(2) pat_app	(3) pat_appi	(4) accui	(5) m_accui	(6) np
agg	0.0126*** (0.0036)	0.0088*** (0.0028)	0.0116*** (0.0036)	0.0153*** (0.0052)	0.0010*** (0.0003)	0.0331*** (0.0028)
kfq × agg	-0.0013 (0.0085)	-0.0021 (0.0059)	0.0107 (0.0101)	-0.0161 (0.0106)	-0.0009 (0.0007)	-0.0123* (0.0070)
控制变量	控制	控制	控制	控制	控制	控制
区域固定效应	控制	控制	控制	控制	控制	控制
行业固定效应	控制	控制	控制	控制	控制	控制
年份固定效应	控制	控制	控制	控制	控制	控制
观测值	87779	45661	16614	32654	36675	132528
R^2	0.4191	0.1555	0.1918	0.2345	0.2657	0.4780

注：***、**、*分别表示在1%、5%、10%水平上显著；括号中为稳健标准误。

表 A13　　产业集聚负向效应机制：地租效应（基于工业用地价格数据）

变量		agg	ind_price	控制变量	各类效应	观测值	R^2
(1)	ind_price	0.2301 (0.2636)		控制	控制	820	0.5252
(2)	p_a	0.1341*** (0.0351)		控制	控制	3199	0.9496
(3)	p_a	0.0375 (0.0351)	-0.0089* (0.0052)	控制	控制	820	0.9510
(4)	p_a_i	0.1176*** (0.0351)		控制	控制	3199	0.9389
(5)	p_a_i	0.1050* (0.0589)	-0.0161** (0.0077)	控制	控制	820	0.9641
(6)	m_p_a	0.1451*** (0.0589)		控制	控制	3199	0.9241
(7)	m_p_a	0.0121 (0.0577)	-0.0127*** (0.0046)	控制	控制	820	0.9446
(8)	m_p_a_i	0.0910*** (0.0263)		控制	控制	3199	0.8816

续表

变量		agg	ind_price	控制变量	各类效应	观测值	R^2
(9)	m_p_a_i	0.0530 (0.0521)	-0.0217*** (0.0071)	控制	控制	820	0.9355
(10)	i_eff	0.0832** (0.0379)		控制	控制	3199	0.6952
(11)	i_eff	0.1387* (0.0726)	0.0096 (0.0086)	控制	控制	820	0.7814

注：***、**、*分别表示在1%、5%、10%水平上显著；括号中为稳健标准误。